1857 के अमर नायक

राजा जयलाल सिंह

1857 के अमर नायक

राजा जयलाल सिंह

प्रताप गोपेन्द्र यादव

लोकभारती प्रकाशन

लोकभारती प्रकाशन
पहली मंजिल, दरबारी बिल्डिंग, महात्मा गांधी मार्ग
प्रयागराज-211 001
वेबसाइट: www.lokbhartiprakashan.com
ईमेल : info@lokbhartiprakashan.com

शाखाएँ : 1-बी, नेताजी सुभाष मार्ग, दरियागंज
नई दिल्ली-110 002
अशोक राजपथ, साइंस कॉलेज के सामने
पटना-800 006
36 ए, शेक्सपियर सरणी, कोलकाता-700 017

पहला संस्करण : 2022

बी.के. ऑफसेट
शाहदरा, दिल्ली द्वारा मुद्रित

1857 Ke Amar Nayak
RAJA JAILAL SINGH
by Pratap Gopendra Yadav

ISBN : 978-93-93603-09-8

मूल्य: ₹ 500

उन अगणित शहीदों

को

जिन्हें इतिहास ने भुला दिया

जला अस्थियाँ बारी-बारी
चिटकाई जिनमें चिनगारी,
जो चढ़ गए पुंयवेदी पर
लिए बिना गर्दन का मोल
कलम, आज उनकी जय बोल।

—रामधारी सिंह 'दिनकर'

विषय-सूची

भूमिका

उन्नीसवीं सदी अवध के इतिहास में महान उलट-फेर की सदी रही है। गवर्नर जनरल लॉर्ड वेलेजली और नवाब सादात अली खाँ के मध्य हुई सन्धि ने अवध के पतन का मार्ग प्रशस्त कर दिया। अवध का बड़ा भाग इस सन्धि के अन्तर्गत अंग्रेजों के हाथ सत्तान्तरित हो गया। अवध के नवाब का प्रभाव लखनऊ व आसपास के करीब एक दर्जन जिलों में सिमटकर रह गया। उसे भी सम्प्रभुत्व सम्पन्न नियन्त्रण नहीं माना जा सकता। अंग्रेजों ने अवध दरबार में रेजीडेंट लगा दिया, जो न सिर्फ नवाबों के खर्च पर उनकी जड़ें खोदता रहा, बल्कि रोजमर्रा के शासकीय कार्यों में भी दखल देता रहा। सादात अली खाँ से वाजिद अली शाह तक का काल लखनऊ व अवध के लिए भले ही सांस्कृतिक वैभव का काल रहा हो, परन्तु राजनीतिक दृष्टिकोण से यह सतत पराभव का काल माना जाएगा। कुंठित होती नवाबी चेतना ने अपना प्रश्रय भोग-विलास और निर्माण कार्यों में खोजा। इस पूरे कालखंड में नवाबों एवं उनके ताल्लुकेदारों के मध्य राजस्व वसूली को लेकर निरन्तर संघर्ष चलता रहा। अंग्रेजों की माँग और नवाबी जीवनशैली के विलासपूर्ण खर्च को पूरा करने के लिए लगातार धन की आवश्यकता थी, जो अन्ततोगत्वा किसानों तथा कारीगरों से आना था। अवध के ताल्लुकेदार जंगलों में गढ़ी बनाकर अपनी सेना व तोपें रखते थे। प्राय: लगान न देकर बगावत करते थे। सादात अली खाँ से अवध राज्य के विलय तक प्राय: सभी नवाबों ने इन बगावतों का दमन करने का प्रयास किया। इसके लिए उन्होंने ऐसे विश्वस्त मातहतों की सेवाएँ लीं जो न सिर्फ अक्लमन्द थे, बल्कि योद्धा भी थे। अत: पूरा अवध दरबार कृपा-पात्रों से भर गया। नवाबों का कृपा-पात्र बनने की होड़ सी मच गई और इस प्रक्रिया में दरबारी षड्यन्त्र अनिवार्य रूप से शामिल हो गया। जैसे ही कोई स्त्री अथवा पुरुष नवाब के ज्यादा करीब आता पूरा दरबार सशंकित हो जाता और उस कृपा-पात्र के विरुद्ध षड्यन्त्र प्रारम्भ हो जाता। अधिकांश समय ब्रिटिश रेजीडेंट भी इसमें एक पक्षकार होता। अवध दरबार का स्वतन्त्र अस्तित्व वाजिद अली शाह के कलकत्ता निर्वासन एवं अवध विलय के साथ अन्तिम रूप से समाप्त हो गया, किन्तु नवाबों के प्रति

इस क्षेत्र की जनता के लगाव और अंग्रेजों की लूट-मार ने आमजन को आक्रोशित कर दिया। मेरठ से क्रान्ति का आरम्भ होते ही अवध का यह क्षेत्र जल उठा।

अवध के नवाब सादात अली खाँ से सन् सत्तावन की क्रान्ति तक अर्थात् उन्नीसवीं सदी के आरम्भ से मध्याह्न तक अनेक परिवार सक्रिय रूप से सत्ता सल्तनत में सहभागी रहे। इनमें से अधिकांश जमींदार व ताल्लुकेदार थे। सादात अली खाँ द्वितीय ने पहली बार ऐसे विश्वासपात्रों की खोज की जो उसके प्रति अटूट श्रद्धा व स्वामिभक्ति रखते हों। ये प्रायः गैर मुस्लिम सैनिक थे। इनमें बख्तावर सिंह, दर्शन सिंह, गालिबजंग का नाम प्रमुख है। गालिबजंग ने अपने जीवन का आरम्भ एक मजदूर के रूप में किया था। पहले सिपाही, फिर जमादार, फौजदार से होते हुए, हरम के प्रधान और कलेक्टर के रूप में उन्होंने अवध दरबार को बनाए रखने में अविस्मरणीय योगदान दिया। अवध के नवाबों के विश्वासपात्रों में वे एकमात्र शख्स हैं जिन्होंने न सिर्फ सादात अली खाँ, गाजीउद्दीन हैदर, नसीरुद्दीन हैदर, मोहम्मद शाह, अमजद शाह और वाजिद अली शाह अर्थात् कुल छह नवाबों का कार्यकाल देखा, अपितु इन नवाबों के अहद में निरन्तर सक्रिय रहकर अपनी छाप भी छोड़ी। गालिबजंग के साथ उनके चारों पुत्र भी अवध दरबार के खिदमतगार रहे। चारों ने सत्तावनी क्रान्ति में भी महती भूमिका निभाई। राजा दर्शन सिंह गालिबजंग और उनके पुत्रों के कारनामे तत्कालीन उर्दू स्रोतों व अंग्रेजों की रिपोर्टों में बिखरे पड़े हैं। खासकर लखनऊ की 1857 की क्रान्ति में राजा जयलाल सिंह का योगदान अविस्मरणीय है। दुर्भाग्य से इन सामग्रियों का उपयोग करते हुए इस क्रान्ति-कुल पर प्रकाश डालनेवाला कोई प्रामाणिक ग्रन्थ प्रकाश में नहीं आ सका। वर्तमान में राजा बेनीमाधव का परिवार जनपद आज़मगढ़ के अतरौलिया व बौड़रा लछिरामपुर में आवासित है। उनके पास भी थोड़ी-बहुत जानकारी है। इन समस्त सन्दर्भों का उपयोग करते हुए प्रस्तुत कृति में राजा दर्शन सिंह गालिबजंग और उनके परिवार पर प्रकाश डालने का प्रयास किया जा रहा है।

पूर्व में प्रकाशित अपनी पुस्तक—*'इतिहास के आईने में आज़मगढ़'* के लिए सामग्री संचय करते समय लेखक का ध्यान राजा जयलाल सिंह एवं उनके परिवार की ओर गया। पूरे परिवार के वीरोचित कृत्यों को जानकर हृदय गद्‌गद हो गया, किन्तु यह जानकर अत्यन्त दुख भी हुआ कि किसी ने भी गम्भीरतापूर्वक अभिलेखागार की धूल खाती फाइलों से अथवा अंग्रेजों की तमाम रिपोर्टों से अनुसन्धान कर इन महापुरुषों को श्रद्धांजलि अर्पित नहीं की। किंचित लेख व छोटी पुस्तिकाएँ अवश्य लिखी गईं, किन्तु वे अपर्याप्त ही मानी जाएँगी। अतरौलिया के डॉ. राजेन्द्र लाल यादव, प्रसिद्ध लेखक रोशन तकी, न्यू रॉयल बुक्स सेंटर के

संस्थापक फुरकान अली मिर्जा ने सामग्री संचयन में योगदान दिया जिसके लिए मैं हृदय से आप सभी का आभारी हूँ। फैज़ाबाद में कार्यरत सिपाही आशीष राय ने मऊ यदुवंशपुर के शिवाले के भित्तिचित्र व तत्सम्बन्धी सूचनाएँ एकत्र कर सहयोग किया। राजा बेनीमाधव की प्रपौत्र वधू दिवंगत सावित्री देवी ने लेखक को भेंट के दौरान कतिपय सूचनाएँ उपलब्ध कराई थीं; उनके पुत्र राजेन्द्र सिंह ने खानदानी फ़ौतनामे की जेरॉक्स मुहैया कराकर सहयोग किया। राजे सुल्तानपुर के थानाध्यक्ष ने लालमनपुर के सम्बन्ध में सूचना एकत्र करने में मदद की। लालमनपुर के वर्तमान ग्राम-प्रधान बलई राम ने भी लेखक को दूरभाष पर काफी जानकारी दी। 'अमर शहीद राजा जयलाल सिंह' नामक लघु ग्रन्थ के लेखक श्री रोशन सिंह पटेल ने भी दूरभाष पर अनेक सूचनाएँ देकर अमूल्य सहयोग दिया। क्षेत्रीय पुरातत्त्व अधिकारी श्री सुभाष चन्द्र यादव तथा डॉ. बबलू पाल, सहायक प्राचार्य, मोतीहारी, राजकीय अभिलेखागार के श्री शिवकुमार यादव, पांडुलिपि अधिकारी गुलाम सरवर सहित समस्त सहयोगियो का मैं हृदय की अन्यतम गहराइयों से आभार प्रकट करता हूँ। अन्त में लोकभारती प्रकाशन को धन्यवाद देता हूँ कि उन्होंने इस लघु जीवन चरित को प्रकाशित करना स्वीकार किया और इतने सुन्दर कलेवर में सुधी पाठकों के सम्मुख अत्यल्प समय में प्रस्तुत किया।

दिनांक : 08.10.2021
स्थान : प्रयागराज

प्रताप गोपेन्द्र यादव
सेनानायक
चतुर्थ वाहिनी पीएसी
धूमनगंज, प्रयागराज

पूर्वपीठिका

सन् 1857 में बगावत की जो लहर उठी उसका केन्द्र प्राय: दो शहर दिल्ली तथा लखनऊ बने। अवध एवं पूर्वांचल के अधिकांश बागी अन्ततः लखनऊ में एकजुट होकर लड़े। यहाँ बागियों ने शहर पर नौ महीने कब्जा बनाए रखा। रेजीडेन्सी पर पाँच माह लम्बा घेरा विश्व इतिहास में अपने आप में अनूठा उदाहरण है। घेरा समाप्त होने के पश्चात् भी बेगम हज़रत महल व उनके विश्वस्तों के नेतृत्व में अगले चार माह तक लखनऊ बागियों के हाथ में रहा। राजा जयलाल सिंह तथा अन्य राष्ट्रभक्त योद्धाओं की भूमिका को समझने के लिए आवश्यक है कि हम लखनऊ तथा अवध में घाटेत घटनाओं पर विहंगम दृष्टि डालें। उल्लेखनीय है कि अवध विलय के पश्चात् लखनऊ में प्रथम ब्रिटिश कमिश्नर (गवर्नर) जैक्सन को बनाया गया। लेकिन उसने नौसिखियों जैसा काम किया। अनुभवी प्रशासक सर हेनरी लारेन्स ने बगावत शुरू होने के मात्र छह सप्ताह पूर्व प्रभार सँभाला। 23 मई, 1857 को लारेन्स ने रेजीडेन्सी का दुर्गीकरण कराना शुरू किया। आसपास के जिलों के तमाम अंग्रेज नागरिक वहाँ पहुँचने लगे। 30 मई को ईद के दिन अवध और बंगाल की ज्यादातर टुकड़ियों ने बगावत कर दी। लारेन्स ने 32वीं पैदल रेजीमेंट के सहारे इनका दमन किया। 3 जून, 1857 को आज़मगढ़ और सीतापुर में बगावत हुई। 4 जून को वाराणसी में, 5 जून को जौनपुर, 6 जून को इलाहाबाद, 7 जून को फैज़ाबाद, 8 जून को दरियाबाद (बाराबंकी), 9 जून को सुल्तानपुर व सलोन तथा 10 जून को बहराइच में बगावत हो गई। इस तरह दस दिवस के भीतर अवध और पूर्वी उत्तर प्रदेश के तमाम जिले सुलग उठे। 30 जून, 1857 को लारेन्स को पता चला कि विप्लवी लखनऊ के उत्तरी भाग में जमा हो रहे हैं। उसने खुद अभियान किया जो बेहद असंगठित था। गर्मी का समय था। चिनहट में विप्लवियों ने गड्ढे बनाकर तोपें लगा रखी थीं तथा बरकत अहमद के नेतृत्व में घुड़सवार सेना पूरी तरह सन्नद्ध थी। चिलचिलाती गर्मी, पानी की कमी के कारण जल्दी ही अंग्रेजी सेना के पाँव उखड़ गए। वे हारे और थके हुए रेजीडेन्सी में लौट आए। उन दिनों मच्छी भवन (वर्तमान के.जी.एम.यू.) में अंग्रेजों ने जो बारूदखाना बना

रखा था, उसमें 200 बैरल बारूद और भारी मात्रा में गोले रखे थे। यह जखीरा बागियों के हाथ न पड़ जाए इससे बचने के लिए अंग्रेजों ने रात के समय चुपके से रेजीडेन्सी में शरण ली और पूरे बारूदखाने को उड़ा दिया। धमाका इतना जोर का था कि इमामबाड़ों में तथा महलों में लगे महँगे झाड़-फानूस गिरकर चकनाचूर हो गए। कई कोस तक शीशे की खिड़कियाँ टूट गईं। सारे अंग्रेज 60 एकड़ के दायरे में फैली रेजीडेन्सी में कैद हो गए। उनके रक्षा दल में 855 ब्रिटिश अफसर और सैनिकों के अलावा, 712 भारतीय, 153 असैन्य स्वयंसेवक तथा 1280 युद्ध न लड़नेवाले सामान्य नागरिक थे जिनमें सैकड़ों औरतें और बच्चे थे। इस प्रकार रेजीडेन्सी में 1720 लड़नेवाले तथा 1280 न लड़नेवालों की कुल संख्या 3000 हो गई। विप्लवियों ने रेजीडेन्सी पर निरन्तर हमला बोलना शुरू किया। आसपास के घरों, मस्जिदों व अन्य इमारतों से चढ़कर बागी भीतर गोलियाँ दागने लगे। लारेन्स ने एक-एक कर इन इमारतों को नष्ट करवाना शुरू किया। रेजीडेन्सी 30 जून, 1857 को घिरी। 1 जुलाई को पुनः हमला हुआ। 2 जुलाई को लारेन्स को बम के टुकड़े लगे। घायल लारेन्स 4 जून को मर गया। 32वीं रेजीमेंट के जॉन इंग्लिश को चार्ज दिया गया। कार्यवाहक मेजर जॉन बैंक को स्नाइपर की गोली ने उड़ा दिया तो उसका प्रभार भी जॉन इंग्लिश को ही मिला। 8000 बागी सिपाहियों सहित स्थानीय जमींदारों के तमाम तिलंगों ने घेराबन्दी की थी। उनके पास नई-पुरानी अनेकों बन्दूकें थीं। बागियों ने पहले सप्ताह में रेजीडेन्सी की दीवारों को तोप व बारूदी सुरंग से उड़ाने की भरपूर कोशिश की। लेकिन एकीकृत कमान न होने के कारण सफलता नहीं मिली।

इधर बागी सिपाहियों ने लखनऊ शहर के व्यापारियों को तथा नवाब के विश्वस्त लोगों के घरों को लूटना शुरू कर दिया। इसे रोकने के लिए बागी सैन्य अफसरों ने नवाब के कुछ विश्वासपात्रों के माध्यम से बेगमों से वार्ता कर अन्ततः 5 जुलाई, 1857 को चाँदीवाली बारादरी (वर्तमान प्रेस क्लब) में अन्तिम नवाब के रूप में बिजरिस कद्र की ताजपोशी कराते हुए महत्त्वपूर्ण पदाधिकारियों की नियुक्ति कर दी; युद्ध संचालन व सामान्य प्रशासन हेतु सैन्य-असैन्य समितियों का गठन किया गया तथा खजाने में मौजूद चाँदी व बेगम के निजी धन से बागी सैनिकों को तनख्वाह दी जाने लगी। शहर के सामान्य प्रशासन हेतु कोतवाल तथा गुप्त अधिकारी नियुक्त कराए गए। युद्ध संचालन हेतु जब धन की कमी हुई तो बेगम के विश्वासपात्रों ने पुराने अफसरों के घर खोदकर धन जमा किया। मौलवी अहमदुल्ला शाह ने providedताराकोठी को अपना मुख्यालय बनाया था (जहाँ आज एस.बी.आई. की मुख्य शाखा स्थित है)। उनकी बेगम हज़रत महल से पटती नहीं थी, तथापि उनके

साथ लड़नेवाले बागियों को भी वेतन बेगम ही देती थीं। रेजीडेन्सी में लगातार हमलों व बीमारी के कारण हो रही मौतों के कारण संख्या कम होती जा रही थी। संसाधनों की भारी कमी थी। दोनों पक्षों के खुफिया सक्रिय थे। अनेक भारतीयों ने रेजीडेन्सी में आपूर्ति की कालाबाजारी शुरू कर दी। बागी सरकार ने आसपास पकड़े गए या रेजीडेन्सी से भागे अंग्रेजों व उनके समर्थकों को रखने के लिए कुन्दरी तथा दीवानखाने में जेल स्थापित की। बागी सरकार के मुखिया लूट-पाट न करने तथा लगान भेजने के लिए हुक्मनामे जारी कर रहे थे, अलग-अलग क्षेत्रों के नाजिम तथा नायब नाजिम नियुक्त कर रहे थे। नवाब के विश्वस्त ताल्लुकेदार अपनी सेना सहित लखनऊ में लड़ने के लिए जमा हो गए थे।

16 जुलाई, 1857 को मेजर जनरल हेनरी हैवलॉक ने कानपुर पर कब्जा कर लिया। नाना साहब पेशवा वहाँ से निकलकर उन्नाव होते हुए लखनऊ आए तथा बेगम के आतिथ्य में दीवानखाना में रुके। कानपुर लखनऊ से मात्र 77 किलोमीटर पर स्थित है। हैवलॉक ने लखनऊ को मुक्त कराने की सोची और 20 जुलाई को चला, मगर 1500 आदमियों को गंगा नदी पार कराने में उसे छह दिन लग गया। 29 जुलाई को उसने उन्नाव में एक युद्ध जीता, लेकिन युद्ध, बीमारी और लू के कारण उसकी संख्या घटकर मात्र 850 रह गई। हैवलॉक ने जासूस के माध्यम से रेजीडेन्सी में सूचना करवा दी कि जब बचाव दल हमला बोलनेवाला होगा तो रात को निश्चित समय पर दो राकेट दागे जाएँगे। हैवलॉक का नील से लगातार पत्राचार हो रहा था, जो कानपुर में था। हैवलॉक को नील से 257 आदमी और कुछ अतिरिक्त बन्दूकें मिल गईं तब वह आगे बढ़ा। 4 अगस्त को उन्नाव में उसने एक अन्य युद्ध जीता, लेकिन पुनः इतना दुर्बल हो गया कि आगे नहीं बढ़ा। वह गंगा के उत्तरी तट पर बागियों की उस आमद को रोकता रहा जो लखनऊ रेजीडेन्सी के घेरे को दृढ़ करने को आ रही थीं। अगस्त में नील ने सूचना दी कि कानपुर पर खतरा बढ़ गया है। कहीं पीछे से हमला न हो जाए अतः हैवलॉक पुनः उन्नाव बढ़ गया और वहाँ तीसरा युद्ध लड़ा। वह गंगा उस पार हो गया और नवनिर्मित पुल को नष्ट कर दिया। उसने 16 अगस्त को कानपुर पर खतरा बने बागियों को बिठूर में हराया। हैवलॉक की वापसी ने अवध के विप्लव को राष्ट्रीय विप्लव बना दिया। तमाम ताल्लुकेदार बागियों से आ जुड़े। हैवलॉक ने पुनः कोशिश की। उसने रेजीडेन्सी में जॉन इंग्लिश को पत्र लिखकर उसे किसी तरह रास्ता बनाकर कानपुर आने को लिखा, लेकिन जॉन इंग्लिश ने सैनिकों की कमी का तथा घायलों व आम नागरिकों का हवाला देते हुए ऐसा करने से मना कर दिया। उसने तत्काल सहायता की गुहार की। इस दौरान बागियों ने कई पोस्टें उड़ा दीं।

15 सितम्बर, 1857 को सर जेम्स आउट्रम पुनर्बल के साथ कानपुर पहुँचा और हैवलॉक को बचाव दल की कमान सँभालने का आदेश दिया। बचाव दल को दो ब्रिगेड में बाँटकर एक की कमान नील को और दूसरे की कर्नल हैमिल्टन को सौंपी गई। इस बचाव दल में छह ब्रिटिश बटालियनें, एक सिक्ख पैदल बटालियन, तीन तोपखाना दल और 168 स्वयंसेवक घुड़सवार शामिल थे। 18 सितम्बर को वे आगे बढ़े। इस बार बागियों ने खुले मैदान में कोई मजबूत मोर्चा नहीं लिया और न ही कुछ महत्त्वपूर्ण पुलों को नष्ट किया। 23 सितम्बर, 1857 को हैवलॉक की सेना रेजीडेन्सी के चार मील दक्षिण में स्थित दीवारों से घिरे पार्क आलमबाग से बागियों को खदेड़ने में सफल रही। सरो-सामान व थोड़ी-सी फोर्स आलमबाग में छोड़कर, वे 25 सितम्बर को अन्तिम रूप से रेजीडेन्सी की ओर बढ़े। मानसून के कारण शहर के चारों तरफ के खुले मैदान में बाढ़ का पानी भरा था। मजबूर होकर बाहर की जगह बचाव दल को शहर के भीतर से आना पड़ा। चारबाग नहर को पार करते समय बागियों ने जबर्दस्त प्रतिरोध किया। काफी लोग मारे गए। वे पुल को उड़ाकर दाएँ मुड़े और नहर के पश्चिमी किनारे से चलते रहे। रात होने तक पुनः घनघोर युद्ध हुआ और अंग्रेजों की सेना मच्छी भवन तक पहुँच गई। आउट्रम ने रुककर रेजीडेन्सी को सूचित करने को कहा, पर हैवलॉक ने सीधे आगे बढ़ने को कहा। पतली गलियों से होकर वे बढ़े जहाँ भयानक प्रतिरोध झेलना पड़ा। नील शेर दरवाजे के पास मारा गया। इस अन्तिम लड़ाई में बचाव दल के दो हजार में से 535 लोग मारे गए। तब तक रेजीडेन्सी का घेरा 87 दिन पुराना हो चुका था और भीतर से लड़नेवाले 1720 में से 738 लोग मारे जा चुके थे, लड़ाकों की संख्या मात्र 982 रह गई थी।

आउट्रम रेजीडेन्सी को पूरा खाली करना चाहता था, लेकिन अन्तिम बढ़त में उसकी सेना को इतनी भारी क्षति पहुँची की बीमारों, घायलों तथा गैर-लड़ाकों को खाली कर पाना सम्भव नहीं हो सका। जॉन इंग्लिश को लगने लगा था कि वे भूख से मरनेवाले हैं। जॉन लारेन्स ने खाद्यान्न का बहुत बड़ा भंडार एक खाली स्विमिंग पूल में जमा कर रखा था। वह राशन रक्षकदल के दो माह की रसद थी। उसकी खोज से राशन की समस्या खत्म हो गई। अतः आउट्रम ने रुकने का फैसला किया। पूरी कमान आउट्रम के हाथ में थी, रेजीडेन्सी की कमान जॉन इंग्लिश तथा फरहत बक्श व छतर मंजिल जैसे महलों की कमान हैवलॉक को दी गई। आउट्रम को लगा था कि बागी हतोत्साहित हो गए होंगे। लेकिन उसे निराशा हुई। अगले छह हफ्तों तक बागियों ने बन्दूकों व तोपों से फायर जारी रखा तथा सुरंगों से भी हमला चलता रहा। बागियों ने 20 सुरंगें बनाई थीं। दो में कोई घायल नहीं हुआ, तीन में जानें गईं,

सात उड़ा दी गईं, सात पर कब्जा हो गया। आलमबाग, रेजीडेन्सी व कानपुर के मध्य सूचना का आदान-प्रदान जारी रहा। एक स्वयंसेवी असैन्य अफसर थॉमस हेनरी कवनॉग सिपाही के भेस में एक स्थानीय आदमी कन्नौजी लाल के साथ रेजीडेन्सी से निकलकर अगले बचाव का मार्गदर्शन करने आलमबाग पहुँच गया।

9 अक्टूबर, 1857 को आगरा में हुए युद्ध ने दिल्ली से कानपुर के मध्य हर तरह की असंगठित बागी सेनाओं को साफ कर दिया, बस छापामार (गुरिल्ला) बचे रहे। नए कमांडर इन चीफ सर कोलीन कैम्पवेल ने जेम्स होपग्रांट को आलमबाग पहुँचने का आदेश दिया जो दिल्ली फतह के बाद अक्टूबर के अन्त में कानपुर पहुँचा था। उसे घायल व रोगियों को कानपुर ले आने का आदेश मिला था। कैम्पवेल 3 नवम्बर को कलकत्ता से कानपुर पहुँचा। कानपुर में औरतों व बच्चों के कत्लेआम से पूरा ब्रिटिशराज हिल गया था। अब लखनऊ का बचाव उनकी प्रतिष्ठा का प्रश्न बन गया था। कैम्पवेल ने कानपुर की रक्षा में 1100 की टुकड़ी छोड़ी और 600 घुड़सवारों, 3500 पैदलों तथा 42 बन्दूकों के साथ आलमबाग की ओर बढ़ा। उस समय उसकी उम्र 64 साल थी। लखनऊ में बागियों की अनुमानित संख्या तीस हजार से साठ हजार थी। वे अच्छी तरह सुसज्जित थे, उनके बीच सिपाही रेजीमेंट भली-भाँति प्रशिक्षित थी। हैवलॉक और आउट्रम के प्रथम बचाव अभियान के बाद बागियों ने अपने प्रतिरक्षण को चौकस कर लिया था। आलमबाग के ठीक उत्तर में स्थित चारबाग के पुल को दुर्गीकृत कर दिया गया था। दिलकुशा पुल से चारबाग पुल तक चारबाग नहर में इतना पानी भरा था कि सैनिकों अथवा बड़ी बन्दूकों का पार उतरना मुश्किल था। रेजीडेन्सी पर निरन्तर फायरिंग जारी थी। लेकिन एकीकृत कमांड संरचना की कमी के कारण संख्या व बेहतर रणक्षेत्र स्थिति के बावजूद बागियों को अपेक्षित सफलता नहीं मिल पा रही थी।

14 नवम्बर, 1857 को भोर में कैम्पवेल ने बचाव अभियान के लिए प्रस्थान किया। थॉमस हेनरी कवनॉग से प्राप्त सूचना व पहले अभियान की गलतियों से सीख लेते हुए कैम्पवेल ने चारबाग पुल को पारकर तंग गलियों में लड़ने के बजाय पूर्व की ओर फ्लैग मार्च कर दिलकुशा बाग पहुँचने की योजना पर काम किया। वहाँ से लॉ मार्टीनियर और फिर सम्भव हुआ तो गोमती नदी के पास नहर पार करना था। रास्ते में पड़नेवाली प्रमुख संरचनाओं जैसे सिकन्दर बाग पर कब्जा करते जाना था ताकि आलमबाग से रसद-पानी की चेन बनी रहे। आलमबाग के 3 मील पूरब तक सेना को कोई प्रतिरोध नहीं मिला। जैसे ही कुमुक दिलकुशा बाग की दीवार के पास पहुँची बन्दूकों का भारी फायर आना शुरू हुआ। सिपाही दिलकुशा से भागकर लॉ मार्टीनियर पहुँचे जो अंग्रेजों के कब्जे में था। बागियों ने अंग्रेजी सेना

के बाएँ भाग पर बैंक हाउस से भयानक हमला किया, लेकिन प्रति-आक्रमण में अंग्रेजी सेना ने उन्हें लखनऊ की ओर धकेल दिया। 15 नवम्बर को रेजीडेन्सी को अगले दिन बढ़त की सूचना दे दी गई।

अगले रोज बचाव दल लॉ मार्टीनियर से उत्तर उस बिन्दु की ओर बढ़ा जहाँ नहर गोमती नदी से मिलती थी। दिलकुशा पुल के नीचे नहर सूखी थी। सेना वहाँ से पार होकर आगे बढ़ी फिर सिकन्दर बाग की ओर तेजी से बाएँ मुड़ी। सिकन्दर बाग ऊँची दीवारों से घिरी करीब 120 वर्ग गज की बाग थी। सिकन्दर बाग की दीवारों में बने छिद्रों से तथा खाइयों से निरन्तर फायर आ रहा था और कैसरबाग से तोप के गोले आ रहे थे। कैम्पवेल ने इस फायरिंग को रोकने के लिए तोपखाना लगाया। तोप की मार से दक्षिण-पूर्वी दीवार टूट गई। 93 स्काटिश हाइलैंडर और चौथी पंजाब पैदल रेजीमेंट के जवान आगे बढ़े। सिकन्दर बाग के भीतर गोली व संगीन की मार हुई। तोपें गरजीं, आवाज आती रहीं—'कानपुर याद रहे' (रिमेम्बर कानपुर)। धीरे-धीरे युद्ध का शोर थमा। बागियों की सेना को उत्तर की तरफ जहाँ तक सम्भव हो सका खदेड़ा गया। यहाँ अंग्रेजों और बागियों के दो हजार सैनिक मारे गए। यहीं पर पेड़ों से ब्लैक कैट महिलाओं ने शाह नजफ के पास तीर कमान से युद्ध किया और उदा देवी पासी शहीद हुई। तीन घंटे शाह नजफ की दीवारों पर अंग्रेजों ने तोप से गोले बरसाए। भारी संख्या में अंग्रेजी फौज हलाक हुई। अंग्रेजी सेना पीछे की दीवार के टूटे भाग से भीतर घुसी और शाह नजफ का मुख्य द्वार खोल दिया गया। रात तक कैम्पवेल ने शाह नजफ में अपना मुख्यालय बना लिया। इसी समय 16-17 नवम्बर को बागियों द्वारा मितौलीवाले दल का कत्लेआम किया गया।

हैवलॉक और आउट्रम छतर मंजिल में अपनी तैयारी में लगे थे। उनकी योजना थी कि जब सिकन्दर बाग कैम्पवेल के कब्जे में आ जाएगा तो वे बाग की बाहरी दीवार को उड़ाकर कैम्पवेल से जुड़ जाएँगे। दोनों बचाव दलों के बीच मोती महल था, इसे कैम्पवेल की सेना ने बागियों से साफ कर लिया था। अब दोनों दलों के मध्य मात्र 410 मीटर की दूर बची थी। अभी भी प्रतिरोध जारी था। लेकिन उसके मध्य द्वितीय बचाव दल रेजीडेन्सी पहुँचने में सफल रहा। आउट्रम और हैवलॉक चाहते थे कि कैसरबाग महल को उड़ा दिया जाए, मगर कानपुर तथा अन्य शहरों पर मँडराते खतरे को दृष्टिगत रखते हुए कैम्पवेल ने अविलम्ब लखनऊ छोड़ने में ही भलाई समझी। कैसरबाग पर तोपों से गोले बरसाए जाते रहे। उधर कैनवास स्क्रीन की आड़ में बच्चों, रोगियों, घायलों तथा औरतों को पैदल या पालकियों से निकालकर दिलकुशा बाग पहुँचाया गया। 24 नवम्बर को दिलकुशा पार्क में हैवलॉक अचानक पेचिश से मर गया। पूरी फौज व कानवॉय आलमबाग चली

गई। कैम्पवेल ने आलमबाग के रक्षार्थ आउट्रम को चार हजार आदमी दिए और खुद तीन हजार आदमियों तथा ज्यादातर नागरिकों के साथ 27 नवम्बर, 1857 को कानपुर की ओर बढ़ा।

लखनऊ अगले जाड़े तक बागियों के कब्जे में रहा लेकिन उनमें आपसी एकजुटता न होने के कारण तथा आलमबाग पर आउट्रम के कब्जे के कारण वे कोई अन्य अभियान नहीं कर सके। कैम्पवेल लखनऊ लेने के लिए दुबारा लौटा। 6 मार्च, 1858 से हमले शुरू हुए और 21 मार्च, 1858 तक सारी लड़ाई बन्द हो गई। 13 मार्च को हज़रत महल ने चौलक्खी महल में बैठक कर बिजरिस कद्र को अपने विश्वस्तों से सुरक्षित बाहर ले जाने को कहा। 14 मार्च की रात सबसे भयावह थी। सड़क पर,गलियों में सर्वत्र लाशों का ढेर लगा था। हज़रत महल और उनके स्टाफ के सिवाय कैसरबाग में कोई नहीं बचा था। 15 मार्च को हज़रत महल ने बिजरिस कद्र के साथ कैसरबाग छोड़ दिया। वह कुछ घंटों के लिए शर्फुद्दौला के घर में रुकीं, वहाँ से हुसैनाबाद स्थित दौलतखाना के महलसरा में चली गईं। लाशों को कोई गाड़नेवाला नहीं था। उनसे उठती बदबू से जीवन जीना मुहाल था। दिन में मक्खी और रात को मच्छरों ने जीना दुश्वार कर दिया था। 16 मार्च को बेगम को बताया गया कि कैम्पवेल का कैसरबाग पर कब्जा हो गया है और उसे लूटा जा रहा है। 16 मार्च को आउट्रम जब कैसरबाग पहुँचा तो जिलेखाना पर हमला किया। पूर्व बादशाह का पुत्र दारा हशमत वहीं था। सिपाहियों ने दरवाजा बन्द कर दोनों तरफ से गोली चलानी शुरू की। दरोगा ख्वाजा सरा हब्शी मुहम्मद मुर्तुजा खाँ और मीर सफदर अली वल्द हिकमुद्दौला, नवाब मखदूम बख्श तमन्दर और अनेक दूसरे मारे गए।

हज़रत महल युद्ध में लड़ते हुए मरना चाह रही थीं और जरूरत पड़ने पर अपने बेटे को भी मातृभूमि की रक्षा के लिए कुर्बान करने को तैयार थीं। हरकारा नईम उसी दिन बेगम को आत्मसमर्पण के वास्ते कैम्पवेल का प्रस्ताव लेकर आया। उन्होंने मना कर दिया। 21 मार्च को लखनऊ की अन्तिम लड़ाई दरगाह पर लड़ी गई। ब्रिगेडियर एडवर्ड और मेजर एफ. मिडल्टन पूरी सेना को दरगाह के पास की गलियों में ले आए। उनका सामना बाबू जयराम के कुछ अप्रशिक्षित सैनिकों ने तलवार से किया। बाबू जयराम ने गोली मारकर मिडल्टन को मौत के घाट उतार दिया, उनका दूसरा फायर मिस हो जाने पर एडवर्ड ने उन्हें गोली मार दी। यहीं पर लड़ते हुए शर्फुद्दौला मारे गए। अंग्रेज सेना तमाम लड़कियों को उठाकर ले गई। फ्रैंक के अधीन रेजीमेंट ने बेगम कोठी से 35 लड़कियों को उठाया और दक्षिण-पूर्व में हैदर कैनाल के पास किसी स्थान पर ले गए। आगे उनमें से किसी के भाग्य

का पता नहीं चला। बेद्दुल्य ने अपने एक दोस्त को बताया था कि उनमें से कुछ लड़कियों की नग्न लाशें हैदर कैनॉल के पास देखी गईं। मूसाबाग से बिबियापुर तक के 92 महल लूटे जा रहे थे। कहा जाता है कि सभी महलों, कोठियों, बँगलों, इमारतों, धार्मिक स्थलों और यहाँ तक कि छोटे घरों को भी दो माह तक सेना लूटती रही। एक अनुमान के अनुसार कुल लूट 115 मिलियन (11.5 करोड़) स्टर्लिंग पाउंड की थी। ब्रिटिश सैनिक दिन के ज्यादातर समय खाली स्थानों पर लूट में लगे रहते थे और रात होने पर मैदान लूट के माल से भर जाता था। इसमें हर तरह के कपड़े, हीरे-मोती, तारोंवाली कोठी के महँगे यन्त्र, पिस्तौलें आदि रहते थे। तारोंवाली कोठी का निर्माण नसीरुद्दीन हैदर ने कर्नल विलकोक्स की देखरेख में कराया था। यह वस्तुतः तारामंडल था। लूट के माल में महँगे कढ़ाई के वस्त्र, तलवारें भी होती थीं। जब शान्ति लौटी तो भयाक्रान्त लखनऊवासी जो गाँवों में भाग गए थे, वापस लौटे; गलियाँ खाली थीं; वहाँ सिर्फ पालतू मुर्गे, आवारा कुत्ते और कुछ बूढ़ी औरतें शेष बची थीं। महलों और आनन्द वनों में गिद्ध सड़ती लाशों को झिंझोड़ते रहते और नीला आकाश धुएँ से काला हो गया था।

लखनऊ से भागकर हज़रत महल बोंडी पहुँची, जहाँ वे करीब एक साल रहीं और अंग्रेजों के खिलाफ अपनी लड़ाई को जारी रखा। 1858 की गर्मियों के बाद मौलवी अहमदुल्ला शाह ने गुरिल्ला युद्ध-नीति स्वीकार कर ली। छोटे राजा और सरदार पकड़कर फाँसी पर लटका दिए गए या तोप से उड़ा दिए गए या बन्दी बना लिए गए। मौलवी अहमदुल्ला शाह शाहजहाँपुर में पुवैया के एक छोटे जमींदार जवाहिर के द्वारा मारे गए, राना बेनीमाधव और राजा देवी बख्श शहीद हुए, राजा जयलाल सिंह को फाँसी पर टाँग दिया गया। 18 फरवरी, 1859 को बेगम हज़रत महल नेपाल चली गईं। जहाँ उन्होंने नेपाली प्रधानमंत्री जंग बहादुर का आश्रय पहले अस्वीकार कर दिया, लेकिन बाद में वहीं शान्तिपूर्वक रहने लगीं। वे 1879 में वहीं मरीं और काठमांडू की जामा मस्जिद की एक गुमनाम कब्र में दफन कर दी गईं। 1887 में रानी विक्टोरिया की जुबली पर ब्रिटिश सरकार ने बिजरिस कद्र को क्षमा कर दिया और घर वापसी की अनुमति दे दी। 15 अगस्त, 1962 को लखनऊ में पुराने विक्टोरिया पार्क का नाम बदलकर बेगम हज़रत महल पार्क रख दिया गया। 10 मई, 1984 को हज़रत महल के नाम पर भारत सरकार ने पन्द्रह लाख डाक टिकट जारी किए। भारत सरकार के अल्पसंख्यक मंत्रालय ने अल्पसंख्यक समुदाय की प्रतिभावान लड़कियों के लिए बेगम हज़रत महल राष्ट्रीय छात्रवृत्ति का आरम्भ किया जिसका क्रियान्वयन मौलाना आजाद एजुकेशनल फाउंडेशन के द्वारा किया जाता है।

अन्त में यदि लखनऊ में सत्तावनी क्रान्ति का विहगावलोकन करें तो, इसका आरम्भ 30 जून, 1857 में चिनहट की प्रथम लड़ाई से होता है। 5 जुलाई को बागी सरकार के गठन के बाद रेजीडेन्सी का घेरा शुरू हुआ। जो जुलाई से नवम्बर 1857 तक चला। रेजीडेन्सी का पहला घेरा 87 दिनों का तथा दूसरा घेरा 61 दिनों यानी कुल 148 दिनों (लगभग पाँच माह) तक रहा। 25 सितम्बर, 1857 को आउट्रम व हैवलॉक ने इसे खत्म करने का विफल प्रयास किया। घेरा चलता रहा। 16 नवम्बर, 1857 को कैम्पवेल ने घेरा समाप्त किया। अगले चार माह लखनऊ बागियों के हाथ में रहा। 15 मार्च, 1858 को बेगम हज़रत महल ने कैसरबाग छोड़ा और 21 मार्च को दरगाह पर लखनऊ की अन्तिम लड़ाई लड़ी गई। इस प्रकार 30 जून, 1857 से 21 मार्च, 1858 तक लगभग नौ माह लखनऊ ने भीषणतम युद्ध झेले, सामूहिक रूप से औरतों का बलात्कार किया गया, बन्दी बनाए गए सिपाहियों को आग में भूना गया और फिर धीरे-धीरे जीवन वापस लौटा किन्तु एक बदले कल के साथ।

समस्त विवरणों से स्पष्ट है कि लखनऊ में सन् सत्तावन के विप्लव के आरम्भ से अन्त तक जिस अकेली शख्सियत ने अथक परिश्रम व प्रबन्धन किया वह नि:सन्देह राजा जयलाल सिंह थे। प्रस्तुत पुस्तक में लखनऊ के विप्लव में राजा जयलाल सिंह व उनके परिजनों की महती भूमिका को रेखांकित करने का विनम्र प्रयास किया जा रहा है । अन्ततः यही निवेदन करूँगा कि राष्ट्रहित में अपना सर्वस्व उत्सर्ग करनेवाले शहीदों के नाम पर इतिहास लेखन के साथ-साथ कथा-कहानियाँ, उपन्यास तथा नाटक भी लिखे जाएँ। उनके जीवनचरित पर डाक्यूमेंट्री फिल्में, ड्रामा व मोशन पिक्चरें बनाई जाएँ तभी हम अपने शहीदों को सच्ची श्रद्धांजलि अर्पित कर सकेंगे।

दिनांक : 15.10.2021
स्थान : प्रयागराज

प्रताप गोपेन्द्र यादव
आई.पी.एस.

अध्याय-1

वंश-परिचय

सन् 1957 में सूचना विभाग की प्रकाशन शाखा ने अमृतलाल नागर की कृति 'गदर के फूल' प्रकाशित की। इसके पृष्ठ 270 पर राजा जयलाल के पिता की जाति 'कायस्थ' लिखी गई थी। बाद में विश्वम्भर शरण वर्मा आदि ने 1965 में लिखित रूप से सूचना विभाग को अवगत कराया। एक दशक पश्चात् 23 अप्रैल, 1975 के अर्द्धशासकीय पत्र में शासन द्वारा अवगत कराया गया कि लेखक ने उक्त त्रुटि का परिमार्जन कर दिया है तथा कायस्थ की जगह 'कूर्म क्षत्रिय' शब्द का प्रयोग किया गया। एक सूचना के अनुसार 1990 के दशक में पिछड़ा वर्ग का आरक्षण लागू होने के पूर्व इस समुदाय के लोग जाति के रूप में प्राय: कूर्म क्षत्रिय शब्द का प्रयोग करते रहे हैं। प्राय: किसी भी दस्तावेज में राजा जयलाल सिंह की जाति का उल्लेख नहीं मिलता है। किन्तु उनके पिता तथा भाई की जाति का स्पष्ट उल्लेख मिलता है । ध्यातव्य है कि अवध गजट, हेनरी इलियट के मेम्वायर्स, एच.सी. इरविन की पुस्तक तथा स्लीमैन के विवरणों में राजा जयलाल के पिता राजा दर्शन सिंह गालिबजंग को स्पष्ट रूप से 'कुर्मी' लिखा गया है। राजा के छोटे भाई बेनीमाधव को नाजिम बनाने के पश्चात् जारी हुक्मनामे में बिजरिस कद्र ने उन्हें 'बहादुर कुर्मी राजा' कहा है। राजा बेनीमाधव के वर्तमान परिजनों के अनुसार राजा दर्शन सिंह का परिवार मूलत: कुर्मियों की सनकत्ता[1] शाखा से था। सनकत्ता नाम कैसे पड़ा कह पाना मुश्किल है। ऐसा जान पड़ता है कि कुर्मी जाति के जिस वर्ग के लोगों में सनई उगाने और उससे सन निकालकर कातने तथा बेचने की परम्परा थी, वही एक उपवर्ग सनकत्ता के रूप में सुगठित हुआ।

अतरौलिया के आसपास कुर्मियों के 52 गाँव बसे हुए हैं, जिन्हें कुर्मियों का बावना कहते हैं। इस बावना में एक गाँव लालमनपुर है जो वर्तमान में जिला अम्बेडकरनगर के थाना राजेसुल्तानपुर में आता है। पूर्वांचल और अवध के इलाके में कुर्मी एक विशाल खेतिहर जाति मानी जाती है। इन्हें कुर्मी के अलावा कुनबी,

कुन्बी, कुम्भी आदि नामों से भी जाना जाता है। इस जाति में स्त्रियाँ भी पुरुष के साथ कन्धे-से-कन्धा मिलाकर खेतों में काम करती हैं। पूर्वांचल के गाँवों में इस सम्बन्ध में एक कहावत भी प्रचलित है—'भली जात कुनबिन की खुरपी हाथ, खेत निरावे अपने पी के साथ'। शेरिंग[2] ने लिखा है कि—''इस जाति के लोग अत्यन्त परिश्रमी हैं, उनकी जरूरतें कम हैं। इनमें कुछेक जमींदार हैं मगर अधिकांश कृषक हैं। संयुक्त प्रान्त में कुर्मी जाति के कुल सात उपवर्ग-खरेबिन्द, पथरिया, घोड़चढ़ा, जैसवार, कन्नौजिया, केवट और झूनैटिया हैं। ये उपवर्ग 19वीं सदी के अन्त तक न तो आपस में खाते-पीते थे और न ही शादी-विवाह करते थे। आज़मगढ़ जिले में कुर्मी मुख्यत: नत्थूपुर, निज़ामाबाद, सगड़ी और मुहम्मदाबाद गोहना में मिलते हैं। अवध में और भी कई हैं, राजा दर्शन सिंह ने अपनी जाति को राजा की उपाधि दिलाई है।''[3]

जे.आर. रीड[4] आज़मगढ़ की कुर्मी जाति पर प्रकाश डालते हुए लिखते हैं—''आज़मगढ़ के कुर्मी या कुनबी अवधिया, ढेलफोरा, जैसवार, सनकट्टा, सैंथवार और मल जातियों के हैं। मल केवल नत्थूपुर परगना में पाए जाते हैं और स्वयं को अन्य कुनबियों से श्रेष्ठतर समझते हैं।'' इस जाति के सम्बन्ध में विस्तृत सूचना विलियम क्रूक[5] के द्वारा उपलब्ध कराई गई है। वे लिखते हैं—''कुर्मी या कुन्बी अत्यन्त महत्त्वपूर्ण खेतिहर जाति है जो सम्पूर्ण प्रान्त में पाई जाती है। इस शब्द की अनेक व्युत्पत्ति की जाती है। कुछ लोग इसे कुटुम्ब से निकला मानते हैं, तो कुछ कृषि और कूर्म से व्युत्पन्न मानते हैं। हाल में कुछ कुर्मियों ने यह दावा किया है कि उनकी उत्पत्ति ब्राह्मण से हुई है, अत: उन्हें यज्ञोपवीत धारण करने का अधिकार है। यह पेशेवर जाति है जिससे समय-समय पर कोइरी, काछी, सैनी, माली आदि सम्बन्धित जातियाँ निकलती रही हैं। 1891 की जनगणना में कुर्मियों के कुल 11 मुख्य उपवर्ग थे—बैसवार, बरदहिया, गंगापारी, गुजराती, जैसवार, कन्नौजिया, खरेबिन्द, पथरिया, सैंथवार तथा सिगरौर आदि। आज़मगढ़ के मल भी जुड़ी जाति के हैं। उनके बारे में कहावत है—'बनले मल, बिगड़ले कुनबी।' लेकिन सम्पूर्ण जनगणना सूची के अनुसार कुनबी जाति में 1488 उप-विभाजन थे। इनमें आज़मगढ़ में ढेलफोर, ढिठवार और उतराहा प्रमुख थे।

पूर्वांचल के कुर्मी असवर्ण विवाह (Exogamy) करते हैं, जिसके तहत मामा की पाँच पीढ़ियों में, बुआ की पाँच पीढ़ियों में तथा अपने कुल में जहाँ तक स्मरण हो वहाँ तक विवाह नहीं करते। बहुविवाह की अनुमति है और व्यावहारिक रूप से कोई व्यक्ति जितनों का खर्च वहन कर सके उतनी पत्नियाँ रखता है। लेकिन ऐसा प्रतीत होता है कि बहुविवाह के खिलाफ पूर्वग्रह बढ़ रहा है और कुछ उपजातियों में

यह प्रवृत्ति बढ़ रही है कि यदि एक व्यक्ति की पत्नी जीवित है तो उसे पुनः विवाह नहीं करना चाहिए, जब तक कि वह बाँझ न हो अथवा असाध्य रोग से पीड़ित न हो। बाल-विवाह को तरजीह दी जाती है। वे प्रायः महावीर, शीतला, ठाकुरजी की पूजा करते हैं। कुर्मी जाति की सामाजिक दशा सम्मानजनक है। वे अपने गुरु को छोड़कर किसी ब्राह्मण की बनाई कच्ची रसोई भी नहीं खाते। यही हाल पक्की रसोई का भी है। कुछ स्थानीय ब्राह्मण उनके हाथ की पक्की रसोई खाते हैं। सभी अन्य जातियों के लोग बिना किसी हिचक के उनके हाथ की पक्की रसोई खाते हैं। अवध में ऐसी मान्यता है कि राजपूत विजय के पूर्व वे ही भूस्वामी थे। मिस्टर बट्स ने टिप्पणी की है कि लखनऊ में भी यही हाल है। वे ही किसी निम्न जाति के लगते ही नहीं हैं। वे महादेव की पूजा करते हैं।

सन् 1891 की जनगणना के अनुसार बनारस में—92326, जौनपुर में—49097, गाजीपुर में—10317, बलिया में—1542, गोरखपुर में—201601, बस्ती में—147717, आज़मगढ़ में—37839, लखनऊ में—23818 तथा फैज़ाबाद में—74148 कुर्मी जाति के लोग थे। आज़मगढ़ के कुर्मियों में सर्वाधिक 3674 जैसवार थे। तत्पश्चात् 2850 पथरिया, 832 गुजराती, 761 कन्नौजिया और 294 सैंथवार तथा शेष 29428 में अन्य प्रकार के कुर्मी थे। फैज़ाबाद में सर्वाधिक 58610 जैसवार, 11713 गुजराती तथा शेष 3824 में अन्य सभी थे। स्पष्ट है कि 1891 में आज़मगढ़ व फैज़ाबाद दोनों में सर्वाधिक संख्या जैसवार कुर्मियों की थी। इन उपवर्गों के नामकरण के बारे में मान्यता है कि रायबरेली जिले में स्थित प्राचीन कस्बा जैस से निकले कुर्मी जैसवार कहे गए। जो कुर्मी किसी समय गुजरात से आकर बसे वे गुजराती कहलाए। जो कन्नौज से आए वे कन्नौजिया कहे गए। पत्थर का काम करनेवाले पथरिया हुए। आज़मगढ में 1931 की अन्तिम जातिगत जनगणना के अनुसार कुर्मी जाति की संख्या 36464 थी जो 1891 की तुलना में निश्चित रूप से कम है।"

सन्दर्भ

1. अमर शहीद राजा जयलाल सिंह, रोशन सिंह पटेल, पृ. 17
2. कुनबी, द ट्राइब्स एंड कास्ट्स इन हिन्दूज एज रिप्रजेंटेड इन बनारस, एम. शेरिंग, पृ. 323-325
3. कुर्मी, खंड-1 मेम्वायर्स ऑफ हेनरी इलियट, पृ. 155-56
4. छठवीं सेटिलमेंट रिपोर्ट, जे.आर. रीड, 1866,पृ. 65 (पैरा-116)
5. द ट्राइब्स एंड कास्ट्स ऑफ द नार्थ-वेस्टर्न प्रोविन्सेज एंड अवध, विलियम क्रूक, वॉल्यूम-3, पृ. 346-359

अध्याय-2

राजा दर्शन सिंह 'गालिबजंग'

अवध गजेटियर[1] के अनुसार—''करीब 70 साल पूर्व (1877-70=1807) गरीबदास नामक एक कुर्मी इस जिले के परगना बिड़हर के पदमपुर के अपने घर से चले। ऐसा कहा जाता है कि वे अपने युवा पुत्र दर्शन कुर्मी के साथ लखनऊ के लिए निकले थे। परम्परा आगे कहती है कि वहाँ पहुँचने के कुछ समय बाद तक पिता-पुत्र ने उस सम्मय निर्माणाधीन किसी महल में मजदूर का काम करके जीविकोपार्जन किया। लड़का सुदर्शन मुखमंडल का था और यदि इस विवरण पर विश्वास किया जाए तो उसने तत्कालीन शासक नवाब सादात अली खाँ का ध्यान अपनी ओर खींच लिया और नवाब के आदेश पर उसे जल्दी ही 'शैतान की पल्टन' नामक नौजवानों की रेजीमेंट में भर्ती कर लिया गया। समय के साथ बालक दर्शन जमादार बन गया और आगे चलकर जब वह नवाब की रियासत में पहुँचा तो उसी प्राधिकारी अर्थात् नवाब सादात अली खाँ के द्वारा उसे अपने निजी अर्दलियों में से एक के रूप में चुन लिया गया, जिसका मुख्य कर्तव्य अपने स्वामी की शय्या (बेड) की रक्षा करना था। सादात के बाद उसके वारिस गाजीउद्दीन हैदर के समय दर्शन सिंह को एक रेजीमेंट की कमान दी गई और बाद में उस शासक को जब हमने राजा बनाया तो जिस व्यक्ति को उसने सर्वप्रथम सरदार बनाया वह कुर्मी दर्शन सिंह था। अगले सम्प्रभु नासिरुद्दीन हैदर के राज्यकाल में राजा के महत्त्व को बढ़ाते हुए उसे शाही उपस्थिति में बैठने की आज्ञा दी गई और उसे 'गालिबजंग' की अतिरिक्त पदवी जिसका तात्पर्य युद्ध विजेता होता है से नवाजा गया। दर्शन सिंह मुहम्मद अली शाह और अमजद अली शाह के समय में समृद्ध होता रहा। वह 1851 में 80 साल की उम्र में मरा जबकि अवध का आखिरी नवाब वाजिद अली शाह गद्दीनशीन था।

हालाँकि इस दुस्साहसिक का कैरियर अनेक उलट-फेर से भरा हुआ था। ये स्लीमैन जर्नल वॉल्यूम-1, पृष्ठ 154 से 162 पर दर्ज हैं। एक पल अनन्त प्रभाव

के साथ शहंशाह का कृपा-पात्र और अगले पल पिंजड़े में साँप और बिच्छुओं के साथ बन्दी के रूप में। हम पाते हैं कि सन् 1835 और पुनः 1843 में उसे शाही नाराजगी झेलनी पड़ी जिसके परिणामस्वरूप वह शाही रियासत जो उसने सृजित की थी खंडित हो गई और इसके अवयवी ग्राम पुराने स्वामियों को पुनः सौंप दिए गए। लेकिन यह नाराजगी अस्थाई समय के लिए थी क्योंकि अवध के विलय के बाद हम मऊ यदुवंशपुर ताल्लुका को राजा दर्शन सिंह के पुत्र राजा जयलाल सिंह के अधिकार में पाते हैं। यही एकमात्र ताल्लुका था जिसका मुख्यालय इस परगना में था और जो पिता की मृत्यु के पश्चात् उसे विधिवत् विरासत में मिला। इस ताल्लुका में निम्नलिखित रियासतें थीं-

क्र.सं.	**नाम रियासत**	**ग्राम की संख्या**	**शामिल किए गए (फसली वर्ष)**
1	मऊ यदुवंशपुर	08 गाँव	1227 फसली (1817)
2	पलिया शाहबदी	03 गाँव	1229 फसली (1819)
3	जनौरा आदि	47 गाँव	1229 फसली (1819)
4	रानुपाली	04 गाँव	1230 फसली (1820)
5	देवकली	02 गाँव	1255 फसली (1845)
			कुल- 64 गाँव

स्लीमैन[2] के अनुसार गालिबजंग की मृत्यु 1 मई, 1851 को लखनऊ में 80 साल की उम्र में हुई। इसके अनुसार उनकी जन्मतिथि सन् 1771 के लगभग आएगी। जबकि उनके खानदानी फ़ौतनामे[3] में उनकी मृत्यु 19 अप्रैल, 1855 दर्शाई गई है। उक्त दोनों तिथियों में कौन सही है कह पाना मुश्किल है। लेकिन इससे आभास मिलता है कि राजा दर्शन का जन्म 1771 से 1775 के मध्य कभी हुआ होगा। यह नवाब शुजाउद्दौला के कार्यकाल (1754-1775) का अन्तिम तथा नवाब आसफुद्दौला के कार्यकाल (1775-1797) का शुरुआती दौर था।

अवध गजेटियर में दर्शन सिंह का मूल स्थान पदमपुर दर्शाया गया है। परिजनों द्वारा दी गई जानकारी के आधार पर लिखित एक लेख[4] के अनुसार राजा दर्शन सिंह के पिता गरीबदास मूलतः अतरैठ बाजार के पास स्थित गाँव लालमनपुर के रहनेवाले थे। वर्तमान में जिला अम्बेडकरनगर की तहसील आलापुर व विकासखंड जहाँगीरगंज में थाना राजेसुल्तानपुर के अन्तर्गत एक छोटा-सा गाँव लालमनपुर[5] आबाद है। गाँव से सटी पंचायत रुकमलपुर में बिन्दा का ताल है, जो लालमनपुर से 1.5 किलोमीटर दूर है। यह ताल सरयू नदी की छाड़न है। छोटी सरयू की एक छोटी-सी धारा जिसे गाँववाले नाला कहते हैं, लालमनपुर को आज़मगढ़ की

सरहद से अलग करता है। लालमनपुर में कई मुहल्ले हैं। यहाँ सबसे बड़ा मुहल्ला ऊँचेडीह है जो किसी टीले पर बसा जान पड़ता है। गाँव में एक दर्जन के लगभग जातियाँ रहती हैं। इनमें सर्वाधिक संख्या में कुर्मी (100 घर से ऊपर) हैं। पास के गाँव निकसपुर में आज़मगढ़ की सीमा पर एक टीला है जो तरेम ग्रामसभा में पड़ता है। 15-20 साल पूर्व तक यहाँ एक साधु रहते थे जिनके मरने के बाद से यह स्थान प्राय: वीरान रह गया है। यह स्थान कुटी के नाम से जाना जाता है। यहाँ से खुदाई में मृद्भांड, पुरानी चीजें व विलुप्त सभ्यता के चिह्न मिलते हैं। लालमनपुर प्राचीन स्थल है इसका पता 'युग-युगों में काशी'[6] से चलता है। शोधकर्ताओं ने लिखा है—"लालमनपुर का टीला कोयलसा विकास खंड के अतरैठ बाजार (आज़मगढ़-फैज़ाबाद राजमार्ग पर स्थित बूढ़नपुर से 4 किमी. उत्तर-पूरब) के उत्तर पुरानी सरयू नदी के तट पर स्थित है। पुरानी सरयू नदी आज़मगढ़ एवं फैज़ाबाद की सीमा निर्धारित करती है। इस टीले का विस्तार पुरानी सरयू के दोनों ओर है। इस टीले का कुछ भाग फैज़ाबाद (वर्तमान में अम्बेडकरनगर) जिले में भी पड़ता है। नदी के उस पार के क्षेत्र में ईंट के भट्ठे आदि चलाए जाने के कारण टीला नष्ट हो रहा है। पूरे टीले का विस्तार कई एकड़ में है। इस स्थल से बहुत अधिक महत्त्वपूर्ण पुरातात्त्विक सामग्री प्राप्त हुई है। यहाँ से उत्तरी काले चमकीले मृद्भांड, कृष्णलेपित मृद्भांड, धूसर मृद्भांड तथा लोहितवर्णी मृद्भांड मिले हैं।" इस स्थान का उल्लेख विनोद त्रिपाठी[7] ने भी किया है। उनके अनुसार, "यह टीला तहसील बूढ़नपुर, विकास खंड कोयलसा में पुरानी सरयू के तट पर स्थित है। यह टीला लगभग 10 एकड़ क्षेत्र में फैला तथा 2 मीटर ऊँचा है।" स्मरणीय है कि इस स्थान की खोज सर्वप्रथम रवीन्द्र सनातन ने की थी तथा अपने शोधपूर्ण ग्रन्थ 'आज़मगढ़ की धरती' में इसका उल्लेख किया था। लालमनपुर के पास अतरैठ बाजार स्थित है। फिशर की रिपोर्ट[8](1883) में इस स्थान को छोटी सरयू के किनारे दर्शाया गया है जो फैज़ाबाद मार्ग से दो मील दूर है। सन् 1881 की जनगणना के अनुसार यहाँ की जनसंख्या 2032 थी जिसमें 968 स्त्रियाँ थीं। विश्वनाथ लाल शैदा अपनी अप्रकाशित पांडुलिपि[9] 'आज़मगढ़' में लिखते हैं—"परगना अतरौलिया के उत्तरी भाग में छोटी सरयू के तट पर अतरैठ का प्रसिद्ध गाँव है। इस गाँव के अधिकांश निवासी कुर्मी जाति के हैं। यहाँ सुतली की कताई की जाती है। अतरैठ की सुतली बहुत बढ़िया होती है।"

राजा दर्शन सिंह के सम्बन्ध में अनेक सूत्रों से सूचना मिलती है। हेमन्त कुमार[10] लिखते हैं—"दर्शन सिंह नामक एक व्यक्ति की सआदत अली खाँ की फौज में एक सिपाही के रूप में नियुक्ति हुई थी। कालान्तर में गाजीउद्दीन हैदर के

दरबार में वह दीवान नियुक्त हुआ और फिर आगामीर नामक एक ओहदेदार की बर्खास्तगी के बाद उसको भी पदावनत करके सुल्तानपुर स्थानान्तरित कर दिया गया। बाद में नसीरुद्दीन ने नवाब बनने पर इनको गालिबजंग का खिताब देकर अपना मंत्री बनाया। नवाब की सेवा करने में उनका कोई जवाब न था। वे रात को चार घड़ी से अधिक नहीं सोते थे। उनकी कमर में हथियार हमेशा बँधा रहता था। नवाब उनको सल्तनत बहादुर कहकर बुलाते थे। तीन सौ घुड़सवार उनके साथ चलते थे और लखनऊ शहर में वे जिधर निकलने को होते थे, वहाँ की सड़कों पर छिड़काव कर दिया जाता था।'' इससे ज्ञात होता है कि दर्शन सिंह ने अपने जीवन की शुरुआत नवाब सादात अली खाँ (1798-1814) के समय में सिपाही के रूप में की। नवाब की हत्या[11] रेजीडेंट कर्नल बेली ने उनके साले रमजान अली खाँ के हाथों जहर देकर कराई थी। 11 जुलाई, 1814 को रमजान ने बुड्ढन खाँ आबदार को 5000 रु. देकर अखनी (शरबत) में जहरीले काले गिरगिट का जहर मिलाकर पिलवा दिया। उसे पीते ही नवाब साहब बेचैन होकर पेट में तकिया दबाकर तड़पने लगे। एक नौकर ने गोद में सिर रखकर कुर्ते के तस्मे खोल दिए। बस कुछ ही देर में रात के 9 बजते-बजते नवाब सआदत अली खाँ अपने निवास-स्थान मोती महल में मौत की चिरनिद्रा में सो गए। शहजादे गाजीउद्दीन हैदर को राजा गालिबजंग बुलाकर लाए। इससे आभास मिलता है कि नवाब सआदत अली के समय में भी दर्शन सिंह ने कुछ महत्त्व प्राप्त कर लिया था। लेकिन उनका वास्तविक उत्थान नवाब गाजीउद्दीन हैदर (1814-1827) के काल में हुआ। स्लीमैन[12] ने लिखा—''गालिबजंग बेहद मामूली ओहदे से ऊपर उठा और 1825 तक वह गाजीउद्दीन हैदर के अत्यन्त कृपापात्र में हो गया, बाद में उसके पुत्र नसीरुद्दीन हैदर (1827-1837) का भी प्रिय रहा और अपने मालिक की कृपा का वैसे ही ढंग से दुरुपयोग किया।''

नवाब सआदत अली के समय हकीम मेहदी अली खाँ वजीर थे। वे आगे भी बने रहे। सन् 1817 में उन्हें हटाकर आगामीर[13] को वजीर बनाया गया। हकीम मेहदी 1812 से बड़ी कुशलता से विज़ारत का कार्य कर रहे थे। अंग्रेज उनसे डरे थे। रेजीडेंट से मिलकर आगामीर ने साजिश के तहत उन पर बहराइच के प्रबन्धक राय अमर सिंह की हत्या का आरोप लगाकर पदच्युत करा दिया। वजीर बनकर आगामीर[14] का प्रभाव बढ़ गया। वह अपने मनमाने ढंग से शासन करने लगा। इसी आगामीर के वरदहस्त से दर्शन सिंह ने तेजी से विकास किया। लेकिन गाँव-देहात के होने के कारण उनके हाव-भाव उतने परिष्कृत नहीं थे जिसका उन्हें कोपभाजन होना पड़ा। मंत्री आगामीर को उनकी दखलन्दाजी और अशिष्ट धृष्टता बर्दाश्त नहीं

होती थी और मौका देखकर उसने एक दिन जब नवाब क्रोध में थे, गाजिबजंग को पदावनत[15] और गिरफ्तार कराकर अपने आदमियों में से एक के साथ (जिसका नाम ताजिउद्दीन था और उस समय वह सुल्तानपुर का प्रभारी था) सुल्तानपुर भेज दिया जहाँ जल्द ही कठोर बर्ताव और भोजन की कमी से गालिबजंग मौत के मुँह तक जा पहुँचे और उन्होंने जो भी धन जमा किया था उनसे उगलवा लिया गया। गाजीउद्दीन हैदर की मृत्यु के चार साल बाद जाकर दर्शन की स्थिति पुनः सुधरी। कहा जाता है कि[16] गाजीउद्दीन हैदर बहुत ही क्रोधी स्वभाव व उद्विग्नचित्त के शासक थे। अंग्रेजों द्वारा निरन्तर धन की माँग तथा वजीर आगामीर की तानाशाही व कुप्रशासन से बादशाह चिन्तित रहने लगे थे। इसी दुखद स्थिति के फलस्वरूप वह मोतीमहल में बीमार पड़ गए। जब उनकी खासमहल बादशाह बेगम उन्हें देखने आईं तो वह मुँह से कुछ न बोले और दुशाला ओढ़ लिया। उसी रात के पिछले पहर 18 अक्टूबर, 1827 को उनका उसी महल में इन्तकाल हो गया। अगले दिन दीपावली का त्योहार था। उनकी मृत्यु के दो दिन बाद 20 अक्टूबर, 1827 को उनके पुत्र नसीरुउद्दीन हैदर[17] अवध के दूसरे बादशाह के रूप में गद्दी पर बैठे। इनकी माँ सुबह दौलत उर्फ मुमताज महल खासमहल बादशाह बेगम की बाँदी थी। बादशाह बेगम ने उसे मरवाकर झंकार बाग के कब्रिस्तान में गड़वा दिया था, जहाँ सिर्फ गरीब गाड़े जाते थे तथा बच्चे का पालन कुछ लोगों के समझाने पर खुद किया।

नसीरुद्दीन हैदर की ताजपोशी के एक माह के अन्दर 10 नवम्बर, 1823 को भरतपुर के विजेता तथा अंग्रेज सेनापति लॉर्ड कोम्बरसियर[18] का लखनऊ आगमन हुआ। उनके साथ बादशाह व रेजीडेंट की एक गुप्त सभा हुई जिसमें बादशाह बेगम की सलाह के अनुसार बादशाह ने वजीर आगामीर की आलोचना की तथा उसे तानाशाह व अवध के खजाने की लूट-खसोट करनेवाला बताया। उनके अनुमोदन पर आगामीर को 20 दिसम्बर, 1827 को विजारत से हटाकर उनके स्थान पर मीर फजल को 23 दिसम्बर, 1827 को वजीर बनाया गया। गाजीउद्दीन की मृत्यु व आगामीर के पतन के साथ ही 1827 में दर्शन सिंह वापस आ गए थे। नसीरुद्दीन की प्रिय बेगम मलिका-ए-जमानी अपने पुत्र कैवाँजहा को वली अहद बनवाने में लग गई। इस क्रम में मलिका-ए-जमानी ने बादशाह नसीरुद्दीन हैदर को उनकी असली माँ के बारे में बता दिया। सन् 1829 में रेजीडेंट ने डीरूसेट नामक नाई को शाही दरबार में रखवाया। वह बादशाह के करीब आ गया तथा सरफराज खाँ[19] की उपाधि पा गया। सरफराज ने बादशाह की शादी मिस वाल्टर्स से करा दी जो बाद में मुकद्दरे आलिया बनीं। इस शादी के कारण नवाबी दरबार में सर्वत्र अंग्रेजियत

छा गई। मीर फजल शासन सुधार नहीं पा रहे थे और न ही बादशाह की माँग पूरी कर पा रहे थे।

गालिबजंग ने नसीरुद्दीन की सबसे प्रिय बेगम मलिका-ए-जमानी का साथ दिया। इन दोनों का सहयोग मीर फजल अली को नहीं मिला और अवध के खजाने से 35 लाख रु. के गबन का झूठा आरोप लगाकर मार्च, 1830 में वजीर को हटा दिया गया तथा इकबालुद्दौला को नया वजीर बनाया गया। कुछ माह पश्चात् 11 नवम्बर, 1830 में हकीम मेंहदी अली खाँ को वजीर बनाया गया। स्मरणीय है ये वही वजीर हैं जो 1812 से 1817 तक सआदत खाँ के वजीर रहे। लेकिन गाजीउद्दीन हैदर ने इनकी जगह पर आगामीर को वजीर बनाया था। ये फर्रूखाबाद में निर्वासित-सा जीवन बिता रहे थे। वे दुबारा वजीर बने। मलिका-ए-जमानी के कारण नसीरुद्दीन बादशाह बेगम से खफा थे। नए वजीर ने जब उनकी फिजूलखर्ची बन्द करने का प्रयास किया तो बादशाह बेगम नाराज हो गईं। वजीर हकीम मेंहदी अली खाँ ने भी नसीरुद्दीन को बादशाह बेगम के खिलाफ असली माँ को लेकर भड़काया। उसी दौरान बादशाह ने एक कनीज बिस्मिल्लाह खानम से 17 दिसम्बर, 1831 को शादी कर उसे कुदसिया सुल्तान का विरुद दिया व उसके प्यार में डूब गया। बादशाह बेगम के कहने पर 5 अगस्त, 1832 को नसीरुद्दीन हैदर ने वजीर मेहदी को भी हटा दिया। उनकी जगह रौशनुद्दौला वजीर बने। वे आगामीर के समधी व अत्यन्त विलासी प्रकृति के थे।

बादशाह ने कुदसिया बेगम[20] के लिए छतर मंजिल के सामने कोठी दर्शन विलास बनवाई थी। ऐसी मान्यता है कि एक बार 20 सितम्बर, 1833 को मलिका-ए-जमानी ने कुदसिया का गर्भ जादू से गिरवा दिया। दुबारा वह पेट से हुई तो बादशाह नसीरुद्दीन को गुप्त रूप से सन्देश दिलवाया कि यह बच्चा कुदसिया के पूर्व शौहर सितारबाज मीर हैदर का है जो कानपुर से आकर उससे चुपके से मिलता है। बादशाह नसीरुद्दीन नाराज हो गया। कुदसिया ने नींबू की शिकंजी में संखिया पीकर जान दे दी। बादशाह नसीरुद्दीन बौखला गया। उसने पूरे चालीस दिन का शोक मनाया। महल में सिर्फ बादशाह बेगम ने यह शोक नहीं मनाया और बादशाह से भी कहा कि वह एक बेवफा औरत के लिए शोक न करें। नाराज बादशाह नसीरुद्दीन ने बादशाह बेगम से महल छोड़ने को कहा। जब बादशाह बेगम नहीं गई तो उसे आदमी भेजकर अपमानित कराया। महल में मल-मूत्र से भरे मिट्टी के बर्तन फेकवाएँ। बादशाह बेगम फिर भी नहीं गईं तो अन्त में नसीरुद्दीन ने राजा: दर्शन सिंह गालिबजंग को बुलाकर आज्ञा दी कि बेगम के रुतबे का ध्यान रखे बिना किसी प्रकार से महल से बाहर निकालें। दर्शन सिंह ने नवाब के हुक्म की हमेशा

तामील की। नसीरुद्दीन द्वारा बादशाह बेगम को बाहर निकालने के शाही आदेश पर गालिबजंग ने राजा शिवदीन सिंह को सेना सहित भेजा जिसने बेगम का महल घेर लिया तथा किशनचन्द्र सहित उनके कुल ग्यारह आदमियों को लाकर टेढ़ी कोठी में नजरबन्द कर दिया। 14 अप्रैल, 1835 तक महल का रसद-पानी काट दिया गया। बेगम ने भी अपने खास खबरदारों को सशस्त्र पहरे पर लगा दिया था। लेकिन वे सैनिक भाग गए। शाही सैनिक सीढ़ी लगाकर उनके महल की दीवारों को तोड़ने का प्रयास करने लगे। बेगम अपनी कुछ मुगलानियों के साथ सामने आ गईं। बेगम के सेवक-सेविका ईंट के टुकड़े, पत्थर तथा लकड़ी के टुकड़े आदि शाही सैनिकों पर फेंकने लगे। इसके बाद दोनों पक्षों में युद्ध होने लगा। जिसमें दोनों तरफ के कुछ लोग घायल हुए तथा कुछ मारे भी गए। आखिरकार बेगम इस लड़ाई से तंग आ गईं और भूख-प्यास से भी व्याकुल हो गईं। उन्होंने यह लड़ाई रुकवा दी और महल छोड़कर लखनऊ से तीन मील पश्चिम अलमास बाग में जाने की घोषणा कर दी। वे सूर्यास्त के 2 घंटे बाद अलमास बाग पहुँचीं।

स्लीमैन[21] के अनुसार—''गाजीउद्दीन की मृत्यु के चार साल बाद गाजिबजंग को उनके बेटे नसीरुद्दीन के समय 1831 में उनके मंत्री हकीम मेहदी ने दरबार में एक भरोसे के पद पर नियुक्त किया। हकीम मेहदी ने अगले दो साल जब तक वे सरकार में रहे उसे ठीक रखने का प्रबन्ध करके रखा।'' नसीरुद्दीन हैदर अत्यन्त विलासी नवाब था। कहा जाता है कि नवाब शुजाउद्दौला के बाद अवध की सल्तनत में नसीरुद्दीन हैदर ही ऐसा शासक था जो विलासिता में अपने पूर्वजों से भी आगे निकल गया। उसकी कामुकता[22] और विलासिता का अन्दाजा इसी बात से लगाया जा सकता है कि उसके दिल बहलाव के लिए सौ तवायफें शहराती व सौ तवायफें देहाती महल में नौकर थीं। उनके हूरे-हरम के इन्तजामकार उनके खास दीवान लाला रामप्रसाद उस ऐशखाने में परियों का मजमा लगवाते थे। करमबख्श नाम की एक कस्बन जो ऐश महल कहलाती थी, उस महफिले आराइश की दरोगा बनी हुई थी। जब नसीरुद्दीन हैदर विलासिता[23] में डूबा था, महल की औरतें साजिशों में लगी थीं उसी समय दर्शन सिंह ने अपना रुतबा धीरे-धीरे बढ़ाना शुरू किया। 4 नवम्बर, 1830 को उन्हें वजीर मेहदी ने पद दिया। 5 अगस्त, 1832 में पदच्युत होने तक वजीर मेहदी ने दर्शन सिंह को दबाए रखा। लेकिन रौशनउद्दौला जैसे अयोग्य व्यक्ति के वजीर बनने के बाद जबकि अवध का राज्य नायब सुभान अली खाँ देख रहा था, राजा दर्शन सिंह ने अवसर का लाभ उठाया।"

कुदसिया की मृत्यु से नवाब काफी गमजदा थे। वजीर रौशनुद्दीन ने अपनी बहन की पुत्री परी चेहरा कमर तलऊत[24] से उसकी शादी करा दी। कमर की माँ

उसके साथ रहती थी। वे लोग बेहद कंजूस थे। बादशाह कमर को जो भी बाँटने या दान करने को देता उसकी माँ दबाकर रख लेती। बादशाह मुमताज उल दहर उर्फ कमर तलऊत से पहले खुश था। मगर उसकी कंजूसी से ऊब गया। उसने शादी के समय जो चीजें बाँटने को दीं उसने नहीं बाँटीं और जवाब तलब करने पर उसकी सास ने कहा—''ए हज़रत हम आपका घर बनाने आए हैं, लुटाने नहीं।'' इतना सुनना था कि बादशाह आपे से बाहर हो गए। अभी बादशाह ड्योढ़ी से बाहर पहुँचे थे कि सदर फाटक पर उनके दीवान राजा गालिबजंग खड़े दिख गए। उनसे बोले—''राजा साहब हमने इसको 'कंगला महल' का खिताब दे दिया।'' राजा गालिबजंग को शाने-नादिरी का इशारा समझने में कुछ देर न लगी। उन्होंने तुरन्त ऊँची आवाज में एक चोबदार को हुक्म दिया—''जाओ कंगला महल से हज़रत का ताज ले आओ।'' इसके साथ ही कंगला महल की किस्मत बदल गई।''

नसीरुद्दीन हैदर के काल में सन् 1831 में दर्शन सिंह गालिबजंग पुनः दीवान बनें। स्लीमैन[25] ने अपनी पुस्तक में इस दौर में राजा गालिबजंग के कार्यों पर विस्तार से प्रकाश डाला है। स्लीमैन का विवरण खास मकसद से लिखा गया था। वह हर हालत में तत्कालीन नवाबों की कमजोरियों, गलत कार्यों तथा ऐयाशियों को इस तरह बढ़ा-चढ़ाकर पेश करना चाहता था, जिससे भविष्य में अवध के विलय को न्यायोचित ठहराया जा सके। चूँकि गालिबजंग नवाबों के सर्वाधिक विश्वस्त दरबारियों में से एक थे अतः उनके सन्दर्भ में भी स्लीमैन द्वारा प्रस्तुत विवरण प्रायः अतिशयोक्तिपूर्ण अथवा सुनी-सुनाई बातों पर आधारित है। कर्नल स्लीमैन लिखता है—''राजा गालिबजंग मंत्री का अत्यन्त प्रिय है और कोई भी व्यक्ति अपने तथा अपने परिवार के हित में अपने प्रभाव का उपयोग उससे ज्यादा दृढ़ तरीके से व्यक्त नहीं करता। धोखा और हिंसा तथा अफसरों व जिले के प्रभारी अधिकारियों, जिन्हें दरबार में उसकी सहायता की जरूरत होती है, से साठ-गाँठ करके, वह अपने कमजोर पड़ोसियों की सर्वोत्तम जमीनें हड़प लेता है। उसी ढंग से जैसे उसका नाम-राशि राजा दर्शन सिंह किया करता है और विभिन्न प्रकार की संविदाओं के लिए जो धन उसे मिलता है उसका बड़ा हिस्सा वह खुद के प्रयोग में लाता है। उसे अक्सर बड़ी फौज के साथ जमींदारों व स्थानीय प्राधिकारियों के मध्य के झगड़े का समाधान करने के लिए भेजा जाता है और वह उसी पार्टी के पक्ष में निर्णय देता है जो सर्वाधिक सक्षम तथा भुगतान करने को इच्छुक हो। उसकी कमान में घुड़सवार व पैदल पुलिस का बड़ा दस्ता रहता है और उसे अक्सर खासकर उन दुस्साहसी अपराधियों के खिलाफ जिन्होंने ब्रिटिश प्राधिकारियों पर अपराध किया है, का पीछा करने के लिए जाने अथवा सैन्य टुकड़ी भेजने का आदेश दिया जाता है। ऐसे

मामलों में वह सामान्यतः गिरफ्तार ऐसे कुछ दुराचारियों को ले आने में सफल हो जाता है लेकिन वह अक्सर उन जमींदारों को पकड़ता है जिन्होंने जान-बूझकर दुराचारियों को आश्रय दिया हो। वह उनसे जितना सम्भव हो उतना धन उगाहकर उन्हें जाने देता है। वह सामने आनेवाले साक्ष्यों की संख्या या गुणवत्ता पर ज्यादा ध्यान नहीं देता जो दर्शाते हों कि भुगतान करनेवाले व्यक्ति ने जान-बूझकर दुराचारी को न्याय से दूर रखा या न्याय तक नहीं जाने दिया।

राजा गालिबजंग नगर पुलिस का अधीक्षक था और पैदल ब्रिगेड का सेनानायक (कमांडेंट) और बादशाह नसीरुद्दीन हैदर का नवम्बर, 1833 से नवम्बर, 1835 तक पानी दो साल तक सर्वाधिक पसन्दीदा व्यक्ति था। उसके और भी बहुत-से कार्य थे और वह हमेशा बादशाह की सेवा में हाजिर रहता था और बादशाह उसे बहुत पसन्द करता था। क्योंकि वह उसकी हर आज्ञा को चाहे वह जिसके भी विरुद्ध हो, पद के सम्मान अथवा दूसरों की तकलीफों का ध्यान किए बिना तत्काल बजा लाता था। इन दो सालों में वह अपने स्वामी का उसकी अत्यन्त गुप्त ऐयाशियों और आमोद-प्रमोद में सर्वाधिक अन्तरंग साथी था। अपनी अविचारी कठोर उग्रता के कारण वह पूरे शहर में और उससे भी ज्यादा दरबार में, दिल से घृणा का पात्र हो गया था क्योंकि वह बादशाह से निर्भीक तरीके से मंत्रियों के खोटे कार्यों तथा गबन के बारे में बात करता था और दरबार के सारे विश्वासपात्र जो उसके पक्ष में नहीं थे उनके बारे में भी ऐसे ही बात करता था। वह बुजुर्ग जड़बुद्धि मंत्री रौशनुद्दौला को हर बात में आड़े हाथों लेता था और उसका मजाक बनाने का कोई भी मौका हाथ से नहीं जाने देता था और उसके प्रति अपनी घृणा जाहिर करता रहता था।

बादशाह दलजीत नाम के एक युवा लड़के को बहुत चाहता था जिसे मंत्री ने शैशवावस्था से पाला था, लेकिन अब वह बादशाह के सर्वाधिक गोपनीय व्यक्तिगत खिदमतगार के रूप से सेवा कर रहा था। वह जो भी सेवाएँ प्रदान करता रहा हो, मंत्री उसके लिए बढ़िया भुगतान करता था और उसे स्वस्थ, ताकतवर तथा निर्बन्ध रखने की गहराई से इच्छा रखता था, और जो व्यक्ति उसे आड़े हाथों लेता था उस व्यक्ति यानी गालिबजंग को हटाने के अवसर की वह बेसब्री से प्रतीक्षा कर रहा था। बादशाह का मुख्य दर्जी मका था, वह भी अपने हितों के लिए उतना ही परेशान था। अनेक कारणों से वह भी इस विश्वासपात्र से छुटकारा पाना चाहता था और ऐसे ही एक मल्लाह गंगा ढावास, जो बादशाह का अन्य व्यक्तिगत खादिम व पसन्दीदा था वह भी ऐसा ही चाहता था। अपने-अपने कारणों से इच्छुक ये तीनों व्यक्ति जल्दी ही महल की कुछ सर्वाधिक प्रभावशाली महिलाओं से मिल गए

और अपने उद्देश्य की पूर्ति का अवसर खोजने लगे। गालिबजंग वह व्यक्ति था अथवा उन लोगों में से एक था जिनके माध्यम से बादशाह ऐसी औरतों को, जिन पर उसकी नजर उनकी सुन्दरता या हुनर की वजह से जाती थी, बुलाया करता था। उसे एक नामी नर्तकी को, जिसका नाम मोगरी था, लाने के लिए कहा गया था। वह नहीं आई और बादशाह अधीर होने लगा और अन्त में धनिया मेहरी से कारण पूछा। उसे अक्सर ऐसे ही काम में लगाया जाता था और वह गालिबजंग की स्पर्धा से जलती थी। उसने हज़रत को बताया कि गालिबजंग ने इस बार और पहले भी अनेक बार उनके आनन्द में बाधा उत्पन्न की है और उस औरत को अपने पास रखा है। सभी पसन्दीदा लोगों ने भी यही बात कही और सामान्यतः यह विश्वास किया जा रहा था कि यह आरोप सही था। असल में बाद में उस लड़की ने खुद ही यह बात स्वीकार की थी। लेकिन बादशाह ने इस आशा से समय का इन्तजार किया कि बिना सार्वजनिक रूप से अपना शत्रु बनाए, अपने पसन्दीदा से बदला लेने के लिए कोई दूसरा आधार ढूँढ़ा जाए ।

7 अक्टूबर, 1835 को बादशाह गालिबजंग के साथ अपने निजी कक्षों में से एक में राज्य के मामले में बात कर रहा था। मेज पर बादशाह के निरीक्षण के लिए अनेक ताज खड़े थे। इन्हें दर्जी मका की निगरानी में उसके द्वारा खरीदी गई सामग्री से तैयार कराया गया था। जो भी सामान मुहैया कराने का आदेश होता वह हमेशा उसका बादशाह से 10 गुना दाम वसूला करता था और गालिबजंग को लगा कि अपने स्वामी के साथ दर्जी के दुर्व्यवहार को उजागर करने का यह सही अवसर है। उसने ताजों में से एक को उठा लिया और अपना बायाँ हाथ इसमें डाला फिर अपनी अँगुली पर इसे नचाते हुए जिस सामग्री से वह बना था उसकी कमजोर प्रकृति को दिखाने लगा। उसकी बाईं अँगुली जाने अथवा अनजाने में दुर्घटनावश ताज के रेशम से फिसलकर बाहर निकल गई। इस घटना से बादशाह उत्तेजित हो गया। अँगुली को ताज से निकलता देखकर हज़रत ने बिना एक शब्द बोले हुए कक्ष छोड़ दिया। थोड़ी ही देर में भीतर अनेक सेवक आए और गालिबजंग को घेर लिया और उसे अग्रिम आदेश तक वहीं बने रहने का आदेश दिया। इस हालत में वह करीब दो घंटे रहे, फिर अन्य मुलाजिम भीतर आए। उसकी पगड़ी को नोचकर फर्श पर फेंक दिया और मेहतरों से लात मरवाकर इसे बाहर करवा दिया। फिर वे गालिबजंग को घसीटकर बाहर ले गए और उसे कैदखाने में ठूँस दिया। अगले दिन उसके पैरों में भारी बेड़ियाँ डा़ल दी गईं। उनके साथ जो तीन प्रमुख अनुयायी बन्द थे उन्हें भी बेड़ी डाल दी गई। उसके माँ-बाप, पत्नी और पुत्रियों को उनके घरों में कैद कर दिया गया और परिवार की जो भी सम्पत्ति मिल सकी उसे जब्त कर लिया गया।

तीसरे दिन गालिबजंग और उसके तीन अनुयायियों को बाँधकर बुरी तरह कोड़े मारे गए ताकि कोई छिपा खजाना यदि उनके पास हो तो वे उसे बता दें। उस रात बादशाह ने शराब पी और तमाम लोगों के सामने मंत्री को आदेश दिया कि गालिबजंग का दाहिना हाथ और नाक अभी काट दी जाए। मंत्री ने क्षमा-याचना की और धैर्य रखने की प्रार्थना की। उसे गाली देकर पुनः आज्ञा दी गई लेकिन उसने हज़रत से फिर थोड़ा रुकने की चिरौरी-मिन्नत की और उसे अकेले में सुनने की प्रार्थना की। इसे स्वीकार कर लिया गया और मंत्री ने हज़रत को बताया कि यदि आदेश का पालन कर दिया गया तो शायद ब्रिटिश गवर्नमेंट इसमें घुस जाए।

बादशाह आराम करने चला गया लेकिन दूसरे दिन गालिबजंग तथा उसके तीन अनुयायियों को फिर बाँधकर कोड़ा मारा गया। अन्त में 6-7 दिन बाद गालिबजंग के सारे मुलाजिम उससे ले लिए गए और जहाँ वह पड़ा हुआ था वहाँ किसी को भी प्रवेश की अनुमति नहीं दी गई। फलस्वरूप उसे न तो कोई खाना खिलानेवाला था और न पानी पिलानेवाला। 19 अक्टूबर को बादशाह ने आज्ञा दी कि गालिबजंग के परिवार की सारी औरतों को उनके घरों से पैदल महल तक बलात् लाया जाए और सार्वजनिक रूप से घोषणा की कि अगले दिन उन सभी के बाल मुँडवाए जाएँगे और नंगा करके उसी हालत में उन्हें गलियों में छोड़ दिया जाएगा। यह आज्ञा देने के पश्चात् बादशाह सोने चला गया और जैसा आदेश हुआ था महिलाओं को महल में लाया गया लेकिन इन निरपराध औरतों की तकलीफों ने बादशाह के अपने खादिमों को उत्तेजित कर दिया और उन्होंने उनको गलियों से पैदल ले आने की आज्ञा का उल्लंघन किया तथा उन्हें पालकी में ढककर ले आए।

रेजीडेंट को डर था कि इन बेचारी औरतों का आगे अपमान किया जाएगा और गालिबजंग भूख से मर जाएगा, अतः उसने दखल देने का निश्चय किया और उसने बादशाह से जो अभी सो रहा था बातचीत की माँग की। बादशाह बहुत ज्यादा परेशान हुआ और मंत्री को रेजीडेंट से यह अनुरोध करने के लिए भेजा कि अगर उनका उद्देश्य गालिबजंग के परिवार को मुक्त कराना था तो वह स्वयं आने का कष्ट न करें। जैसा कि वह आगे अभी आदेश देनेवाला था कि औरतों को उनके घरों को छोड़ दिया जाएगा। मंत्री 10-12 दिनों से या पसन्दीदा के पतन के पहले या दूसरे दिन से रेजीडेंट के पास नहीं गया था। उसने अनुरोध किया कि रेजीडेंट बादशाह से गालिबजंग व उसके परिवार के साथ किए गए कठोर व्यवहार पर सख्ती से न बोले अन्यथा मंत्री को ही झेलना पड़ेगा। रेजीडेंट ने सुने जाने पर अड़ियल रुख अपनाया। उसने बादशाह को रूठा हुआ और अपनी जिद पर अड़ा पाया। मंत्री मौजूद था और अपने स्वामी की तरफ से

बोला। उसने इस बात से इनकार किया कि कैदी को दो दिन और दो रात बिना खाना-पानी के रखा गया। लेकिन यह स्वीकार किया कि उसे बाँधकर बुरी तरह कोड़ों से पीटा गया और उसके घर की औरतें अभी भी वहाँ थीं। लेकिन उसने उन्हें वापस भेजने का वादा किया। उसने कहा कि कैदी की सम्पत्ति जब्त करना जरूरी था, क्योंकि उसने राज्य का बड़ा हिस्सा दबा रखा था। सारी औरतों को उनके घर भेज दिया गया और गालिबजंग को अपने सेवकों में से कुछ को रखने की अनुमति मिल गई।

रेजीडेंट ने इन सारी चीजों की रिपोर्ट सरकार को भेजी जिसने उसकी कार्यवाहियों का पूरी तरह अनुमोदन किया और इच्छा जाहिर की कि वह हज़रत को यह बता दे कि ऐसी असभ्य और अत्याचारी कार्यवाहियों से उसकी प्रतिष्ठा नष्ट हो जाएगी और अगर इन्हें नहीं छोड़ा तो अपने लिए स्वयं अत्यन्त हानिकारक परिणामों क़ो बुलावा देंगे। जब रेजीडेंट ने उक्त सुनवाई के समय बादशाह से यह शिकायत की कि बादशाह अपने अफसरों को समय-समय पर बुलाकर उनका विवरण नहीं ले रहे हैं बल्कि उन्हें अनिश्चित अवधि तक जाने दे रहे हैं और फिर उन्हें कैद करके उनकी सम्पत्ति जब्त कर रहे हैं तो उसने जबाब दिया—"आपने जो कहा वह काफी सत्य है और आपको भरोसा दिलाया जा रहा है कि मैं हरेक से भविष्य में प्रत्येक तीन माह पर उसके द्वारा प्राप्त धन का विवरण प्राप्त करूँगा और दुबारा कभी भी किसी पर मेहरबानी नहीं करूँगा।"

दरबार के परिसर के बाहर बादशाह के रिआया में सबसे ताकतवर, लगान का सबसे बड़ा ठेकेदार राजा दर्शन सिंह भी मंत्री की तरह गालिबजंग के द्वारा उसके शक्तिशाली होने के दिनों में आड़े हाथों लिया जा चुका था और रेजीडेंट के हस्तक्षेप के बाद उसने अर्जी दी कि वह गालिबजंग को अपनी शक्ति के अधीन रखना चाहता है। बादशाह और मंत्री इस विचार से प्रसन्न हो गए कि उनका पीड़ित यानी गालिबजंग चौकन्ने रेजीडेंट के निकट पर्यवेक्षण से परे भोगेगा और मंत्री ने तीन लाख रुपए लेकर बादशाह के विचार के लिए भेज दिया, साथ ही रेजीडेंट को यह भरोसा दिया कि क्षुब्ध बादशाह के प्रतिशोध से उसे बचाने का यही सुरक्षित रास्ता था और राजा दर्शन सिंह उनका दोस्त था तथा उसे, उसके परिवार एवं परिचारकों के रहने की पर्याप्त व्यवस्था व सुविधा वह मुहैया कराएगा। राजा दर्शन सिंह ने गालिबजंग को एक लोहे के पिंजड़े में रखा और शाहगंज के अपने किले में भेज दिया जहाँ रिपोर्ट कहती है कि उसके पिंजड़े में साँप और बिच्छू छोड़े गए ताकि वे उसे सताएँ और नष्ट कर दें। कहा जाता है कि इसका उद्देश्य उसके शरीर पर हिंसा का कोई चिह्न छोड़े बिना उसे सताकर नष्ट कर देना था लेकिन गालिबजंग

का जीवन अभिमंत्रित था और वह उनके जहर से बच गया था।

राजा दर्शन सिंह गालिबजंग के उत्थान और पतन के सम्बन्ध में जानकारी 'द प्राइवेट लाइफ ऑफ एन ईस्टर्न किंग', विलियम नाइटन, 1855 में भी मिलती है। नाइटन ने इस पुस्तक में नसीरुद्दीन हैदर के जीवन की कुछ झलकियाँ प्रस्तुत की हैं जिसे उसने बादशाह के लाइब्रेरियन क्रोप्ले से सुनकर इंग्लैंड में लिखा था। उस समय तक नाइटन अवध नहीं आया था। साथ ही दो दशक पुरानी घटनाओं के वर्णन में क्रोप्ले ने अनेक तथ्यात्मक भूलें भी की हैं। सन् 1921 में इस पुस्तक का रिप्रिंट ऑक्सफोर्ड यूनिवर्सिटी प्रेस से किया गया जिसमें एस. वी. स्मिथ ने नोट्स भी लगाए हैं। पुस्तक के अध्याय-8 (द कैप्रिस ऑफ डेपोटिज़्म, पृ. 109-129) में नाइटन ने क्रोप्ले के हवाले से गालिबजंग के पतन की उसी कहानी का विस्तार से आँखों देखा विवरण प्रस्तुत किया है, जिसका वर्णन कर्नल स्लीमैन ने अपनी रचना में किया है। स्लीमैन का विवरण अधिक तथ्यपरक जान पड़ता है, किन्तु क्रोप्ले उस घटना का चश्मदीद है अत: कतिपय तथ्यात्मक भूलों के बावजूद उसके विवरण को पूरी तरह नकारा नहीं जा सकता है। नाइटन ने इस घटना में राजा का नाम बख्तावर सिंह लिखा है जो निश्चित रूप से गलत है। स्मिथ ने पृ. 109 पर अपने नोट्स में स्पष्ट कर दिया है—''इस अध्याय में हुई घटनाएँ राजा गालिबजंग से जुड़ी हैं, न कि राजा बख्तावर सिंह से।'' इसके अलावा नाइटन व स्लीमैन के विवरण में घटना के स्थान व कारण में भी अन्तर है। दोनों लेखकों ने दूसरों से सुनकर बीस साल बाद इस घटना को लिखा है, अत: भिन्नता होना स्वाभाविक है। यदि हम नाइटन के लेख[26] में बख्तावर के स्थान पर गालिबजंग पढ़ें तो कथा निम्नवत् वर्णित है—

''अपने दरबार के देसी अफसरों में गालिबजंग से ज्यादा बादशाह का करीबी कोई नहीं था। नवाब का पुत्र कमांडर इन चीफ था, जबकि गालिबजंग 'जनरल' था। उसे जनरल कहा जाता था, मगर वह पुलिस का मुख्य अफसर था। गालिबजंग का देसी समुदायों में बड़ा मान था। नवाब या प्रधानमंत्री उससे थोड़ी जलन रखता था। लेकिन बादशाह और नाई के समर्थन के कारण गालिबजंग को नाम के प्रधानमंत्री से कोई भय नहीं था। वे ऐसा दिखाते थे कि सबसे अच्छे दोस्त हैं। नवाब और गालिबजंग एक-दूसरे से मिलने पर गले लगते थे, एक-दूसरे को सलाम करते थे तथा एक-दूसरे के सम्बन्ध में भारी-भरकम शब्दों में सम्बोधन करते थे। उस दिन हम लखनऊ के पास के बादशाह के तमाम महलों में से एक में तमाशा देख रहे थे। गालिबजंग भी वहीं था। लंच का समय होने पर बादशाह मेज से उठे। वे अपनी मनपसन्द यूरोपीय वेशभूषा में थे। उन्होंने अपना दाहिना हाथ अपनी हैट में डाला

और अपनी काली हैट हाथ पर घुमाने लगे। गालिबजंग मेरे करीब था। बादशाह अभी भी हैट घुमा रहे थे तभी अस्वाभाविक रूप से उनका अँगूठा हैट के बाहर निकल आया। अन्य हैट्स की तरह यह भी शायद पहनने की जगह बेचने के लिए बनाया गया था। अँगूठा बाहर निकल जाने पर जैसा कि वे करते थे, बादशाह हँसने लगे और हमसे भी आशा करते थे कि हम हँसें। हम सभी हँसने लगे। गालिबजंग इसी के साथ चिल्ला पड़ा। हिन्दुस्तानी में, जिसका दोहरा अर्थ था 'जहाँपनाह आपके ताज में छेद है।' यह निश्चित रूप से बिना किसी पूर्व विचार के, आवेग में कहा गया था। लेकिन दुर्भाग्य से बादशाह के पिता और परिवार के द्वारा उसके चचेरे भाई को गद्दीनशीन करने हेतु किए गए प्रयासों ने जहाँपनाह को अत्यधिक संवेदनशील बना दिया था, खासकर उसके द्वारा ताज पर की गई किसी प्रकार की टिप्पणी के प्रति। ध्यातव्य है कि मंत्री आगामीर के प्रभाव में गाजीउद्दीन ने कुछ समय के लिए नसीरुद्दीन को कैद कर लिया था। बादशाह ने जैसे ही यह टिप्पणी सुनी उसका चेहरा बदल गया। उस समय मैं बादशाह के सबसे करीब खड़ा था। उसने मेरी तरफ मुड़ते हुए पूछा—''क्या तुमने विश्वासघाती को सुना?'' इतना कहकर वह अंगरक्षकों के कैप्टन पर चीखा—''उस आदमी को इसी वक्त हिरासत में ले लो। जाओ, रौशन (नवाब रौशनुद्दौला) और उसका सिर कलम कर दो।'' अंगरक्षकों का कैप्टन जो एक यूरोपीय अफसर था और नवाब दोनों गालिबजंग की ओर बढ़े जो सिर झुकाकर खड़ा था, और उसके हाथ जुड़े हुए आगे थे। जो लोग ऐसे दरबारों से वाकिफ हैं उन्हें पता होता है कि सनकी तानाशाहों के दरबार में आदमियों का उत्थान और पतन इतना अचानक होता है कि अचम्भित रह जाओगे। बादशाह ने अपना हैट जमीन पर फेंककर पैरों से कुचल डाला। गालिबजंग को बाहर ले जाया गया। बादशाह ने मुझसे पूछा कि यदि किसी इन्सान ने इसी तरह अपमान किया होता तो इंग्लैंड का बादशाह क्या करता? मैंने कहा—''जहाँपनाह उसी तरह गिरफ्तार करवाता जैसा आपने किया और ट्रायल के बाद जो निर्णय होता उससे निपटता।" उसने कहा—''मैं भी ऐसा ही करूँगा।" मैंने कहा, ''आपकी आज्ञा से मैं रौशन को आगाह कर देता हूँ।" कैप्टन आगे था। गालिबजंग को दो घुड़सवारों के बीच रखा गया था, जबकि नवाब टुकड़ी के पीछे चल रहा था। मैंने उसे बादशाह की आज्ञा से अवगत करा दिया।

बादशाह ने अपने मित्र नाई से कहा—''गालिबजंग बेशक मरेगा। दुनिया की कोई भी ताकत उसे मरने से नहीं रोक पाएगी। अँधेरा होने के पहले उसका सिर जरूर काटा जाएगा।" और यह कहते हुए वह अपने हाथी पर चढ़ गया। किसी ने ऐसा न करने के लिए कहने का साहस नहीं जुटाया। लेकिन हम बादशाह के

यूरोपीय दल के लोग यह जानते थे कि अगर रेजीडेंट ने हस्तक्षेप किया तो उसकी सम्पत्ति का चाहे जो भी हो उस अभागे मनुष्य का जीवन निश्चय ही बच जाएगा। जिस पार्क में यह घटना घटित हुई वहाँ से गोमती मात्र कुछ मील दूर थी। थोड़ी देर में यह कारवाँ तैरते पुल से नदी पार कर गया। जब बादशाह महल पहुँचे तो वे कम उत्तेजित और ज्यादा तर्कपूर्ण दिखे। जब हम लोग जाने को हुए तो एक प्रभावशाली दरबारी ने बेहद नाजुकी से इस मामले को उठाया। बादशाह ने कहा—''जब तक नियमित तफ्तीश नहीं हो जाती, वह नहीं मरेगा।" हमने अंगरक्षकों के कैप्टन को रेजीडेंट को सूचित करने के लिए लगाया। जब हम वहाँ से निकले तो बादशाह के घर में लगे यूरोपीय (नाई-डी रूसेट, शिक्षक-राइट, चित्रकार व संगीतज्ञ-मांट्ज, लाइब्रेरियन-क्रोप्ले और कैप्टन-मैग्नेस) गालिबजंग से मिलने गए।

उसे महल के बगल में इमारत के बाजू में बने एक निम्न जाति के नौकर के क्वार्टर में फेंक दिया गया था, जहाँ पहरे पर दो देसी सन्तरी लगे थे। उस जैसे उच्च स्थानवाले व्यक्ति के लिए वह जगह खुद में अवमाननापूर्ण और दंडस्वरूप थी। लेकिन जब हमने भीतर प्रवेश किया तो सनक के शिकार उस व्यक्ति को देखकर रोना आ गया। वहाँ मौजूद इकलौता फर्नीचर एक चारपाई थी, वह भी बिना गद्दे की। सब-कुछ बादशाह की आज्ञा के अनुसार हुआ। जैसा कि नवाब के अंगरक्षकों के कैप्टन को बताया था, वह हमने सुन रखा था। अपमानित सरदार के सारे वस्त्र छीन लिए गए थे। उसकी कीमती पूर्वी पोशाक, महँगे आभूषणों से सज्जित पगड़ी, तलवार और पिस्टल, कश्मीरी दुपट्टा, जिसे वह कमरबन्द की तरह प्रयोग करता था, सब हटा दिया गया था। उसकी कमर से थोड़ा-सा कपड़ा बँधा हुआ था जैसा कि मजदूर तबके के गरीब पहनते हैं। जब हम लोग घुसे वह अपनी कठोर खाट पर प्राय: नग्न लेटा हुआ था।

जब हमने उससे बात की, उसने कहा—''मैंने जो कहा, वह अत्यन्त अनजाने में और बेवकूफी-भरे मौज में कहा। बादशाह जानते हैं कि जब उनके पिता और परिवार ने उन्हें ताज से दूर रखने के लिए साजिश की, मैंने उनके खिलाफ कभी साजिश नहीं की। महानुभावों मैं अवश्य मरूँगा। मैं जानता हूँ, मुझे मरना ही है। रौशन मेरा दोस्त नहीं है। लेकिन अंग्रेज साथियो मेरे परिवार को अपमान से बचा लो। यदि आप उनसे कहो, निश्चित रूप से हिज एक्सेलेन्सी रेजीडेंट उनकी रक्षा करेंगे। मैं एक आदमी हूँ, मैं यन्त्रणा और मृत्यु झेल सकता हूँ। लेकिन मेरे वय प्राप्त खाट पर पड़े पिता, मेरी पत्नियाँ जिन्होंने अपने रिश्तेदारों को छोड़कर किसी का चेहरा कभी नहीं देखा है, मेरे बच्चे जो सभी कम उम्र के हैं, यदि मैं चला गया तो उनका क्या होगा।" उसकी भाषा में दुख की ऊर्जा और उत्तेजना में कुछ

काव्यात्मकता थी। उसे सुनते हुए हममें से कइयों की आँखों से आँसू निकलकर गालों पर ढुलक पड़े। उसने कहा—"उन्होंने बाकी सब ले लिया, मैंने सिर्फ यह एक जवाहरात बचा रखा है।" यह एक मुहरवाली अँगूठी थी जिसमें अत्यधिक मूल्यवान काफी बड़ा पन्ना जड़ा हुआ था। जिसे वह अक्सर अपनी अँगुली में धारण करता था। उसने इसे हमारे छोटे-से दल के सबसे प्रभावशाली व्यक्ति के हाथों में रख दिया। यदि मेरा परिवार अभाव में आ जाए, वे बचे रहें और उनकी सम्पत्ति चली जाए तो शायद आप इसे उनके लिए बेचेंगे। अंग्रेज मित्रों आपका भला हो, लेकिन यन्त्रणा और अपमान से बचाने का प्रयास करें। हमारा सरबराहकार ज्यादा लम्बा नहीं था। उसे एक पल भी अपने जीवन की चिन्ता नहीं थी। वह अपना मन बना चुका था। वह बादशाह को हमसे ज्यादा अच्छी तरह जानता था। तफ्तीश शाम को होनी थी और बादशाह के साथ रात को इसके बाद हम खाना खानेवाले थे। अंगरक्षकों का कैप्टन हमसे मिला और रेजीडेंट ने जो कहा वह हमें बताया।"

गालिबजंग के बूढ़े खाट पर पड़े पिता, पत्नियों और बच्चों को भी गिरफ्तार कर उसी अपमानजनक कैद में डाल दिया गया था। एक देसी चपरासी ने बताया कि जब हिज मजेस्टी ने हमें रिसीव करने की तैयारी की यह उसके आधा घंटा पहले की बात है। हमने निश्चय किया कि चलो एक साथ पूरे परिवारवालों से मिल लें। यह सिर्फ जिज्ञासा के कारण नहीं था बल्कि दया का मिशन था, जो हमें उस आँगन तक ले गया जहाँ बेचारा परिवार कैद था। उन सबके साथ वही व्यवहार किया गया था, जैसा गालिबजंग के साथ किया गया था। उनके अच्छे वस्त्र उतरवा लिए गए थे। आभूषण निकाल लिए गए थे और उसी तरह शरीर ढकने के लिए अत्यन्त थोड़े से आवरण दे दिए गए थे। वहाँ वे भेड़ और मेमनों की तरह काँप रहे थे, जो हलाल किए जाने का इन्तजार कर रहे हों। बूढ़े बिस्तर पर पड़े पिता, झुर्रियाँ पड़ी चमड़ी और ठठरी, जैसे चारों तरफ से हड्डियाँ निकल रही हों। वह रो रहे थे, अपने अपमान और यातनाओं के कारण नहीं बल्कि अपने पुत्र और पुत्र-वधूओं के कष्टों के कारण रो रहे थे। आराम और नाजुकी में पली वे स्त्रियाँ जिनका चेहरा कभी किसी पुरुष ने नहीं देखा वे भय और शर्मिंदगी से दोहरी हुई जा रही थीं। वे सट कर बैठी थीं। उनके बच्चे भी सटे थे। आँगन में जुट आए देसी सिपाही क्रूर फब्तियाँ कस रहे थे और घूर रहे थे। एक ने अपने बच्चे को दूध पिलाने के लिए सीने से चिपका लिया और इस संकट में भी अपने बच्चे के प्रति माँ का कर्तव्य पूरा कर संतुष्टि प्राप्त करने की कोशिश कर रही थी। दूसरी कष्ट में पूरब को नीचे मुँह लटकाए शान्ति से हिन्दू शोकमूर्ति बनी बैठी थी। कोई भी कल्पना मूर्ति उतनी जीवन्त नहीं हो सकती थीं, जैसी उन दोनों ने प्रस्तुत की थी। उनका रंग ऐसा

श्यामल आभा लिए हुए था, जो काले बालों के जूड़े के साथ मंत्रमुग्ध कर देता है, जो सूर्य के इस उष्णकटिबन्धीय क्षेत्र में प्राय: देखने को मिलता है। उन्होंने दुख की निशानी के रूप में और कुछ हद तक अपने कन्धों को ढकने के लिए अपने काले बाल खोल रखे थे और फलस्वरूप ज्यादा सुन्दर दिख रही थीं। जब उन्होंने सुना कि हम उन्हें सांत्वना देने आए हैं और गालिबजंग के दोस्त हैं तो उनका भय व शर्मिंदगी जाती रही और उन्होंने हमें धन्यवाद देना शुरू कर दिया। वे अपनी सुरक्षा व सहायता के लिए नहीं बल्कि उस व्यक्ति की सुरक्षा की दुहाई दे रही थीं जिसके असावधानीपूर्ण शब्द के कारण उन्हें वहाँ लाया गया था। सचमुच, यदि हिन्दुस्तान की रक्षा हो सकती है तो वह यहाँ की स्त्रियों के औदार्य गुणों के ही कारण। इनसे अधिक आदरणीय, इनसे अधिक ईमानदार सोच की और इनसे ज्यादा आदर्शवादी नारी पृथ्वी के किसी भी उच्च सभ्यता वाले क्षेत्र में नहीं पाई जा सकती है।

हमने उनसे वादा किया, उन्हें पुन: विश्वास दिलाया, हमने इन दुखी आत्माओं को आश्वस्त किया। इस तरह सांत्वना देने के पीछे कारण था। रेजीडेंट ने नवाब को बुलवाया था और घोषणा की थी कि गालिबजंग की चाहे जो भी गलती हो, उसका परिवार निर्दोष है और किसी भी तरह का सामूहिक नरसंहार अथवा अविवेकी प्रताड़ना नहीं होगी। कम्पनी बादशाह को इधर-उधर हत्या करने देगी, लेकिन सुचिन्तित रूप से पूरे एक परिवार की हत्या वह नहीं होने देगी। समूह में निरपराध स्त्री और बच्चों की प्रताड़ना की अनुमति वे कदापि नहीं देंगे। यह यूरोप के कानों में पड़ा तो भला सम्मानित कम्पनी और भारत में उसकी सरकार की क्या साख बचेगी? हम गालिबजंग के परिवार के साथ लम्बे वक्त तक नहीं रह सकते थे। यह जानकर बादशाह नाराज हो जाते। परिवार की ओर से रेजीडेंट का हस्तक्षेप शायद गालिबजंग की जान बचा सकता था। जब बड़े साहब ने खुद नवाब को बुलवाया तो वह डर गया। बड़े साहब ने उसे सूचित किया था कि यदि दोषी राजा के परिवार के साथ कुछ भी हुआ तो कम्पनी इसके लिए सीधे रौशन को ही कसूरवार मानेगी। उस शाम जो कौन्सिल हुई उसमें सारी आवाजें जोरदार रूप से दया के पक्ष में उठीं। बादशाह ने कहा—''तो ठीक है, ऐसा ही होने दो। विश्वासघाती के प्राण बच जाने दो। लेकिन उसकी सम्पत्ति जब्त कर लो और उसे लखनऊ से दूर हमेशा के लिए एक पिंजड़े में रखा जाए।'' इस तरह कहा गया और इन वाक्यों का क्रियान्वयन नवाब को कराना था। एक मुसलमान सरदार अगले दिन उत्तरी अवध के अपने जिले को रवाना होनेवाला था। यह फैसला हुआ कि गालिबजंग को उसी के साथ बतौर कैदी भेज दिया जाए। लेकिन यही पर्याप्त नहीं था।

बादशाह ने कहा—''उसका ऐसा निरादर होना चाहिए जैसा कि पहले किसी

का नहीं हुआ हो। उसकी पगड़ी, पोशाक, तलवार और पिस्टल ले आओ।'' बादशाह के कहने के मुताबिक ही सब-कुछ हुआ। हिन्दू विचारधारा में पगड़ी का अपमान किया जाना उसको धारण करनेवाले का अपमान किए जाने के बराबर है। एक मेहतर को बुलवाया गया और हम सभी की उपस्थिति में हार्दिक सद्भाव के साथ उस बेजान पगड़ी को नापाक किया गया। बादशाह को बड़ी तसल्ली हुई। इसके बाद तलवार का नम्बर आया। इसी उद्देश्य के लिए बुलवाए गए लोहार ने उसके सैकड़ों टुकड़े कर डाले। इसके बाद पिस्टल का नम्बर आया। वल्कान का बेटा इसे तोड़ने ही वाला था कि उसे विचार आया कि एक बार देख ले कि वे भरी हुई तो नहीं हैं। वे भरी हुई थी। वह रुक गया। बादशाह ने यह देख लिया और इसका कारण जानना चाहा। उसने जोर से पूछा—'क्या वे भरी हुई है?' लोहार ने कहा—''जी जहाँपनाह।''

''या हैदर, मैंने सही कहा था यह आदमी घटिया स्तर का विश्वासघाती है। अब क्या कहते हो जेंटिलमेन?'' वह हमारी ओर मुड़कर बोले। ''क्या यह अपूर्वदृष्ट मामला है? तुमने सुना दुष्ट की पिस्टल भरी हुई हैं?'' ट्यूटर ने मजबूती से कहा—''बतौर जनरल यह उसका कर्तव्य था कि हिज मजेस्टी की रक्षा के लिए वह पिस्टलों को भरकर रखे।'' ''हह, तुम ऐसा कहते हो? या अल्लाह फिर मैं देखता हूँ कि क्या अन्य भी इसे उसकी ड्यूटी का हिस्सा मानते हैं? अंगरक्षकों के कप्तान को बुलाओ। उसे तुरन्त बुलाया जाए।'' उस अभागे व्यक्ति का जीवन पुनः तराजू पर अटक गया, जिसे हवा के हल्के से झोंके से निर्णित किया जाना था। कैप्टन के आने पर राजा ने पूछा—''कैप्टन क्या यह राजा गालिबजंग की ड्यूटी थी कि वह अपनी पिस्टल भरी या खाली रखे?'' कैप्टन गालिबजंग का भला चाहनेवाला था। वहाँ का माहौल देखकर वह सारी बात समझ गया और बोला—''बिना किसी प्रश्न के यह कमांडर-इन-चीफ और जनरल की ड्यूटी है कि योअर मजेस्टी पर अचानक आनेवाले किसी हमले के खतरे से बचाने के लिए तैयार रहे। खाली पिस्टल बेकार सिद्ध होगी।'' बादशाह ने कहा उन्हें खाली करके तोड़कर हवाओं में बिखेर दिया जाए। अगली सुबह गालिबजंग के परिवार से रेजीडेंट स्वयं आकर मिले और यह आश्वासन दिया कि इस मामले में उनकी रुचि है और अपना दृढ़ संकल्प जताया कि वे आगे और निरादर से बचाएँगे। ठीक उसी दिन गालिबजंग और उनके परिवार को उत्तर के राजा के काफिले के साथ बतौर कैदी भेज दिया गया। अपराधी करार को एक जंगली जानवरोंवाले बड़े पिंजड़े में रखा गया था और उसके साथ कठोर और रूखा व्यवहार किया गया था। रेजीडेंट के हस्तक्षेप ने स्थानीय लोगों के प्रत्येक तबके पर आश्चर्यजनक असर डाला।

कम्पनी बहादुर का प्रभाव सभी पर पड़ा। गालिबजंग चला गया और फिर हमने उसके बारे में कुछ नहीं सुना। सिवाय इसके कि उसके रिश्तेदारों ने पर्याप्त सहयोग किया। यह निश्चित है कि अधिकांश स्थानीय अमीर लोगों की तरह उसने भी अपनी सम्पत्ति का बड़ा हिस्सा इस तरह सुरक्षित छुपा रखा हो कि जब उसका धन जब्त कर लिया जाए तब वह धन अछूता रहे। हालाँकि जब्तीकरण के मामले में रौशन ने पर्याप्त परिश्रम किया, फिर भी गालिबजंग को जितना चाहिए उसके पास उतना धन बचा था और बादशाह अथवा रेजीडेंट के अनुचरों को जो थोड़ी घूस चाहिए वह मिलती रहती थी।

जिस साल गालिबजंग का वाकया हुआ, उस साल अवध में सामान्य सूखा पड़ा था। चावल की कमी के कारण उसका बाजार मूल्य औसत से काफी ज्यादा बढ़ गया था। इसके कारण दंगे होने शुरू हो गए थे। जब बादशाह सार्वजनिक स्थानों पर जाते तो दर्शक उनके हौदे में शिकायती पत्र फेंकते अथवा घोड़े पर उन्हें पकड़ाते। इससे बादशाह काफी खिन्न होते। गालिबजंग के अवमान को एक साल हो गए थे और अभी तक शान्ति कायम नहीं की जा सकी थी। बादशाह ने एक दिन कहा—''कुछ तो गड़बड़ है।'' नवाब ने फसल के बारे में कुछ कहा तो वे बोले—''वाह रौशन! बूढ़ी औरत हो तुम, मुझसे फसल की बातें न करो। मैं तुम्हें बता दूँ, कुछ तो गड़बड़ है।'' उसने ट्यूटर से पूछा तो उसने कहा-"योअर मजेस्टी बाजार में कुछ कुप्रबन्धन हो सकता है। जिसे देखना पड़ेगा।''

''वल्लाह, मैं तुमसे सहमत हूँ। चलो आज शाम को चलकर इसका पता करते हैं। चलो हम सभी छुपकर चलते हैं। जैसा कि बगदाद में खलीफा करते हैं। मैं भी चलूँगा; यह दोनों होगा-लाभकारी भी और स्वीकार्य भी।'' बादशाह तुरन्त एक साधारण यूरोपीय बन गए, रौशन ने भी जल्दी ही उसी तरह की पोशाक पहन ली। सिपाही और अनुचर भी साधारण लखनऊवासियों के कपड़ों में साथ-साथ चल पड़े। हम लोग पहले एक पैसा उधार देनेवाले की दुकान पर गए। फिर एक पानवाले के पास रुके, फिर पास में तलवारें देखने लगे। वहाँ भी बातें कीं। पूछताछ में बाबू ने कहा—''जब राजा गालिबजंग बादशाह के मंत्री थे तब ऐसा नहीं था। वे बाजार को सुव्यवस्थित रखते थे। अब तो बुरा वक्त आ गया है। अब तो दस्तूरी भी बढ़ गई है। बड़ा कठिन दौर है।'' मुझे उस दिन लगा था और मैं अब भी यह सोचता हूँ कि जिस बाबू ने यह बात कही, वह गालिबजंग का कोई दोस्त अथवा रिश्तेदार था, जो बादशाह की कार्यवाही को जानकर निरादृत जनरल के सम्बन्ध में बादशाह को याद दिलाने आया था। बादशाह गहन चिन्तन में डूबे महल लौट आए। उनके दिमाग में एक नया विचार आ गया था। वह सिर्फ गालिबजंग और

बाजार में जो सुना था उसी पर सोचते रहे। इसके दो माह बाद, राजा गालिबजंग दरबार में अपने पूर्व स्थान पर पुनः आ गए। अपनी ड्यूटियाँ करने लगे और उनका सारा सम्मान वापस कर दिया गया, जैसे कि कुछ हुआ ही नहीं था। अगली फसल पर्याप्त हुई और जब मैंने लखनऊ छोड़ा राजा गालिबजंग अब भी पूर्व की भाँति जनरल थे और बादशाह के बड़े विश्वासपात्र या कहें और बड़े विश्वासपात्र थे।''

राजा दर्शन सिंह गालिबजंग ने कई तरह से बादशाह का भरोसा जीता था। रौशन तकी के अनुसार एक बार अवध के द्वितीय नवाब नासिरुद्दीन हैदर (1827-1837) खीरी और नेपालगंज के जंगलों में शिकार खेलने गए। दर्शन सिंह उनके साथ थे। वहाँ दर्शन सिंह ने नवाब को एक चीते से बचाया था, तभी से राजा दर्शन सिंह को 'गालिब' का खिताब दिया गया। इस घटना के बाद वह नवाब नसीरुद्दीन हैदर के इतने निकट हो गए थे कि वजीर (प्रधानमंत्री) रौशनुद्दौल्ला भी उन्हें पूरा सम्मान देते थे। विलियम नाइटन ने नसीरुद्दीन हैदर की अनेक शिकार यात्राओं का विवरण अपनी पुस्तक में दिया है। उसने लिखा है कि इन शिकार यात्राओं का प्रबन्ध बादशाह के विश्वासपात्र गालिबजंग के द्वारा किया जाता था। जब झील के पंछियों का शिकार करना होता था तो प्रशिक्षित बाजों को छोड़ा जाता था। गोली चलने पर जब पंछी उड़ते तो ऊपर मँड़राते बाजों के डर से कुछ ऊँचाई पर पहुँचकर चक्कर काटने लगते। बादशाह उन पर निशाना साधते। कहा जाता है कि झील से घायल पंछियों को निकालने के लिए गालिबजंग अपने आदमी रखते थे। कई बार ऐसा भी हुआ कि बादशाह ने एक गोली चलाई और तैराक कई घायल पंछी झील से निकाल लाए। निश्चित तौर पर गालिबजंग यह इन्तजाम बादशाह को खुश करने के लिए करते थे।

5 मार्च, 1836 को लॉर्ड आकलैंड ने गवर्नर जनरल का पद सँभाला। उनके आने के अगले वर्ष बादशाह नसीरुद्दीन हैदर की आकस्मिक मृत्यु[27] हो गई। बादशाह को मरवाने में रेजीडेंट कर्नल जॉन लो ने वही भूमिका निभाई जो कर्नल जॉन वेली ने नवाब सआदत अली खाँ को मरवाने में निभाई थी। धनिया मेहरी नसीरुद्दीन की एक परमप्रिय कनीज थी। उसे वजीर रौशनुद्दौला तथा बादशाह के चाचा के षड्यन्त्र में शामिल कर लिया गया और 7 जुलाई 1837 की रात साढ़े 11 बजे नवाब रौशनुद्दौला के घर से आए तरबूज के शरबत में धनिया मेहरी ने जहर पिला दिया। उसके बाद दाई मेहरबान करेले की कलौंजी लेकर आई जिसे बादशाह ने नोश फरमाया। घड़ी भर बाद उन्हें ठंड लगी और वे मर गए। अगले दिन मुहम्मद अली शाह (8 जुलाई, 1837-17 मई, 1842) को नया बादशाह बनाया गया। मुहम्मद अली शाह ने पूर्व बादशाह के समय से दरबार में व्याप्त

विलासिता को दूर करने का प्रयास किया। तीन महीने बाद 23 सितम्बर, 1837 को बादशाह मुहम्मद अली शाह ने रौशनुद्दौला को विजारत से हटा दिया और उनके स्थान पर पुराने अनुभवी हकीम मेहदी अली खाँ मुन्तजामुद्दौला[28] को फर्रुखाबाद से बुलाकर तीसरी बार वजीर बनाया। लेकिन 25 दिसम्बर, 1837 को मात्र 3 माह बाद ज्वर के कारण बूढ़े वजीर की मृत्यु हो गई। इसके बाद 7 जनवरी, 1838 को दरबारी वकील गुलाम याहिया खाँ जहीरुद्दीन वजीर बने लेकिन ढ़ाई माह में 22 मार्च, 1838 को वे भी मर गए। अन्ततः 24 मार्च, 1838 को हकीम मेहदी अली खाँ के भतीजे अहमद अली खाँ को वजीर बनाया गया।

राजा दर्शन सिंह गालिबजंग को 7 अक्टूबर, 1835 को गिरफ्तार किया गया था। करीब 15 दिन बाद उन्हे अयोध्या के राजा दर्शन सिंह के सुपुर्द किया गया था। इस प्रकार अक्टूबर, 1835 से 7 जुलाई, 1837 तक वे यातना झेल रहे थे। स्लीमैन[28] लिखता है कि नसीरुद्दीन हैदर की मृत्यु पर उसे कैद से मुक्त कर दिया गया। कहा जाता है कि उसने छोड़े जाने के लिए सरकारी खाते में चार लाख रुपए जमा कराने तथा यदि उसका पद बहाल कर दिया जाए तो तीन लाख अतिरिक्त देने का वायदा किया था। स्लीमैन[29] आगे लिखता है—''मंत्री रौशनुद्दौला की बर्खास्तगी व हकीम मेहदी की नियुक्ति होने पर गालिबजंग को उसका पद पुनः मिल गया। तीन लाख रुपए देने का वायदा नए बादशाह मुहम्मद अली शाह को बता दिया गया था। उसे वजीर रौशनुद्दौला ने ही स्वयं बता दिया था जबकि वह कैद में ही था और यह कहा जाता है कि गालिबजंग ने आधा यानी डेढ़ लाख का भुगतान किया।'' छोड़े जाने के पश्चात् वह रहने के लिए ब्रिटिश क्षेत्र कानपुर चला गया।

अवध की सल्तनत पर पाँच साल शासन करने के बाद 65 साल की अवस्था में मुहम्मद अली शाह का 17 मई, 1842 को लखनऊ में देहान्त हो गया और उसी दिन बादशाह अमजद अली शाह (17 मई, 1842-13 फरवरी, 1847) की ताजपोशी हुई। वे नेक व सद्‌चरित इनसान थे। बादशाह बनने पर उन्होंने शर्फुद्दौला को अपना वजीर नियुक्त किया लेकिन तीन माह बाद 17 अगस्त, 1842 को उसे हटाकर अपने गुरु इमदाद हुसैन खाँ अमीनुद्दौला को वजीर नियुक्त किया। उन्हें 2 दिसम्बर, 1843 को हटाकर 8 दिसम्बर, 1843 को अहमद अली खाँ मुनव्वरुद्दौला को पुनः वजीर बनाया गया। हज से लौटकर वे कानपुर में रह रहे थे। 11 जुलाई 1844 को उसे हटाकर पुनः अमीनुद्दौला को वजीर बनाया गया। उल्लेखनीय है कि अमीनाबाद व हज़रतगंज को बादशाह अमजद अली शाह ने ही आबाद किया था। जी.डी. भटनागर[30] ने लिखा—''अवध की नियमित सेना के अलावा अवध सीमान्त पुलिस (Awadh frontier police) के नाम से एक अलग

विभाग था। इसे ब्रिटिश रेजीडेंट की सलाह पर अमजद अली शाह के समय में स्थापित किया गया था। यह लखनऊ में ब्रिटिश रेजीडेंट के अधीन था और इसका प्रबन्ध बादशाह द्वारा किया जाता था। गोंडा, बहराइच के चकलेदार हुसैन खाँ ने शिकायत की थी कि कैप्टन 'ओर' के नेतृत्व में सीमान्त पुलिस ने पैसा वसूलने के लिए जमींदारों व रैयतों पर अत्याचार किया। बादशाह का सीमान्त पुलिस पर कोई नियन्त्रण नहीं था और उनकी स्थिति असाधारण थी।'' यह सेना 1845 में गठित की गई। इसी समय राजा दर्शन सिंह गालिबजंग को नवगठित अवध सीमान्त पुलिस का अधीक्षक बनाया गया था। आगे हमें उनका उल्लेख इसी रूप में मिलता है। इस फोर्स के बारे में एस.एन. सिंह[31] ने लिखा है—''इस फौज को सीमाओं की सुरक्षा तथा ब्रिटिश क्षेत्रों से अवध के जंगलों में शरण लेनेवाले डकैतों को गिरफ्तार करने के लिए बनाया गया था। जब 1845 में यह पहली बार गठित हुई इसकी क्षमता 500 सिपाही और 100 सवारों की थी। बाद में वाजिद अली शाह के समय यह बढ़कर 750 व 150 सवारों की हो गई थी जिसका सालाना खर्च रु. 77062/- था। जब भी पड़ोसी ब्रिटिश इंडिया के जिले का कोई मजिस्ट्रेट किसी अपराधी को जो अवध सीमान्त के जंगलों में छुपा होता था, पकड़ना चाहता था तो वह ब्रिटिश रेजीडेंट के सम्मुख प्रार्थना-पत्र रखता था, जो कैप्टन होलिंग के लिए दुराचारी को गिरफ्तार करने का आदेश जारी करता था। पूर्वी फ्रंटियर पर कैप्टन अलेक्जेंडर ओर था जबकि पश्चिमी फ्रंटियर की कमान कैप्टन हियर के पास थी। कैप्टन ओर ज्यादा सफल था मगर उसके अत्याचार व भ्रष्टाचार की शिकायतें भी आती थीं। 21 दिसम्बर, 1848 को हुसैन खाँ ने सन्तानों व दो किसानों को संगीनों से मारने की शिकायत की। 22 मई, 1849 को कैप्टन ओर के आदमियों द्वारा एक फकीर को गोली मारने की शिकायत की। इसी तरह कैप्टन ओर के द्वारा विश्राम बख्श का रहने वाला घर गिरा देने की शिकायत की।''

13 फरवरी, 1847 को शाम 5 बजे सीने में तेज दर्द व रक्तस्राव होने के कारण अमजद अली शाह की मृत्यु हो गई। उसी दिन उनके पुत्र वाजिद अली शाह[32] को अवध के पाँचवें बादशाह के रूप में बैठाया गया। अंग्रेजों ने दबाव डालकर 9 जुलाई, 1847 को वजीर अमीनुद्दौला को हटवाकर 5 अगस्त, 1847 को सैयद अली नकी खाँ को वजीर बनवा दिया। वह अत्यन्त चालाक था तथा पहली बार वाजिद से उसकी मुलाकात उनके युवराजत्व काल में एक वेश्या के कोठे पर हुई थी। वह तख्तनशीनीं के पूर्व से उनका करीबी था। वह अंग्रेजों से भी जुड़ा था और वाजिद के भी विश्वासपात्रों में था। रेजीडेंट ने नए बादशाह के खिलाफ रिपोर्ट भेजी। रोशन लाल पटेल ने जे.पी. वर्मा के हवाले से लिखा है कि नवाब वाजिद

अली शाह ने भी राजा दर्शन सिंह को फैज़ाबाद, आज़मगढ़ व सुल्तानपुर में कई इलाके तथा 101 पार्चो की खिलअत प्रदान की थी। पंजाब में सिक्खों को पराजित करने के बाद वहाँ से कलकत्ता जाते समय गवर्नर जनरल लॉर्ड हार्डिंग[33] ने कानपुर में पड़ाव डाला। सूचना पाते ही वाजिद अली लखनऊ से कानपुर के लिए 22 अक्टूबर, 1847 को रवाना हो गए। वहाँ इन्तजाम के लिए अपने कर्मचारी वसीह अली को पहले ही रवाना कर दिया था। गवर्नर जनरल 3 नवम्बर को कानपुर पहुँचा जहाँ मूसाबाग में अगवानी के लिए बादशाह मौजूद थे। राजा दर्शन सिंह गालिबजंग उनके शिविर के प्रभारी अधीक्षक थे। गालिबजंग की देखरेख में कानपुर में वाजिद के शिविर को भव्यता से सजाया गया था। सारी सड़कों पर सुर्खी बिछवा दी गई थी। 7 नवम्बर, 'मंगलवार को कर्मचारियों ने गवर्नर जनरल से साक्षात्कार की व्यवस्था की जो 8 नवम्बर को हुई। उन्हें लखनऊ आने का न्योता देकर 10 नवम्बर' शुक्रवार को वाजिद अली लखनऊ वापस आ गए। 15 नवम्बर को गवर्नर जनरल लखनऊ आए जहाँ बादशाह व रेजीडेंट ने उनका भव्य स्वागत किया। ग्यारह दिन रुकने के बाद गवर्नर जनरल 26-27 नवम्बर को कानपुर चले गए। उस समय लखनऊ के रेजीडेंट कर्नल रिचमंड थे।

कैप्टन स्लीमैन[34] ने 16 जनवरी, 1850 के यात्रा-वृत्तान्त में लिखा—"हम अपने तम्बू के पास सैनिकों के एक दल से मिले जो राजा गालिबजंग के अधीन थे और इस समय वह पुलिस अधीक्षक थे। उनके सैनिक कानपुर रोड से सात चोरों के एक गिरोह को स्कॉर्ट कर ले जा रहे थे जिन्होंने इसी रास्ते पर करीब 10 माह पूर्व मेजर स्कॉट को लूट लिया था जो लखनऊ से डाक ले जा रहे थे और डाक से कानपुर से लखनऊ जा रहे एक यूरोपीय सौदागर को दो माह पूर्व लूट लिया था। उन्हें संडीला जनपद में पकड़ा गया और चुराई गई सम्पत्ति का बड़ा भाग उनके घरों से बरामद किया गया। वे पासी जाति के हैं और उन्होंने मुझे बताया कि चोरी उनका वंशानुगत पेशा है। वे इसे लम्बे समय से कानपुर रोड पर सफलतापूर्वक कर रहे हैं। जिस जमींदार ने उन्हें अपनी रियासत में रखा था और लूट के माल में हिस्सा लिया था उसे भी पकड़ा गया। लेकिन उसे खिराज ठेकेदार को सौंप दिया गया जिसने उससे घूस लेकर कुछ रोज बाद कैद से मुक्त कर दिया था।" इसके दो महीने बाद हम गालिबजंग को देवा में पाते हैं। वहाँ के कुख्यात पासी राजा गंगाबख्श के खिलाफ 26 मार्च, 1850 के अभियान[35] पर देखते हैं। इस अभियान में अवध स्थानीय पैदल की दूसरी बटालियन के साथ कैप्टन बाइलू को जाना था। उनके साथ उक्त के अलावा कैप्टन बार्लो की रेजीमेंट दो 9 पाउंडवाली और एक आठ इंच होवित्जर के साथ थी। नवाब अली की सहयोगी फौज जिसमें 3000

आदमी व तीस छोटी बन्दूकें थीं, रामनगर के आमिल सिराजुद्दीन 150 आदमियों तथा दो बन्दूकों के साथ थे, गालिबजंग 1000 पैदल सैनिकों तथा 40 ऊँट जिंजालों के साथ थे। उनके पास सात बन्दूकें और 100 सवार करीमगंज पर हमला करने को थे। इस अभियान में 6000 सैनिक व 20 बन्दूकें थीं। लेकिन 29 तारीख के घमासान में 19 मरे 57 घायल हुए। एक लेफ्टीनेंट एल्डर्टन मरा। लगभग आधी रात को दोनों रक्षकदलों ने दुर्ग खाली कर दिया और बिना छेड़छाड़ के पूर्व के जंगलों की ओर चले गए, जहाँ गालिबजंग के सैनिक लगे थे। ऐसा विश्वास करने का पर्याप्त आधार है कि उसने उन्हें भागने में मूक सहमति दी। दरबार के किसी प्रभावशाली व्यक्ति के प्रभाव में उसने विश्वासघात करते हुए जान-बूझकर हमला न करने की मौन स्वीकृति दी थी।

राजा दर्शन सिंह गालिबजंग का अन्तिम विवरण 29 मार्च, 1850 को देवा के गंगाबख्श पासी के खिलाफ फ्रंटियर पुलिस के अभियान का है। स्लीमैन ने उनकी मृत्यु 80 साल की उम्र में 1 मई, 1851 में होना लिखा है, जो उचित जान पड़ता है। खानदानी फ़ौतनामे[36] के हवाले से वे लखनऊ के रिकाबगंज वाली कोठी पर रात में चेहरे पर दाना निकलने से मरे। उनके पुत्र राजा जयलाल सिंह बहादुर ने बिठूर घाट (ऊपर घाट कनकाजी) पर क्रियाकर्म व दाह-संस्कार किया। किसी भी दस्तावेज में राजा दर्शन सिंह गाजिबजंग का हुलिया अलग से नहीं मिलता किन्तु उनके सम्बन्ध में प्राप्त सूचनाओं पर दृष्टिपात करने से उनके रूप-रंग के सम्बन्ध में कुछ जानकारी अवश्य मिल जाती है। अवध गजट के अनुसार राजा दर्शन सिंह आकर्षक मुखाकृति के थे। विलियम नाइटन के विवरण में एक स्थान पर आया है कि वे बहुत लम्बे नहीं थे तथा पूर्वी ढंग की पोशाक पहनते थे। कमर में कश्मीरी दुपट्टे का कमरबन्द बाँधते थे। उनके साथ हमेशा भरी हुई पिस्तौल और तलवार रहा करती थी। वे सिर पर बहुमूल्य आभूषणों से सज्जित पगड़ी बाँधा करते थे। हाथ में पन्ना आदि मूल्यवान जवाहरात की अँगूठी धारण करते थे। मऊ-शिवाला मन्दिर के भित्ति चित्रों में राजा दर्शन सिंह का यही रूप निखरता है। ये चित्र उनके जीवनकाल में बने होने के कारण प्रायः वास्तविकता लिए जान पड़ते हैं।

मऊ यदुवंशपुर के एक मुहल्ले का नाम आज भी 'कोटवा' है। यहाँ पर दर्शन सिंह के द्वारा निर्मित कराई गई कोट थी। आजादी के समय तक यहाँ से पुराने सिक्के, कड़ाह, घोड़े की नाल मिलती रहती थी। अब वहाँ पर भी खेत बन गया है। इस गाँव में दर्शन सिंह ने भगवान शिव का एक मन्दिर 1823 में निर्मित कराया था जो आज भी पूरी तरह सुरक्षित है और गालिबजंग की एकमात्र यादगार है। परम्परा के अनुसार राजा दर्शन सिंह का प्रथम विवाह बाल्यकाल में गाँव में हुआ

था, जिससे एक पुत्री का जन्म हुआ। लखनऊ आने के पश्चात् दर्शन सिंह ने दो अन्य विवाह किए। मझली रानी से रघुबरदयाल तथा फतेहबहादुर का जन्म हुआ, जबकि छोटी रानी से जयलाल सिंह, गुन्नी प्रसाद तथा बेनीमाधव का जन्म हुआ। इनमें से किसी की भी जन्मतिथि पुराने दस्तावेजों में अंकित नहीं मिलती है। परन्तु राजा जयलाल सिंह के मुकदमे में इस बात का उल्लेख हुआ है कि वे भाइयों में सबसे बड़े थे।

राजा दर्शन सिंह के जीवन का अधिकांश समय रिकाबगंजवाली कोठी पर बीता। स्मरणीय है कि नवाब आसफुद्दौला (1775-1797) के समय में नवाब के नाम से अमानीगंज, रिकाबगंज[37], नक्खास, खानसामा का अहाता (राजा बाजार में) बसा। गालिबजंग ने इस कोठी का निर्माण कब करवाया ज्ञात नहीं है। राजा मान सिंह की मशहूर हवेली यहीं पर कुंडरी में है। शायद यही पहले राजा दर्शन सिंह गालिबजंग की हवेली थी जिसे अंग्रेजों ने मान सिंह को दे दिया था। इसमें मुंशी नवलकिशोर के प्रेस का पहला दफ्तर कायम हुआ था। इस बात का जिक्र मिर्ज़ा गालिब के एक पत्र में हुआ है। गौसनगर में गौस साहब की कब्र, प्राचीन नील कंठेश्वर मन्दिर तथा इन्दारा नामक बड़ा कुआँ है। ये अकबरकालीन हैं।

सन्दर्भ

1. अवध गजेटियर, डब्लू सी बेनेट, 1877-1878, वाल्यूम-2, पृ. 79
2. ए जर्नी थ्रू द किंगडम ऑफ अवध, स्लीमैन, वाल्यूम-1, पृ. 162
3. खानदानी फ़ौतनामा, आज़मगढ़ का स्वतन्त्रता संग्राम, खंड 1, फूलबदन सिंह, पृ. 111-112
4. भारतीय इतिहास का एक अनछुआ क्रान्तिकारी व्यक्तित्व राजा बेनीमाधव, लेख, राजेन्द्र प्रसाद यादव, सोशल ब्रेनवॉश पत्रिका, जनवरी-फरवरी, 2012
5. ग्राम प्रधान लालमनपुर से दूरभाष पर की गई वार्ता।
6. आज़मगढ़ जनपद का मूलभूत इतिहास : अग्रगामी अध्ययन, युग-युगों में काशी, डॉ. देवीप्रसाद सिंह तथा डॉ. जितेन्द्र कुमार सिंह, पृ. 347-355
7. आज़मगढ़ का पुरातत्व, विनोद कुमार त्रिपाठी, 2000, पृ. 76
8. फिशर की बन्दोबस्त रिपोर्ट, 1909 पृ. 142
9. आज़मगढ़, अप्रकाशित पांडुलिपि, विश्वनाथ लाल शैदा, पृ. 261
10. अवध दरबार के हिन्दू दरबारी, हेमन्त कुमार, पृ. 28
11. ताजेदार अवध, योगेश प्रवीण, पृ. 85
12. वही, स्लीमैन, वाल्यूम-1,पृ. 162
13. वही, योगेश प्रवीण, पृ. 90
14. वही, योगेश प्रवीण, पृ. 91

15. वही, स्लीमैन, वाल्यूम-1, पृ. 162
16. वही, योगेश प्रवीण, पृ. 95
17. वही, योगेश प्रवीण, पृ. 101
18. वही, योगेश प्रवीण, पृ. 104
19. वही, योगेश प्रवीण, पृ. 105
20. वही, योगेश प्रवीण, पृ. 107
21. वही, स्लीमैन, वाल्यूम-1, पृ. 162
22. वही, योगेश प्रवीण, पृ. 130,
23. वही, योगेश प्रवीण, पृ. 110
24. वही, योगेश प्रवीण, पृ. 129
25. स्लीमैन ए जर्नी थ्रू द किंगडम ऑफ अवध (1849-1850), वाल्यूम, पृष्ठ 155 से 162
26. द कैप्रिस ऑफ डेपोटिज्म, द प्राइवेट लाइफ ऑफ ऐन ईस्टर्न किंग, विलियम नाइटन, 1855, 1921, पृ.109-129
27. वही, योगेश प्रवीण, पृ. 152
28. वही, योगेश प्रवीण, पृ. 142
29. वही, स्लीमैन, वाल्यूम-1, पृ. 161
30. अवध अंडर वाजिद अली शाह, जी.डी. भटनागर, पृ.187 -188
31. द किंगडम ऑफ अवध, एस.एन. सिंह, पृ. 85
32. वही, योगेश प्रवीण, पृ. 152
33. वही, जी.डी. भटनागर, पृ. 45
34. वही, स्लीमैन, वाल्यूम-1, पृ. 333
35. वही, स्लीमैन, वाल्यूम-2, पृ. 239, 243
36. आज़मगढ़ का स्वतन्त्रता संघर्ष, खंड-1, फूलबदन सिंह, पृ. 111
37. लखनऊ के मोहल्ले और उनकी शान, डॉ. योगेश प्रवीण, पृ. 15, 38-39

अध्याय-3

राजा जयलाल सिंह

बेगम हज़रत महल के युद्ध-मंत्री राजा जयलाल सिंह ख्यातिलब्ध व्यक्ति थे। वे और उनके पिता लम्बे समय से अवध के नवाबों के सर्वाधिक विश्वासपात्र सेवक थे। उन्होंने स्वयं को शक्तिशाली बनाया था। उनके पिता राजा दर्शन सिंह शुरू में मऊ यदुवंशपुर के सामान्य इलाकेदार थे। राजा जयलाल सिंह के मुकदमे में दर्ज मुंशी मातादीन, मुंशी वाजिद अली, अब्दुल रज्जाक, सैयद यूसुफ के बयानों से स्पष्ट होता है कि राजा जयलाल लखनऊ में 1857 की जंग के मेरुदंड थे। उनका सम्पूर्ण परिवार इस महायज्ञ में आहुति चढ़ा। इनके सम्बन्ध में अमृतलाल नागर ने 'गदर के फूल' में लिखा है कि—"राजा जयलाल सिंह नुसरतजंग, जो लखनऊ में अधिकतर जियालाल के नाम से प्रसिद्ध हैं, कूर्म क्षत्रिय राजा दर्शन सिंह गालिबजंग के पुत्र थे। वे अपने समय के बड़े योग्य शासक माने जाते थे। उन्हें शाही में कलेक्टरी का पद मिला था। सरकार बिरजीसी में उनका बड़ा मान था, फौजी पंचायत भी उनका आदर करती थी। 24 सितम्बर, 1857 के अंग्रेज वध के अपराध में उन्हें 1 अक्टूबर, 1858 को उसी जगह फाँसी दी गई जहाँ ओर साहब का वध किया गया था। राजा जयलाल सिंह नुसरतजंग ने अपने हाथ से फाँसी का फन्दा अपने गले में डाला और वतन के नाम पर हँसते-हँसते शहीद हुए। उल्लेखनीय है कि अंग्रेजी दस्तावेजों में राजा का नाम जीलाल (Jylal, Jylall) तथा जयलाल (Jailal) सिंह लिखा मिलता है इस पुस्तक में राजा जयलाल सिंह शब्द का ही प्रयोग किया गया है।

राजा दर्शन सिंह 'गालिबजंग' की सबसे छोटी रानी सुभागी से तीन पुत्र-जयलाल, गुन्नीप्रसाद और बेनीमाधव का जन्म हुआ। एक स्रोत[1] के अनुसार जयलाल सिंह का जन्म 31 मई, सन् 1803 को हुआ था। सरकारी दस्तावेजों के सूक्ष्म अध्ययन से ऐसा प्रतीत होता है कि भाइयों में सबसे बड़े जयलाल सिंह तत्पश्चात क्रमशः रघुबरदयाल, बेनीमाधव और सबसे छोटे फतेहबहादुर थे। जयलाल सिंह के प्रारम्भिक जीवन के बारे में अभी तक प्राप्त किसी भी स्रोत से

पर्याप्त सूचना नहीं मिलती, किन्तु सन् 1857 में विप्लव के समय उनकी भूमिका से कुछ निष्कर्ष निकलता है। वे युद्धकला व घुड़सवारी में पूर्ण निष्णात थे। इससे स्पष्ट है कि गालिबजंग ने उन्हें युद्ध कला की शिक्षा दिलाई थी। नवाबों की राजकीय भाषा फारसी तथा बोलचाल की भाषा उर्दू थी। बिरजिस कद्र को नवाब बनाते समय सैन्य अधिकारियों ने जो शर्तें लिखवाई थीं उन्हें सार्वजनिक रूप से जयलाल सिंह ने पढ़ा था। ये शर्तें उर्दू में थीं, अर्थात् उन्हें उर्दू की तालीम मिली थी।

गालिबजंग का नवाबों के दरबार में बड़ा मान था। उनके प्रभाव में चारों पुत्र जयलाल, रघुबरदयाल, बेनीमाधव और फतेहबहादुर को दरबार में विभिन्न ओहदे मिले थे। गालिबजंग की सम्पत्ति धीरे-धीरे बढ़ती गई। आज़मगढ़ में 41 गाँव, फैज़ाबाद में 64 गाँव सहित दरियाबाद और लखनऊ में भी उन्होंने काफी सम्पदा जोड़ी। गालिबजंग को दरबार के कार्यों से फुर्सत नहीं थी। अत: राजस्व वसूली और लगान प्रबन्धन का काम उनके पुत्रों द्वारा किया जाता था। गालिबजंग ने लखनऊ के रिकाबगंज मुहल्ले में विशाल कोठी बनवाई थी जिसमें उनका पूरा परिवार और वृद्ध माता-पिता रहते थे। सुविधानुसार वे सभी पुत्रों को अलग-अलग क्षेत्रों में भेजते रहते थे। जमाने के दस्तूर के अनुसार रियासत के इन्तजाम के लिए गढ़ी का निर्माण कराया जाता था, जहाँ छोटी-सी सेना और राजस्व से जुड़ा अमला रहता था। गालिबजंग की रियासत में अतरौलिया और मऊ यदुवंशपुर में ऐसी गढ़ियों का पता चलता है। ऐसी मान्यता है कि अतरौलिया की गढ़ी[2] पूर्व में बवंडर सिंह के द्वारा बनवाई गई थी, जिसे जमींदोज करवाकर जयलाल सिंह ने कच्ची के स्थान पर ईटों की कोट बनवाई थी। 1857 में इसे अंग्रेजों ने नष्ट कर दिया। इसके अवशेष 1955-56 तक अर्थात् सौ साल बाद तक देखे जा सकते थे। इसके बाद ग्रामीणों ने ईंटें लूट लीं और उस स्थान पर खेत बना दिया। मऊ-शिवाला मन्दिर के निर्माण के समय जयलाल सिंह बीस वर्ष के युवा थे। मन्दिर व गढ़ी के निर्माण के कार्यों का पर्यवेक्षण अधिकांशत: उन्हीं के द्वारा किया गया जान पड़ता है। रुद्रांशु मुखर्जी ने अपनी पुस्तक में अवध क्षेत्र में निर्मित गढ़ियों तथा उनमें लगे आदमियों व बन्दूकों का विस्तृत विवरण दिया है। कहा जाता है कि राजस्व वसूली के लिए नवाबों द्वारा भेजी जानेवाली सेना से बचाव हेतु अधिकांश ताल्लुकेदारों ने जंगलों में सुरक्षित स्थान पर कच्ची गढ़ियाँ बनवा ली थीं। इनके चारों तरफ खाईं व कँटवासी आदि के घने जंगल लगा दिए जाते थे। जब राजस्व न देनेवाले ताल्लुकेदारों के विरुद्ध सेना भेजी जाती तो वे इन्हीं गढ़ियों में छुप जाते, जहाँ पहुँचना मुश्किल व जोखिम-भरा होता।

राजा दर्शन सिंह गालिबजंग की मृत्यु उस समय हुई जब वाजिद अली शाह अवध के नवाब थे। जयलाल सिंह पिता के योग्य पुत्र, गम्भीर योद्धा व राजदरबार के प्रति पूर्ण निष्ठावान सेनानी थे, अत: उन्हें पिता का पद व प्रतिष्ठा दी गई। उन्हें वाजिद अली के समय 'राजा' का खिताब, लखनऊ शहर की सुरक्षा का जिम्मा तथा कलेक्टर का पद दिया गया। जयलाल सिंह को फौज का कलेक्टर बनाया गया। यह नियुक्ति नवाबो के समय में होती थी। इन्हें लगान वसूली करने के लिए भेजी जानेवाली फौजों की कमान दी जाती थी। उल्लेखनीय है कि ब्रिटिश राज में बड़े जमींदारों को राजा की पदवी दी जाती थी। इस शब्द की तुलना मध्यकालीन सामन्तों से की जा सकती है। किन्तु प्राचीन काल के सम्प्रभु राजाओं से वे किसी भी प्रकार तुलनीय नहीं हैं। इसी प्रकार नवाबों के समय नियुक्त कलेक्टर वस्तुत: लगान वसूली के ठेकेदार थे, जिनके पास सेना का कुछ भाग रहता था। उनकी तुलना वर्तमान 'डिस्ट्रिक्ट मजिस्ट्रेट एंड कलेक्टर' से नहीं की जानी चाहिए।

राजा जयलाल सिंह ने पूरी मुस्तैदी से अपने कर्तव्यों का निर्वहन करना शुरू किया, किन्तु 7 फरवरी, 1856 को अंग्रेजों ने अवध का विलय कर लिया तथा अन्तिम नवाब वाजिद अली शाह को निर्वासित कर कलकत्ता भेज दिया। अवध का विलय और वाजिद अली शाह का निर्वासन एक ऐसी घटना थी, जिसने पूरे अवध को झिंझोड़कर रख दिया। अवध के विलय के समय राजा जयलाल सिंह को गंगा के तट पर सेना के कमांडर ब्रिगेडियर एफ. ह्वीलर[3] से मिलने के लिए अवध के नवाब का दूत बनाकर भेजा गया था। सर ह्यूज मैसी ह्वीलर ईस्ट इंडिया कम्पनी का एक अफसर था तथा प्रथम व द्वितीय एंग्लो-सिख युद्ध में लड़ा था। उसे 1856 में कानपुर के सैन्य रक्षकदल (गैरीसन) का कमांडर बनाया गया था। ह्वीलर ने लम्बी घेराबन्दी के बाद नाना साहब के सामने आत्मसमर्पण कर दिया था। 27 जून, 1857 के सत्ती चौरा घाट के नरसंहार में ह्वीलर, उसकी पत्नी तथा बड़ी बेटी भी मारी गई। ह्वीलर के नौ बच्चों में एक पुत्र फ्रेडरिक ह्वीलर (19 जनवरी 1833-16 जुलाई, 1906) भी था। विप्लव के समय फ्रेडरिक ह्वीलर 24 वर्ष का था और ब्रिगेडियर था। उसी से मिलने राजा जयलाल सिंह को भेजा गया था।

गालिबजंग का विश्वस्त व्यक्तिगत सचिव मातादीन अवध विलय के पूर्व तक राजा जयलाल सिंह का भी मातहत रहा। किन्तु विलय ने राजा जयलाल को भी रोजगारविहीन कर दिया अत: मातादीन[4] अपने घर पर रहने लगा। अंग्रेजों द्वारा अवध के विलय के पश्चात् पूर्व नवाब के स्वामिभक्तों की सम्पत्तियाँ जब्त करनी शुरू की गईं तो अवसरवादी पाला बदलकर अंग्रेजों से जुड़ने लगे। पूर्व नवाब की माता व भाई रानी विक्टोरिया के दरबार में अपील करने इंग्लैंड गए थे तथा वाजिद

अली शाह कुछ विश्वस्त सरदारों व खास बेगमों के साथ मटियाबुर्ज में बेसब्री से उस दिन का इन्तजार कर रहे थे, जब उन्हें अपना राज्य वापस मिलता। लेकिन परिस्थितियाँ तेजी से बदल रही थीं। वापस लौटते समय उनकी माता व एक भाई का पेरिस में देहान्त हो गया। मेरठ छावनी से उठी सैन्य क्रान्ति ने समस्त असन्तुष्ट तत्त्वों को स्वयं में समाहित कर लिया। लखनऊ में मड़ियाँव छावनी व मूसा बाग में बगावत शुरू हुई। इसी दौरान फैज़ाबाद में विप्लव हो गया। सैनिकों ने मौलवी अहमदुल्लाशाह को जेल का फाटक तोड़कर बाहर निकाला और उनके नेतृत्व में लखनऊ कूच कर गए। चिनहट में लखनऊ के प्रथम युद्ध में 30 जून, 1857 को विजय प्राप्त करने के बाद अवध की फौज के द्वारा एक जुलाई, 1857 से रेजीडेन्सी की घेराबन्दी शुरू हुई। हेनरी लारेन्स ने फौज के साथ चिनहट में उन्हें रोकने का प्रयास किया मगर हारकर सीधा रेजीडेन्सी लौट आया था। क्रान्तिकारियों ने लखनऊ शहर में प्रवेश किया और व्यवस्था की अनुपस्थिति का फायदा उठाकर लूट-पाट शुरू कर दी। व्यापारियों, महाजनों तथा पूर्व नवाब के सरदारों के घरों को लूटा जाने लगा। ऐसा कहा जाता है कि राजा जयलाल सिंह का घर भी लूट लिया गया। मौलवी अहमदुल्लाशाह ने तारोंवाली कोठी (वर्तमान एसबीआई की मुख्य शाखा) में अपना मुख्यालय बनाया। उन्होंने सैन्य चौकियाँ स्थापित करने की कोशिश की, लेकिन असैन्य प्रशासन के सहयोग के बिना लूट-पाट को रोकना असम्भव था। अंग्रेज हारकर रेजीडेन्सी और मच्छी भवन में कैद हो गए थे। नवाब का प्रशासन समाप्त हो चुका था और अहमदुल्लाशाह का सैन्य प्रशासन निष्प्रभावी या कहें समस्याकारक बन रहा था। लूट-पाट को तुरन्त रोकना आवश्यक था। आम जनमानस इसके कारण क्रान्ति के प्रति सशंकित हो उठा था। किसी की समझ में नहीं आ रहा था कि क्या करें? यह विचार बना कि नवाब के समय के प्रशासन को पुनर्जीवित किया जाए। किसी ऐसे व्यक्ति की तलाश की जाने लगी जो इस क्रान्ति से तथा सैनिकों से तो सहानुभूति रखता ही हो, साथ में पूर्व नवाब के कुटुम्ब में सीधी पैठ रखता हो। ऐसे अनेक नाम थे। मान सिंह पुत्र दर्शन सिंह तथा जयलाल सिंह पुत्र दर्शन सिंह उसमें सर्वोपरि थे। किन्तु मान सिंह की निष्ठा स्पष्ट नहीं थी। वह अंग्रेजों के सम्पर्क में भी था और दरबार के भी। राजा जयलाल सिंह की निष्ठा पर किसी को रंचमात्र भी शक नहीं था। उनके पिता ने सादात अली खाँ से वाजिद अली शाह तक छह नवाबों का कार्यकाल देखा था और उच्चतम स्वामिभक्ति का परिचय दिया था। राजा जयलाल सिंह की खोज की जाने लगी। इस सम्बन्ध में कैसर-उत-तवारीख[5] ने लिखा—''जब बागी शहर की लूट से समृद्ध हो गए और पीड़ितों की न्याय की गुहार अपने इन्तहा पर पहुँच गई तो वे राज्य के मामलों की

ओर मुड़े ताकि किसी को नाम के लिए हाकिम बनाया जाए। इसका कारण उन्होंने खुलासा किया कि हम बदनामी से बच जाएँगे और बदले में अच्छा नाम कमाएँगे। सेना द्वारा बुलावा जाने पर सबसे पहले राजा जयलाल सिंह नुसरतजंग वल्द राजा गालिबजंग प्रकट हुए। उन्होंने अफसरों से शिकायत की कि उनका घर लूटा गया। उन्हें काफी सान्त्वना दी गई और कहा गया कि उन्हें इससे दस गुना ज्यादा फायदा दिया जाएगा। वे इस ओर से निश्चिन्त रहें।'' मुंशी मातादीन ने अपने बयान में कहा है कि राजा को उनके घर से कोई व्यक्ति बुलाकर ले गया था। मुंशी वाजिद अली के अनुसार जब बागी फौज ने चिनहट से आकर बेलीगारद को घेर लिया तो राजा जयलाल सिंह स्वेच्छा से सैन्य अफसरों के पास गए तथा उन्हें रसद पहुँचाई। उन्होंने यह काम एकदम से ग्रहण कर लिया। इन दोनों में सत्य जान पड़ता है। सेना के अफसरों के लिए लखनऊ में टिके रहने के लिए जरूरी था कि उन्हें रसद व गोला-बारूद की पूर्ति होती रहे तथा सैनिकों को जोड़े रखने के लिए नियमित वेतन का प्रबन्ध हो जाए। उधर पूर्व नवाब के समय शहर सुरक्षा के इन्तजामकार होने के नाते राजा साहब लखनऊ को महफूज रखना अपना नैतिक कर्तव्य मानते थे। अत: जितनी बेसब्री से सैन्य अफसर उन्हें खोज रहे थे, उतने ही औत्सुक्य से राजा जयलाल सिंह उनकी ओर अग्रसर हुए।

लखनऊ की स्थिति पूर्ववत खराब रही। सैनिक लूट-पाट मचाते रहे। सैनिकों में आपस में भी युद्ध की स्थिति बन जाती थी। एक दिन कर्नलगंज की जहाँगीरबख्श कम्पनी के छह गोलन्दाजों को किसी अन्य रेजीमेंट के तिलंगों ने पकड़ लिया। उस कम्पनी के कैप्टन बेहद नाराज हो गए और राजा जयलाल सिंह से शिकायत की कि जब पूरी सेना लूट रही है तो मेरे गोलन्दाजों को क्यों बन्द किया गया? मैं अपनी बन्दूकें एक साथ हटा लूँगा। यह सुनकर राजा साहब ने स्पष्ट करते हुए कहा कि आपस में तू-तू, मैं-मैं करना ठीक नहीं है। कोई दरबार बनाया जाए ताकि सेना की इच्छानुसार सारा काम ठीक ढंग से चलता रहे। सभी उसकी आज्ञा मानने पर सहमत हों, तो सब ठीक चलेगा। सभी अफसरों ने राजा साहब को ऐसे दरबार का मुख्य अफसर बना दिया। इस बात पर सहमति बनी कि यह दरबार किसी प्रमुख की खोज का प्रयास करेगा जिससे चीजों का समुचित ढंग से प्रबन्ध हो सके। इससे भुगतान, बारूदखाना तथा हर चीज की देखभाल हो सकेगी।

मुंशी मातादीन[6] के अनुसार—''एक दिन राजा तोपखाने के जहाँगीरबख्श के तम्बू में थे। जब वे बाहर निकले तो मैंने स्वयं को उनके सामने प्रस्तुत किया। उन्होंने कहा मौजूद रहो। उस दिन से मैंने वही किया।'' 30 जून, 1857 को चिनहट पर हमला हुआ था। शहर में प्रवेश कर बागियों ने 32 बैरिकों में हैड क्वार्टर बनाया

था। चिनहट के बाद बागी सेना ने छह दिन लखनऊ में लूट-पाट की थी। दरोगा मीर वाजिद अली[7] ने 8 जुलाई, 1859 के बयान में इस घटनाक्रम पर विस्तार से प्रकाश डालते हुए कहा—"चिनहट के दूसरे और तीसरे दिन मिर्जावाली कोठी (वेस्टन्स हाउस) में यह जानने के लिए दरबार किया गया कि क्या कुछ नहीं किया जा सकता? इस दरबार में सैन्य अफसर इकट्ठे हुए और तत्काल राजा जयलाल सिंह को बुलावा भेजा। जिनके हाथ में शहर का भार था।" कमालुद्दीन हैदर[8] लिखता है—"शहर का प्रशासन चलाने के लिए सोच-विचारकर एक कम्पनी गार्द भेजकर कोतवाल मिर्जा अली रजा और मीर नादिर हुसैन रविन्द को बुलाया गया और उनसे शहर का प्रबन्ध करने को कहा गया। उन्हें पूर्ववत् सक्रिय होकर काम करने को कहा गया। साथ में उन्हें फौज बहादुर से तनख्वाह दिलाने की बात की गई। उन्होंने कहा—"अल्लाह का शुकर। आपके फौज बहादुर जाकर शहर लूटें और दूसरी ओर हम शहर की कानून-व्यवस्था का प्रबन्ध करें। जब तक कोई हाकिम नियुक्त नहीं किया जाता, शहर का प्रशासन कैसे चलेगा?" उन्होंने कहा कि वे सेना को मना कर देंगे। तत्पश्चात् उन दोनों को दो अफसरों तथा दस तिलंगों के साथ भेजकर कोतवाली में नियुक्त किया गया। इस बात का ध्यान रखा गया कि वे ब्रिटिश सरकार के ज्यादा सहयोगी हैं, हो सकता है कि वे दगा दे करके चुपचाप अंग्रेजों से मिल जाएँ, अतः मुहम्मद कासिम खाँ को उन्हें नियन्त्रण में रखने के लिए उनका वरिष्ठ अधिकारी बनाया गया।"

सैन्य अफसरों तथा असैन्य अधिकारियों सहित राजा जयलाल सिंह को यह महसूस होने लगा था कि किसी को शासन-प्रशासन का मुखिया बनाए बिना यह जंग नहीं लड़ी जा सकती। प्रश्न यह था कि वह मुखिया कौन बनेगा? कमालुद्दीन हैदर के अनुसार पहले मलिका अहद के लड़के मिर्जा दारा सितवत पर बात हुई। मलिका से तीन लाख रुपए नजराना माँगा गया। मगर लड़के ने जवाब दिया कि जब नवाब शुजाउद्दौला अंग्रेजों का मुकाबला नहीं कर पाए तो हम क्या कर पाएँगे? तब राजा जयलाल से नवाब के पुत्रों में से किसी एक का नाम सुझाने के लिए कहा गया। दरोगा वाजिद अली व मुंशी वाजिद अली के बयानों से इस विषय पर प्रकाश पड़ता है। दरोगा वाजिद अली अपने बयान में कहता है—"फौजवाले सुलेमान कद्र को मसनद पर बैठाना चाहते हैं, लेकिन उसने मना कर दिया। जब मैं अमजुद्दौला के दरवाजे पर पहुँचा तो पाया कि मम्मू खाँ राजा जयलाल सिंह से कह रहे थे कि यदि आप मसनद पर बैठाने के लिए किसी की तलाश में हैं तो बेहतर यह होगा कि आप बिजरिस कद्र को बैठाएँ क्योंकि वह वाजिद अली शाह का बेटा है। राजा जयलाल ने जवाब दिया कि मैं फौजी अफसरों के पास जाऊँगा और कल उनके

जवाब के साथ लौटूँगा।'' वे अगले दिन हज़रत महल के दरवाजे पर गए और उस स्थान पर जाने की इच्छा प्रकट की जहाँ पूर्व बादशाह की सारी बेगमें इकट्ठी हो सकें। मम्मू खाँ उन्हें खास महल ले गए जहाँ वाजिद अली शाह की सभी बेगमें इकट्ठी हो गईं। हज़रत महल ने खुर्द महल और सुल्तान महल को बुलावा भेजा। उन दोनों के साथ मैं भी आया। राजा ने कहा कि सेना के सभी अफसरों ने सलाम भेजा है और कहा है कि वे सब उन्हें बचाने आए हैं। अंग्रेजों ने बादशाह से देश छीनकर उन्हें कैद में डालकर हर तरह की मुश्किलें पैदा की हैं। वे अब चाहते हैं कि बिजरिस कद्र को मसनद पर बैठाया जाए। वे इस व्यवस्था से सन्तुष्ट रहेंगे।''

मुंशी वाजिद अली[9] अपने बयान में कहता है—''किसी ने कुछ कहा तो किसी ने कुछ। लेकिन राजा जयलाल सिंह ने बिजरिस कद्र को बैठाने में सर्वाधिक रुचि ली। उन्होंने 22वीं पैदल देसी सेना के राजमन्द तिवारी, बार्लो के उमराव सिंह, पुलिस बटालियन के रघुनाथ सिंह, फिदा हुसैन रेजीमेंट के नेपाल सिंह, औसान सिंह तथा मखदूम बख्श के साथ बिजरिस कद्र को बैठाने का प्रबन्ध किया।'' मुंशी मातादीन ने अपने बयान में दर्ज कराया—''राजा साहब के माध्यम से बिजरिस कद्र को मसनद पर बैठाने के लिए समझौता वार्ताएँ शुरू हुईं। वे बागी सेना के अफसरों के पास बेगम के यहाँ से एक कागज लेकर गए। उन्हें प्रेरित कर उस पर दस्तखत करवाया। बेगम ने इस कागज को बतौर सनद रखा। वह राजा से बेहद खुश थीं।'' किन्तु यह इतना आसान नहीं था। एक ओर फौजी अफसरों को तो दूसरी ओर पूर्व बादशाह की अन्य बेगमों को सन्तुष्ट करना टेढ़ी खीर था। दरोगा मीर वाजिद अली[10] ने अपने बयान में आँखों देखा हाल सुनाया है। उसने दर्ज कराया कि—''जब राजा जयलाल ने कहा कि बिजरिस कद्र को तख्त पर बैठाना उचित रहेगा तो महलों ने जवाब दिया कि उनके पास कोई भी चारा नहीं है। उनके बड़े कलकत्ता में हैं और कुछ भी ऐसा नहीं करना चाहिए जिससे कि नवाब की मुश्किलें बढ़ें। ऐसा उपाय किया जाना चाहिए जिससे नवाब को फायदा हो। जब सारी महलें आपस में चटर-पटर कर रही थीं तभी मम्मू खाँ ने उन्हें रोका और कहा कि सभी सन्तुष्ट हैं। राजा ने उठते हुए कहा कि वह जाकर अफसरों से उनकी राय बताएँगे। अगले दिन वे अपने साथ अफसरों की ओर से फर्द लेकर आए जिस पर सभी के दस्तखत होने थे। फर्द के अनुसार बिजरिस कद्र को मसनद पर बैठाने में सभी महल राजी हैं। उनमें से कुछ बिना मुहरों के आई थीं। खुर्द महल को बुलावा भेजा गया और उनके आने पर हज़रत महल ने कहा—''यह लड़का बिजरिस कद्र आपका बेटा है, इस कागज पर दस्तखत करना जरूरी है।'' ऐसा कहने पर खुर्द व सुल्तान महल बहाने बनाने लगीं। उन्होंने कहा कि, ''जब तक नवाब जिन्दा

हैं, वे दस्तखत नहीं करेगीं। अपमानित मम्मू खाँ और जयलाल सिंह ने आपस में सहमति की कि हज़रत महल लिखकर अफसरों को निमंत्रित कर उनकी बात सुनें। जयलाल सिंह ने इसे स्वीकार कर लिया। मम्मू खाँ ने बताया कि महमूदाबाद से सेना के साथ आए खान अली खाँ खुद भी इसी बात के लिए जोर लगा रहे हैं।''

इस सम्बन्ध में सरफराज़ बेगम[11] ने कलकत्ता में जाने खाँ बेगम के नाम खत लिखकर सूचना दी—''लखनऊ में तिलंगों ने उधम मचा रखी है। यों समझिए फैज़ाबाद से मौलवी अहमदुल्ला शाह ने आकर लूटमार कम की है और जगह-जगह अपनी चौकी पहले बिठा दी है। बहुत-से सिरफिरे खैरख्वाह इनके साथ हैं। उधर सुल्ताने आलम के खैरख्वाह चाहते हैं कि इनका तख्त खाली न रहे। मिर्ज़ादार-उस-सितवत को बादशाह बनाने की तज़वीज है। तीन लाख नज़राना तलब किया था मगर दार-उस-सितवत कहने लगे कि नवाब शुजाउद्दौला अंग्रेजों से मुकाबला न कर सके तो हम क्या कर सकते हैं? राजा जियालाल सिंह खल्फ दर्शन सिंह नवाब खास महल की ड्योढ़ी पर आकर कहने लगे कि नौशेरवाँ कद्र को मसनदनशीं रियासत कर दें। महमूद खाँ और शेख अहमद हुसैन ने राजा मान सिंह और जियालाल सिंह से मिर्जा बिजरिस कद्र के वास्ते कहा तो उन्होंने जवाब दिया, फौज को मंजूर है मगर बेग़माते महल राज़ी हों तो मुमकिन है। हज़रत महल ने सबसे हाथ जोड़कर कहा, ये लड़का तुम्हारा है, जैसा तुम मुनासिब खयाल करो, वैसा करो। नवाब खुर्द महल ने अज़हर फरासत कहा कि अगर हम तुम्हारे राजीनामे पर मुहर कर दें, कलकत्ता में अंग्रेज नवाब वाजिद अली शाह को मार डालें तो क्या हो? तब राजा रुखसत होकर चला गया।'' उल्लेखनीय है कि कुछ उर्दू लेखकों ने जयलाल की जगह जियालाल शब्द का भी प्रयोग किया है। किन्तु अंग्रेजी लेखकों ने प्रायः जयलाल शब्द ही प्रयोग किया है।

मुंशी मातादीन[12] ने अपने बयान में कहा—''बेगम हज़रत महल ने बागियों द्वारा चाही गई तनख्वाह आदि शर्तों पर दस्तखत कर दिया। फिर उन्होंने एक शुभ दिन का चयन किया और सभी अफसर तारा कोठी में आयोजित छोटे-से कौन्सिल में उपस्थित हुए। इसी समय पूर्व नवाब के भाई मुस्तफा अली खाँ की तरफ से एक-एक हिन्दू-मुसलमान कागज लेकर आए जिसमें कहा गया था कि वह सरकार का आधिकारिक मुखिया है। राजा जयलाल सिंह ने इस कागज को लेकर कौन्सिल के सामने पढ़ा। अफ़सरों ने राजा को इसका जवाब बनाने को कहा। राजा ने कहा कि यह अफसरों पर निर्भर करता है। वे जो भी तय करेंगे वह उचित होगा, लेकिन वे उन्हें उत्तर अवश्य बता दें ताकि वे उसे बेगम तक पहुँचा सकें। रघुनाथ सिंह, उमराव सिंह तथा अन्य ने किसी प्रकार का समझौता राजा के साथ किया और

मुस्तफा अली का कागज वापस करने पर रजामन्द हो गए। अफसर यह कहते हुए उठ खड़े हुए कि राजा बेगम हज़रत महल को सूचित कर दें कि वे बिजरिस कद्र को मसनद पर बैठाने के लिए आ रहे हैं। राजा ने मुंशी मातादीन व मीर हस्सू को भागकर मम्मू खाँ को सूचित करने को भेजा। हस्सू ने यह सूचना मम्मू खाँ को दी जो जेलखाने से बाहर आया और अफसरों को ले जाकर चाँदीवाली बारादरी में बैठाया। हिसामुद्दीन बिजरिस को घोड़े पर चढ़ाकर ले आया। सभी ने उसे सलाम किया। उन्होंने बातचीत करने और कागजों पर दस्तखत करने में थोड़ा विलम्ब किया। राजा जयलाल सिंह, राजा ज्वाला सिंह मुंशी और कुछ अन्य अफसरों ने अलग जाकर साफ-साफ लिखा (वाजिब उल अर्ज किया)। 15वीं अनियमित के रिसालेदार बरकत अहमद ने हो रही देरी पर थोड़ी नाराजगी जाहिर की। सूर्यास्त के थोड़ी देर पूर्व बागी अफसरों ने मन्दील ली और पाँच सैयदों ने उसे बिजरिस के सिर पर बँधवाया। तोपों व बन्दूकों से सलामी दागी गई। नजर भेंट की गई। अफसर अपनी लाइनों को लौट गए। जयलाल सिंह भी अपने घर चले गए।''

दरोगा मीर वाजिद अली[13] ने उस दिन का आँखों देखा वर्णन दर्ज कराया है कि—''राजा ने बेगम हज़रत महल को सन्देश भेजा कि अफसर कल उपस्थित होंगे। हज़रत महल व मम्मू खाँ ने हिसामुद्दौला व मिफ्ताउद्दौला को बुलाकर खजाने के बारे में पूछा। पहले तो उन्होंने मना किया फिर स्वीकार किया कि खजाने में चार लाख की चाँदी है। वे सेहतुद्दौला के गायब होने का बहाना करने लगे जिसने सील लगाई थी। अन्ततः हज़रत महल व मम्मू खाँ के कहने पर वे दोनों मम्मू खाँ के साथ गए और दरवाजा खोलकर 3-4 लाख का सोने-चाँदी का खजाना दिखाया। खास महल पर राजा जयलाल हज़रत महल से अन्य फौजी अफसरों के साथ आकर मिले। वहाँ खान अली खाँ व अन्य थे। वे लोग करीब दोपहर बाद आए। सारे अफसर चुप रहे। राजा जयलाल व खान अली खाँ ने कहा कि जो होना है आज तय हो जाए। अन्ततः बिजरिस पर तय हो गया। मीर कासिम अली ने सभी को बधाइयाँ देते हुए कहा कि इस मसले का तुरन्त समाधान होना जरूरी था। सादात अली खाँ से चला आ रहा मसनद खोजा जाने लगा। हज़रत महल ने गुलाम लौंडी जवाहिर कनीज को भेजा तो वह मसनद लेकर लौटी। इसे चाँदीवाली बारादरी में रखा गया। मन्दील व ताज दोनों की व्यवस्था की गई। नायब बनाने की स्थिति में मन्दील और नवाब बनाने की स्थिति में ताज की जरूरत होती। उस समय जोरों की बारिश हो रही थी। लगभग तीस हजार तिलंगे आए। कौन अफसर है, कौन सिपाही इसकी पहचान करना मुश्किल था। दूसरे लोग भी साथ में थे। हजारों इकट्ठा थे। अफसर चाँदीवाली बारादरी में बैठे। सफदर अली, मीर कासिम अली,

आगा मिर्जा, नसीब, मीर मेहदी, अहमद हुसैन और बिजरिस कद्र ने महल से आकर कुर्सी ग्रहण की। मीर क़ासिम, मम्मू खाँ व हज़रत महल ने आपस में वार्ता की फिर उन्होंने अफसरों के प्रवक्ता राजा जयलाल सिंह को सम्बोधित किया। फौजी अफसर-शहाबुद्दीन खान, बरकत अहमद, उमराव सिंह तथा रघुनाथ सिंह आदि ने अलग जाकर मंत्रणा की और कहा कि बिजरिस कद्र को गद्दी पर बैठाने के पूर्व तीन-चार शर्तें मानना हज़रत महल के लिए अनिवार्य होगा। वे शर्तें निम्नवत् थीं—

1. दिल्ली के आदेशों का पालन करना होगा। जो भी आदेश वहाँ से आएगा वही अन्तिम माना जाएगा।
2. वजीर की नियुक्ति सेना करेगी।
3. तिलंगों को अंग्रेजी सेना छोड़ने के दिन से दोगुनी तनख्वाह देनी होगी।
4. रेजीमेंट के अफसरों की नियुक्ति सेना की रजामन्दी के बिना नहीं की जाएगी।
5. अंग्रेज समर्थकों के साथ कैसा व्यवहार किया जाएगा और उन्हें कैसे निपटाना है, इन मामलों में कोई दखलन्दाजी नहीं की जाएगी।

इन शर्तों का सफा किया गया। राजा जयलाल सिंह ने हाथ ऊपर उठाते हुए ऊँची आवाज में उन शर्तों को पढ़कर सुनाया। इन शर्तों को हज़रत महल को सौंप दिया गया। बिजरिस कद्र की मुहर मँगवाई गई। हज़रत महल ने कागज हसन रज़ा हकीम के हाथों भेजा मगर गलती से उसने इसे गिरा दिया जो भीड़ में कहीं गुम हो गया। अफसरों ने कहा इससे फर्क नहीं पड़ता। इस पर बाद में मुहर लग जाएगी यदि राजा जयलाल सिंह इस बात की जमानत लें। अफसरों ने कहा कि बिजरिस कद्र को मन्दील धारण करना चाहिए और दिल्ली से आया आदेश मानना चाहिए। शहाबुद्दीन ने बिजरिस को मन्दील पहनाया। अफसरों ने अपनी तलवारें और बन्दूकें नजर पेश कीं। तिलंगों ने शासक को देखने की इच्छा प्रकट की तो बिजरिस मसनद से उठकर हवामहल में आए। उनके पीछे तिलंगों ने धक्का-मुक्की की। शहर के इंचार्ज कासिम खाँ ने वहाँ सन्तरी लगाकर अपने सवारों को जमा किया। हज़रत महल ने मुशिसद्दौला को भेजकर राजा बालकिशन को बुलवाया और बताया कि बिजरिस को गद्दीनशीं कर दिया गया है, आगे का प्रबन्ध करें। महाराजा ने कहा उन्हें खुद लूटा गया है वे क्या करें? उन्होंने अगले दिन आने की बात की। स्मरणीय है कि इनमें से किसी भी अवसर पर मौलवी अहमदुल्ला शाह स्वयं उपस्थित नहीं हुए। वे मम्मू खाँ को जरा भी पसन्द नहीं करते थे।

बिजरिस की गद्दीनशीनीं पर सरफराज बेगम[14] ने जाने जाँ बेगम को लिखे अपने खत में जिक्र किया—''12 जिकात बरोज़ यकशम्बा 1273 इत्तिफाकन पानी

शिद्दत से बरस रहा था। राजा मय अफसरान फौज कसरूल खाकान में आकर बैठे। मिर्जा रमज़ान अली खाँ अलमुकिब मिर्जा बिजरिस कद्र ताम-ज़ाम सवारी हुजूरे आलम पर सवार आए, और सिन जलूस जन्नत आरामगाह पर आकर बैठे। किसी ने कहा कि छोटा है, किसी ने कहा कि ऐशो-इशरत में पला है फिर गाफिल न हो जाए। आखिरकार शहाबुद्दीन और सैयद बरकात अहमद[15] रिसाले के रिसालदार ने उठकर मन्दील मिर्ज़ा बिजरिस कद्र के सर पर रख दी। मुबारकबाद दी गई। अफसरों ने तलवार की नज्र दिखाई। जहाँगीर बख्श सूबेदार ने तोपखाना फैज़ाबाद से 21 तोपों की सलामी सर की।'' पहला दरबार भी चाँदीवाली बारादरी में राजा जयलाल, शर्फुद्दौला, मम्मू व सैन्य अफसरों की उपस्थिति में हुआ। इन तमाम साक्ष्यों से स्पष्ट है कि लखनऊ में विप्लव के आरम्भ के साथ ही जो अव्यवस्था उत्पन्न हुई उसे रोककर जनता को उत्पीड़न से बचाने के लिए राजा जयलाल सिंह ने न सिर्फ सार्थक प्रयास किया बल्कि फिरंगियों से मोर्चा लेने के लिए बागी दरबार के गठन में क्रान्तिकारियों एवं पूर्व बादशाह के परिवार के मध्य समझौते के लिए मध्यस्थ का भी काम किया।

मिर्ज़ा बिजरिस कद्र के गद्दीनशीन होने के बाद अगली कवायद अफसरों के चयन की शुरू हुई। दरोगा मीर वाजिद अली के अनुसार हज़रत महल, कासिम अली और मम्मू खाँ की इच्छा थी कि शर्फुद्दौला अथवा मुनव्वरुद्दौला को नायब होना चाहिए। अगले रोज फौजी अफसरों ने शर्फुद्दौला को चुन लिया और कासिम खाँ ने बेगम को बिना बताए उसे लाकर जर्द कोठी में बैठा दिया। मम्मू खाँ इससे बिदक गया। उसने कहा बिना उसकी राय के कैसे नायब बना दिया गया। फिर उसने शर्त रखी कि यदि शर्फुद्दौला उन्हें दीवानखाना दे दें तो वह मान जाएगा। शर्फुद्दौला ने कहा कि बेगम ने उन्हें कहला भेजा है कि मम्मू खाँ को जो पद चाहिए उससे तुम्हारा कोई वास्ता नहीं है। दोनों के बीच कोई समझौता हो गया तब शर्फुद्दौला खास महल में झरोखा पर जाकर बैठ गए। वहाँ उमराव सिंह, रघुनाथ सिंह, कैप्टन नवाब सिंह, ख्वाजा इतमाद अली खाँ, मकबूल अली तथा मम्मू खाँ उपस्थित थे। उमराव व अन्य ने जोर देकर कहा कि शर्फुद्दौला हमेशा से सरकार बेगम के दोस्त रहे हैं। उन्हें ही नायब बनाना चाहिए। इस सम्बन्ध में सरफराज बेगम ने उक्त पत्र में जिक्र करते हुए लिखा—''शहंशाह महल ने नायबे दीवान हिसामुद्दौला को बनाना चाहा, मगर वो रज़ामन्द न हुए। शहंशाह महल ने मुफ्ताहुद्दौला मुहम्मद इब्राहीम खाँ की तज़वीज हुई। मम्मू खाँ बिगड़ बैठे। फिर सफाई हो गई।''

दरोगा वाजिद अली[16] के अनुसार 5-6 दिनों के बाद खिलअत का प्रबन्ध किया गया, मगर मातादीन मुंशी के बयान व सरफराज बेगम के पत्र से स्पष्ट है

कि अगले दिन दरबार कर खिलअत दी गई। शर्फुद्दौला को नायब, मम्मू खाँ को दीवानखाना, महाराज बालकिशन को दीवान की खिलअत अदा की गई। मिर्जा अली रजा बेग को कोतवाली की, मीर याबर हुसैन को मुहतमिरविन्द की खिलअत व जनरैली हिसामुद्दीन बहादुर को दी गई। दरोगा दीवाने मम्मू खाँ, अली मुहम्मद खाँ बहादुर रवाना हुए। मुंशी कचहरी खास अमीर हैदर, दरोगा ड्योढ़ियात मीर वाजिद अली, अखबारे मुल्की मुहम्मद हसन खाँ दामाद नवाब शर्फुद्दौला को दिया गया। जनरल हिसामुद्दौला को हुक्म भरती 13 पलटन नजीब का हुआ और अंग्रेजों से लड़ाई शुरू कर दी। शुरू में मीर वाजिद अली और मम्मू खाँ के अलावा सभी को खिलअत दी गई। मम्मू को खिलअत न मिलने का कारण जयलाल सिंह के द्वारा उसके पद पर विवाद पैदा किया जाना था। उनके अनुसार बेगम के साथ हुए समझौते के तहत यदि सेना के अफसरों को समझाए बिना मम्मू को दीवानखाना का पद दिया गया तो वे मुश्किल पैदा कर सकते हैं। मुंशी वाजिद अली[17] ने अपने बयान में बताया है कि—''राजा जयलाल सिंह ने बिजरिस कद्र को गद्दी पर बैठाकर बेगम हज़रत महल के साथ प्रबन्ध कर चार रेजीमेंटे, एक बारूदखाना, एक रिसाला और दरियाबाद, फैज़ाबाद में रुदौली, आज़मगढ़ और जौनपुर का इलाका प्राप्त किया। राजा जयलाल सिंह से राय-मशविरा करके शर्फुद्दौला को नायब, मीर काजिम को बारूदखाने का दरोगा, हिसामुद्दौला को जनरल बनाया गया। कहा जाता है कि राजा जयलाल सिंह को दीवानखाने का दरोगा बनाया गया, लेकिन उन्होंने यह पद स्वीकार नहीं किया, तो मम्मू खाँ ने इसे स्वीकार कर लिया।'' बेगम और सेना के बीच का सारा संव्यवहार राजा जयलाल सिंह के माध्यम से होता था। राजा साहब मूलतः जंगी अफसर थे। बाहर से किसी भी भाग से आनेवाली हर फौज उन्हीं को रिपोर्ट करती थीं तथा उन्हीं के अधीन होती थी। बालकृष्ण के 24 जून, 1859 के बयान के अनुसार राजा जयलाल सिंह कलेक्टर थे।

अवध के राज-काज को ठीक ढंग से चलाने के लिए दिल्ली की तर्ज पर दो समितियों का गठन किया गया। एक सामान्य प्रशासन के लिए बारह सदस्यीय समिति, दूसरी सैन्य प्रशासन के लिए चौदह सदस्यीय समिति। राजा जयलाल सिंह इन दोनों समितियों के इकलौते सदस्य थे। रुद्रांशु मुखर्जी[18] के अनुसार, "इन दोनों समितियों में राजा जयलाल सिंह का व्यक्तित्व सब पर भारी था। वे ही दोनों समितियों तथा बेगम हज़रत महल के बीच सम्पर्क साधते थे।'' बागी सरकार के गठन व अधिकारियों की नियुक्ति का कार्य पूर्ण हो जाने के बाद जंग व प्रशासन चलाने की तैयारी शुरू हो गई। पहला दरबार होने के अगले दिन नवाब की तरफ से

घोषणा[19] की गई—"खल्क खुदा का, मुल्क बादशाह दिल्ली का, मिर्जा बिजरिस कद्र हुक्म देते हैं कि आइन्दा कोई भी लूट-पाट नहीं करेगा वर्ना उसे सजा दी जाएगी।" लेकिन इसका कोई असर नहीं हुआ। लूट-पाट पूर्ववत् चलती रही। बेगम को भारी चिन्ता हुई। उनके पास चौबीस हजार रुपया नकद था जो जल्द ही समाप्त हो गया। मिफ्ताउद्दौला ने अपना रोना रोया कि वह मम्मू खाँ को कोठा दिखा चुका है। तैयार नकदी नहीं है। चार लाख का सोना-चाँदी खजाने में है। यह फैसला लिया गया कि इसी से सिक्का ढाला जाए। कई नाम सुझाए गए। अन्त में फैसला हुआ कि पुराने सिक्कों की तरह शाह आलम-द्वितीय के नाम से सिक्के ढाले जाएँगे। इसका प्रबन्ध मिफ्ताउद्दौला को, फिर आगा नजफ कश्मीरी को सौंपा गया। आगा ने छह हजार रुपए पर इसका ठेका लिया। लेकिन यह धन पर्याप्त नहीं था। जब खर्च के लिए पैसों की कमी[20] पड़ी तो शहर के अमीरों की सूची बनाई गई। सबसे पहले हुजूर आलम के दरोगा वजीर खाँ और मुहम्मद बख्श को गिरफ्तार करके लाया गया और उन्हें धन के बारे में बताने के लिए दबाव में लिया गया। उन्होंने बताया कि नवाब का घर अख्तरी व नादरी पलटनों के द्वारा पहले ही लूटा जा चुका है, उनकी सूचना के मुताबिक वहाँ कुछ भी नहीं है। विश्वस्त खबरी यह सूचना लेकर आए कि धन कहाँ गाड़ा गया है। मम्मू ने सात रुपया सैकड़ा देने का वायदा किया और राजा जयलाल के साथ भेदिए के साथ रात को नवाब के घर गया। वहाँ एक छोटा सहंची (बरामदे के बगल का आँगन) खोदा गया, जहाँ से पाँच लाख रुपया मिला। इसे हाथियों और बैलगाड़ियों पर लाया गया। राजा जयलाल और मम्मू खाँ ने जनाब-ए-आलिया से कहा—"हम लोगों से ज्यादा शुभचिन्तक आपका कौन है ? हम और ज्यादा अच्छा काम करेंगे।" बेगम ने खुश होकर उनकी प्रशंसा की। मम्मू खाँ को खिलअत दिया गया। राजा पूर्व की भाँति खिलअत से वंचित रहे। खबरी को एक भी कौड़ी नहीं दी गई। मिफ्ताउद्दौला के अनुसार वाजिद अली शाह के ससुर व पूर्व दीवान अली नकी खाँ के घर से खोदकर नकदी व अशरफी-गहने सहित 72 लाख का सामान जब्त कर सरकार के पास लाया गया। शहर के रेजीमेंट से 52 लाख मिला। नवाब के दामाद अचली साहब के घर से पचास हजार, नवाब के दीवानखाने के दरोगा मीर अहसन अली खाँ से 54 हजार, नवाब की बहन मँझली बेगम से 10 हजार, दरोगा मुहम्मद बख्श से 50 हजार, नवाब के दीवान मुंशी चाँदी सहाय और गुरु सहाय से 5 लाख मिला।" इस प्रकार राजा जयलाल व मम्मू खाँ ने थोड़े ही समय में एक करोड़ तीस लाख का खजाना बेगम हज़रत महल के कदमों में लाकर रख दिया, जिससे कुछ समय के लिए धन की समस्या खत्म हो गई। पैसा सेना पर खर्च किया जाने लगा। अनायास की खींचतान

के बिना धन निकाले जाने से बेगम प्रसन्न थीं। मम्मू खाँ का रुतबा बढ़ गया। वह हर अच्छे-बुरे का मालिक बन गया। लेकिन अहमदुल्ला शाह व सैन्य अफसरों में इसका असर विपरीत पड़ा।

रोशन तकी[21] ने अपनी पुस्तक में लखनऊ की घटनाओं का विस्तृत विवरण प्रस्तुत किया है। तत्कालीन दस्तावेजों के अवलोकन से भी अनेक उपयोगी तथ्य प्राप्त होते हैं जिनके आधार पर राजा जयलाल सिंह एवं अन्य सिपहसालारों की भूमिका तथा युद्ध की स्थिति पर आगे संक्षेप में तिथिवार प्रकाश डाला जा रहा है।

"अवध के विलय ने नवाबी दरबार के मातहतों और 85000 फौज के सिपाहियों को बेरोजगार कर दिया। लखनऊ में 1 मई, 1857 को शहर कोतवाल मिर्जा अली बेग ने इस्तीफा दे दिया। उसकी जगह कम्पनी ने महमूद खाँ को कोतवाल नियुक्त किया जो जनता का मूड भाँपकर काफी घबरा गया था। उन दिनों लखनऊ का जिला मजिस्ट्रेट मेजर कार्नेगी था। मुहम्मद इब्राहिम खाँ शर्फुद्दौला बादशाह के सबसे विश्वस्त लोगों में से एक था। 27 मई को मेजर कार्नेगी ने उसका घर लूट लिया। उसकी कोठी को भी ढहा दिया गया।

4 जून को कैप्टन पैट्रिक ओर जो अवध रेजीमेंट का कमांडेंट था पक्षद्रोही हो गया। उसने भारतीय सैनिकों का वेतन देने से इनकार कर दिया। सैनिकों ने बगावत कर दी। उन्होंने डिप्टी कमिश्नर थॉमसन व कमांडेंट पैट्रिक ओर को शहर छोड़ने पर विवश कर दिया। राजा मान सिंह कम्पनी की नीतियों का हिमायती था। अवध की फौजों ने उसे नजरबन्द कर दिया था। वह 5 जून तक नजरबन्द रहा। उसे मुक्त कर यह समझौता किया गया कि वह शाहगंज में फिरंगियों की सुरक्षा करेगा। उसके किले की सुरक्षा व्यवस्था में लगे रक्षकदल का खर्च भी उसी को उठाना पड़ा। 11 जून, 1857 को मिर्जा मुस्तफा अली (वाजिद अली शाह का बड़ा भाई) को उसकी कोठी से गिरफ्तार कर लिया गया। हेनरी लॉरेन्स ने 17 जून को बुधवार के दिन कैसरबाग का महल लूट लिया। 22 जून, 1857 को राजा जयलाल और राजा बेनीमाधव लखनऊ में थे। वे यूरोपीयों को अपनी धरती से बाहर निकालकर अपनी सम्प्रभुता स्थापित करने के लिए संघर्ष कर रहे थे। जब सम्पर्क हुआ तो मूसाबाग में रखी सेना के साथ सहभागिता करने के लिए तैयार हो गए। 23 जून को शहर कोतवाल महमूद खाँ को अवध के सिपाहियों ने पकड़कर मार डाला। 26 जून को सूचना आने लगी थी कि सुल्तानपुर, फैज़ाबाद और गोंडा की फौजों ने लखनऊ की ओर कूच कर दिया है। सभी नेता, सैन्य कमांडर्स और पूर्व अवध सेना के सैन्य अफसर तथा शाही परिवार के महत्त्वपूर्ण सदस्यों को गिरफ्तार कर लेने के कारण पूर्ण शून्य उत्पन्न हो गया था। राजा जयलाल, राजा बेनीमाधव, रिसालदार बन्दे

हसन और खान अली खाँ शहर में थे, लेकिन सम्प्रेषण की कमी के कारण कोई समाधान नहीं दिख रहा था। एक गुप्त सूचना शाही परिवार को मिली कि अंग्रेजों ने राजा मान सिंह को लालच दिया है कि यदि उसने संकट की घड़ी में उनका साथ दिया, तो वे उसे अवध का नवाब बना देंगे। राजा जयलाल और खान अली खाँ जो कि पूर्व बादशाह के सदैव स्वामिभक्त थे, इस सूचना से उबल पड़े। वे किसी अन्य को बादशाह के रूप में स्वीकार नहीं कर सकते थे। 29 जून को राजा जयलाल और खान अली खाँ ने युद्ध रणनीति तैयार की। राजा जयलाल के दीवान मातादीन को अवध फौज का प्रवक्ता बनाया गया। अंग्रेजों की कैद में अनेक शाही कैदी भी थे, जिन्हें विप्लव की साजिश में शामिल होने के शक में पकड़ा गया था। इनमें मिर्जा मुस्तफा अली (पूर्व बादशाह के बड़े भाई), गाजीउद्दीन हैदर के सबसे छोटे भाई रुक्नुद्दौला, दिल्ली शाही परिवार के हुमायूँ खाँ और मिर्जा हैदर शिकोह, तुलसीपुर के राजा, नवाब हसन खाँ और कई अन्य थे। ब्रिटिश उन्हें ढाल बना रहे थे। इनमें से मिर्जा हैदर शिकोह बाद में कैद से भाग निकला व शहर में आकर वहाँ की स्थिति बताई।

1 जुलाई, 1857 को शर्फुद्दौला के घर पर ताल्लुकेदारों व सैन्य अफसरों की महत्त्वपूर्ण बैठक हुई, जिसमें राजा जयलाल, शिहाबुद्दीन खान, जनरल बरकत अहमद, उमराव सिंह, रघुनाथ सिंह, मुशीहुद्दौला, राजा नवाब अली खान, राजा बालकिशन, हिसामुद्दौला, राजा नवाब अली खान, राजा बेनीमाधव, आगा हबीबी उर्फ अघई, मीर काज़िम अली तथा मीर मेहदी आदि थे। यह प्रस्ताव हुआ कि दो-तीन दिनों में पूर्व बादशाह के परिवार से किसी सदस्य को गद्दी पर बैठाया जाए। यह प्रस्ताव नवाब अली खान ने रखा जिसका राजा जयलाल व सैयद बरकत अहमद ने अनुमोदन किया। अहमदुल्ला शाह इस बैठक में स्वयं न थे। उनकी तरफ से इल्तिफात अहमद व उनके नायब इस बैठक में थे। 2 जुलाई, 1857 को लॉरेन्स घायल हो गया। राजा जयलाल बेगम हज़रत महल के दरोगा मम्मू खाँ से अन्य के साथ मिले। वे दरोगा मीर वाजिद अली से भी मिले जिसका कहना था कि पूर्व बादशाह के परिवार से किसी को ताज मिलना चाहिए। मम्मू खाँ ने नाबालिग बिजरिस कद्र का नाम सुझाया। 4 जुलाई को हेनरी लॉरेन्स मर गया। 5 जुलाई को बिजरिस की ताजपोशी की गई। चूँकि पूर्व बादशाह का असली ताज लूट लिया गया था (यह लूट मेजर बैंक्स ने की थी) अत: ताजपोशी मन्दील से हुई। यहाँ राजा बेनीमाधव भी थे। 5 जुलाई, को शर्फुद्दौला को बिजरिस कद्र का दीवान बनाया गया। 7 जुलाई, 1857 को कोठी मिर्जावाला कदर में हज़रत महल ने दरबार किया जो चौलक्खी महल का एक हिस्सा थी। सेना के अधिकारी दरबार में जुटे। मंत्रणा

के बाद बिजरिस कद्र की मुहर लगी। घोषणा जारी की गई कि पियादा, सवार, बन्दूकची और पूर्व बादशाह के अफसर जो बेरोजगार हो गए हैं, पुनः स्थापित किए जाने के लिए खुद को शाही निवास पर प्रस्तुत करें। राजा जयलाल को नाजिम बनाया गया। उन्हें पता चला कि अली रजा बेग अभी जीवित है। उन्होंने हज़रत महल से प्रार्थना की कि उसे अपने पद पर पुनः बहाल किया जाए। अली रजा बेग को नाजिम-ए-शहर तथा मिर्जा हैदर हुसैन और मीर यावर हुसैन को गश्त अफसर नियुक्त किया गया। राजा जयलाल के अधीन चार रेजीमेंटें थीं। इनमें से एक का प्रभारी कासिम खाँ रिसालेदार था, जबकि दूसरी रेजीमेंट का इंचार्ज आगा हबीबी उर्फ अघई खाँ था। 9 जुलाई, 1857 को अवध की फौजों ने अहमदुल्ला शाह के नेतृत्व में रेजीडेन्सी पर भारी हमला किया। यह आक्रमण तीन तरफा था। पश्चिम से डुमहरा के राजा गुरुबख्श सिंह, अफ्रीदी पठान और बरकत अहमद थे। राजा जयलाल के नेतृत्व में शाही सेना, रघुनाथ सिंह, मखदमू बख्श, औसान सिंह और खान अली खाँ ने पूरब से वाटरगेट के पास हमला बोला; राजा बेनीमाधव, अहमदुल्ला शाह, दृगजय सिंह, मुहम्मद हुसैन खाँ ने दक्षिण-पूर्व से धावा बोला। रेजीडेन्सी की दीवार टूट गई। अवध के सैनिक भीतर घुस गए। मगर गोला-बारूद खत्म हो जाने के कारण वे जल्द ही वापस आ गए। 10 जुलाई को एक सील तोड़कर हिसामुद्दौला व मिफ्ताउद्दौला ने कुछ खजाना निकाला। 11 जुलाई, 1857 को एक बड़ी सभा में खिलअतें दी गईं। 18 जुलाई, शनीचर को रिसालेदार रघुनाथ सिंह के घर में बेलीगारद पर आक्रमण कर नष्ट करने की रणनीति बनी। राजा जयलाल ने बिल्डरों, हरकारों को काम पर लगाया। बहुत-से पासी माइन्स लगाने के काम पर रखे गए। उनकी सूची शर्फुद्दौला के पास स्वीकृति व अनुदान के लिए भेजी गईं। 20 जुलाई, 1857 को वाटरगेट उड़ा दिया गया। इसमें भारतीयों की ओर से 60 सैनिक मरे। घायलों को शाही शफाखाना भेजा गया।

नाना राव लखनऊ आए। नाना राव का वकील लखनऊ में प्रवेश करने की अनुमति माँगनेवाले पत्र के साथ आया। रानी ने अनुमति दे दी। राजा जयलाल सिंह कलेक्टर को 12 ऊँटों, 29 बैलगाड़ियों, 10 छकड़ों, 20 या 25 हाथियों के साथ फतेहपुर चौरासी जाने का आदेश मिला। नाना राव चौरासी की गढ़ी से बाहर निकले और लखनऊ की ओर रवाना हुए। उस समय बारिश हो रही थी। नुसरतजंग 200 सवारों, दो हाथियों जिन पर चाँदी के हौदे रखे थे और दो ऊँटहरों के साथ अगवानी में गया। वह शीशमहल पर उतरा जो 10 शतरंजी, 10 चाँदनी, 10 खाटों, तमाम कुर्सियों, शीशे के बर्तनों और पेंटिंगों से सजा था। 1 अगस्त, 1857 को नाना ने कस्बे में प्रवेश किया और उनके आगमन के स्वागत में 11

बन्दूकों से फायर किया गया। कमालुद्दीन हैदर के अनुसार मीर वाजिद अली उनका हाल-चाल लेने गया। उसे नाना की ओर से दुशाला और रूमाल खिलअत दी गई। नाना ने कहा अगर 21 तोपों की सलामी दी जाती तो कोई बुराई नहीं थी या फिर किसी सलामी की जरूरत नहीं थी। मीर वाजिद ने कहा कि 21 तोपों की सलामी अभी तक सिर्फ नवाब को दी जाती रही है, वह उन्हें कैसे दी जा सकती है? नाना ने भोज के लिए 2500 रु. भेजे। बेगम हज़रत महल ने राजा जयलाल और खुफिया विभाग के इंचार्ज मीर मेहदी को मँगरावा स्वागत करने के लिए भेजा। उन्होंने बेगम की नाना राव के साथ बैठक आहूत कराई। उनका आधारभूत लक्ष्य अधिकतम राजाओं तथा ताल्लुकेदारों को बेगम के पक्ष में संगठित करना था। 2 अगस्त को जिन दो ताल्लुकेदारों ने स्वयं को बागियों (अवध की फौजों) के नेता के रूप में पेश किया। उनमें से एक नवाब अली खान, महमूदाबाद एक प्रभावशाली मुस्लिम था, दूसरा राजा जयलाल, मौजा यदुवंशपुर (फैज़ाबाद) पूर्व बादशाह का एक प्रभावशाली दरबारी था। 7 अगस्त 1857, शुक्रवार को अवध शाही सेना के कमांडर हिसामुद्दौला और राजा जयलाल ने पुराने कानपुर मार्ग पर अंगद तिवारी को रोका। उन्हें सन्देह हुआ कि अंगद तिवारी कुछ गड़बड़ काम कर रहा है। सूचना मिली थी कि अंगद उन्नाव से आ रहा था। उसे कुछ दिन बन्धक बनाए रखा गया फिर छोड़ दिया गया। अंगद तिवारी के पास लेफ्टिनेंट कर्नल फ्रेजर टाइटलर का गुबीन्स के लिए पत्र था, जिसे उसने सफलतापूर्वक हुक्के की नली में छुपा लिया और देसी अभिसूचना अधिकारी उसे खोज नहीं पाए। 8 अगस्त को राजा जयलाल, मीर हस्सू (दीवानखाना का एक मनसबदार व चोबदार) नखास में अघई के घर जाकर 1000 सोने की मुहरें, 3000 रु., एक सोने का खासदान, एक सोने का पीकदान खोदकर ले आए। सारा माल एक ताँबे के बर्तन में मिला था। इसे बेगम के सामने रखा गया। कुछ सैन्य व असैन्य सिपाही व व्यक्ति हाथों में आत्मसमर्पण के स्वाभाविक प्रतीक स्वरूप सफेद झंडा लेकर बेलीगारद से बाहर आए। उनमें से कुछ ने बचकर भागने का भी प्रयास किया। जो भी बेलीगारद से भागे उनको पहले गिरफ्तार किया गया और लाइन्स ले जाया गया और फिर राजा जयलाल के जेलखाने में ले जाया गया। उन पर जासूस होने का आरोप था। उनमें से दो ने बाद में जासूस होना स्वीकार भी किया। गंगा सिंह जमादार और जेल के प्रभारी रामशरण दरोगा ने जब पूछताछ की तो उन्होंने यह स्वीकार किया कि उन्हें मेजर इनस् ने भेजा था। उन्हें जेल सुरक्षा में रखा गया। शुरू में रिकाबगंज में गुलाम हुसैन के इमामबाड़े में बने जेलखाने का पूरा नियन्त्रण भी राजा जयलाल के हाथों में था। मुंशी मातादीन और अब्दुल रज्जाक कैदियों का दाखिला किया करते थे,

उनकी गवाही दर्ज करते थे और राजा के घर के नीचे जेल की कचहरी लगाते थे। वहाँ जेलखाना 4 माह रहा। फिर कुछ कैदियों को महमूद खाँ के अधीन कैसरबाग भेज दिया गया। जब कैदियों की संख्या बढ़ी तो कुछ को नमकीन अली खाँ के घर में रखा गया जो गंगी सुकुल ताल के पास है। इन दोनों का चार्ज मुहम्मद अली खाँ के पास था। कैसरबाग व नमकीन अली के घरवाले कैदखाने का चार्ज मीर वाजिद अली के पास था। राजा जयलाल का भतीजा उनके भोजन आदि की आपूर्ति का प्रभारी बनाया गया था। 8 अगस्त की सूचना के अनुसार धौरहरा के बाबू माधो प्रसाद ने जुलाई में आज़मगढ़ में उद्रेश सिंह व उनके अनुयायियों के साथ मिलकर यूरोपियों पर हमला किया, गोरखपुर के बागी नाजिम व सुल्तानपुर के नाजिम के साथ मिलकर आज़मगढ़ व जौनपुर जिलों पर हमला किया था। 10 अगस्त, 1857, सोमवार को सूचना मिली कि रेजीडेन्सी पर दो हमले किए गए। पहला हमला दो तरफ से किया गया। मखदूम बख्श, घमंडी सिंह, औसान सिंह और उमराव सिंह ने जनरल हिसामुद्दीन के अधीन अपनी रेजीमेंटों के साथ हमला किया। सैंडर्स पोस्ट बहादुर अली, रघुनाथ सिंह, गजाधर सिंह, राजा जयलाल के अधीन और खान अली खाँ ने सागोस हाउस की ओर से हमला किया; हमला दुर्धर्ष था। रेजीडेन्सी का पूरबी हिस्सा नष्ट हो गया। इस हमले का उद्देश्य रेजीडेन्सी में घुसना नहीं था, बल्कि सुरक्षा को नष्ट करना तथा रेजीडेन्सी के भीतर लोगों को भयाक्रान्त करना था। 11 अगस्त, 1857 की सूचना के अनुसार अवध की फौज के जूडिशियल कमांडर के निकटस्थ रिश्तेदार लालता प्रसाद को गिरफ्तार किया गया। तफ्तीश से पता चलता है कि वह बेलीगारद में हर तरह की आपूर्ति किया करता था। राजा जयलाल को सूचना दी गई। उन्होंने उसे फिरंगियों को जब तक अवध से बाहर न फेंक दिया जाए, तब तक के लिए जेल भेज दिया। 17 अगस्त, सोमवार को मीर बन्देअली को राजा नवाब अली खान, राजा जयलाल सिंह और राजा दृगजय सिंह ने सुरंग डालने के लिए नियुक्त किया। वे सुरंग डलवाने में विशेषज्ञ थे। 17 अगस्त, 1857 को बिजरिस कद्र ने बेनीमाधव को आज़मगढ़ का नाजिम (प्रशासक) नियुक्त किया। इस प्रकार आज़मगढ़ का युद्ध भी प्रायः राजा जयलाल सिंह के द्वारा ही लड़ा गया। मन्दुरी एवं अतरौलिया में छोटे भाई बेनीमाधव की हार के बाद भी आज़मगढ़ पर हमले की योजना बनाई जाती रही। इसका पता सैयद अमीर अली द्वारा सम्पादित पुस्तकों से होता है। इस सम्बन्ध में उद्घोषणा भी जारी की गई। अवध के जूडिशियल कमांडर का निकट सम्बन्धी लालता प्रसाद 11 अगस्त को गिरफ्तार कर राजा जयलाल को सौंप दिया गया था। राजा के आदेश पर मीर हस्सू को तफ्तीशकार बनाया गया था। तफ्तीश से खुलासा हुआ कि 12

अन्य व्यक्तियों की बेलीगारद को आपूर्ति किए जाने में भूमिका थी, इसमें नवाब मुनव्वरुद्दौला अहमद अली खाँ का एक दरोगा भी शामिल था। उन सभी को मम्मू खाँ के आदेश पर जेल में रखा गया। जब मम्मू खाँ बेगम हज़रत महल का एक साधारण-सा दरोगा था उस समय मुनव्वरुद्दौला अहमद अली खाँ बादशाह वाजिद अली शाह के विश्वस्त थे। एक बार मुनव्वरुद्दौला ने बादशाह से कहा था कि दरोगा मम्मू खाँ पर विश्वास न करें, क्योंकि वह अपनी ड्यूटी के काबिल नहीं है। तभी से मम्मू खाँ उसके विरुद्ध दुर्भाव रखता था। ऊहापोह की परिस्थितयों में मुख्य आरोपी लालता प्रसाद (रेजीडेन्सी का सप्लायर) या तो बचकर भाग निकला अथवा गलती से छोड़ा गया और फिर दुबारा कभी नहीं देखा गया। 20 अगस्त, 1857 को जिन 12 व्यक्तियों को 11 अगस्त को गिरफ्तार किया गया था, उनमें से एक मेजर आर्सन उर्फ लांग साहब और ट्रस्टी जैकब उर्फ अबुल हसन था। तफ्तीश से यूरोपियों के लिए जासूसी करने का कोई साक्ष्य नहीं मिला, अत: उन्हें राजा जयलाल के द्वारा अवमुक्त कर दिया गया। वे दोनों कहीं गोलागंज में रह रहे थे। 22, अगस्त 1857 को मुहर्रम का पहला दिन (1274 हिजरी) था। शहर में इतनी अव्यवस्था व्याप्त थी की मुहर्रम के प्रारम्भ होने के कोई लक्षण भी दृष्टिगोचर नहीं हो रहे थे, तथापि युगों पुराना ताजिया और आसिफुद्दौला की जरी मुबारक तैयार थी, लेकिन इसे बाहर निकालने की कोई व्यवस्था नहीं थी। आसफी इमामबाड़े में कोई खिदमतगार नहीं था। चाँद देखे जाने की सूचना भी बेगम तक पहुँच गई। उन्होंने तत्काल राजा जयलाल और राजा बेनीमाधव को बुलाकर आदेश दिया कि आसिफुद्दौला के जरी के जुलूस को निकलवाएँ। राजा जयलाल, नुसरत खाँ और राजा बेनीमाधव फर्जन्द-ए-सुल्तान प्रशासन चलाने में पर्याप्त सक्षम थे। सब-कुछ संगठित था और वर्षों पुराना जुलूस उपरोक्त राजाओं की कमान में आसानी से निकलकर अपने गन्तव्य हुसैनाबाद इमामबाड़े तक पहुँचा।

6 सितम्बर, 1857, रविवार की शाम 10 बजे दो व्यक्ति जिनमें से एक दाढ़ीवाले ने भारतीय झंडा ले रखा था, बेलीगारद में प्रवेश किया। उन्होंने एक मुफस्सिल जो भारत विरोधी फौजों को गोला-बारूद आपूर्ति करता था, को पकड़ा और बाबू जयराम सिंह ने उसे सलाखों के पीछे डाला। 7 सितम्बर, 1857 को रेजीडेन्सी में पोस्ट-मास्टर रहे ब्रांडन को देखा गया। वह अंग्रेज था और नसीरुद्दीन हैदर की सेवा में उद्यान अधिकारी था। उसने नसीरुद्दीन के लिए अंग्रेजों के मध्य बतौर जासूस काम किया था। उसे नसीरुद्दीन की मृत्यु के बाद 1837 में लखनऊ से बाहर कर दिया गया था। वह 10 साल बाद 3 मई, 1857 को लखनऊ के अखाड़े में पुन: अवतरित हुआ, जबकि फिरंगियों के खिलाफ युद्ध घोषणा कर दी

गई थी। उसने जीवन की सुरक्षा के नाम पर रेजीडेन्सी में शरण ली। सम्भवतः वह अभी भी बादशाह व बेगम के लिए काम कर रहा था। मंत्री का सचिव वासी अली ब्रैंडन के सम्पर्क में था। 6 सितम्बर को ब्रैंडन राजा जयलाल और वासी अली के साथ बेगम से मिलने आया और उसने रेजीडेन्सी का विवरण दिया। उसने बेगम को यह भी बताया कि गवर्नर जनरल के साथ इस आशय का गुप्त पत्राचार किया जा रहा है कि और ज्यादा फोर्स भेजी जाए। हालाँकि घुड़सवारों की पाँच और हाईलैंडर्स की दो रेजीमेंट्स पहले ही कानपुर पहुँच चुकी हैं। 9 सितम्बर, 1857 बुधवार को ऑपरेशन मुहर्रम द्वितीय चरण में था। क्रान्तिकारी नेताओं के साथ एक महत्त्वपूर्ण बैठक में रणनीतिक रूप से यह स्वीकार कर लिया गया कि जयलाल लखनऊ सरहद के प्रभारी बनाए जाने चाहिए और निश्चय ही बरकत अहमद के साथ संवाद ऑपरेशन मुहर्रम के द्वितीय चरण के इंचार्ज के रूप में जारी रहना चाहिए। 22 सितम्बर, 1857, मंगलवार को जब अंग्रेज आलमबाग पहुँच गए और युद्ध शुरू हुआ तो राजा जयलाल को वहाँ के बंकरों की सुरक्षा देखने के निमित्त नियुक्त किया गया। उन्होंने तालकटोरा के कर्बला में अपना आराम-स्थल बनाया। वह रात-दिन वहीं रहते थे। वे कभी घर नहीं गए। उन्होंने सिर्फ तभी बंकर छोड़ा जब दरबार से उन्हें सम्मन मिला। बाबू जयराम उनके दामाद थे और पूरे युद्धकाल में उनके साथ रहे। आलमबाग में पदाति की चार रेजीमेंट्स और घुड़सवारों की एक रेजीमेंट ड्यूटी पर थी। उन्हें कानपुर से आनेवाले ब्रिटिश पुनर्बल को रोकना था। आलमबाग मोर्चे पर चार नए डिवीजन लगाए गए। एक राजा बेनीमाधव के अधीन, एक राजा जयलाल के अधीन, एक मिर्जा बाकर अली के अधीन और चौथी बैंसवाड़ा के हाकिम हीरालाल के अधीन। उनमें से सभी अच्छे और अनुभवी लड़ाके थे। इन चार डिवीजनों को हरावल पर रखा गया। खाना लेने जाने के बहाने 8 हाथियों और 40 बैलगाड़ियों को महावत आलमबाग से ले आए और बेगम को सौंप दिया। आलमबाग के युद्ध में अंग्रेजों के 138 सैनिक मारे गए तथा 77 घायल हुए। 25 सितम्बर को आइजन के 2000 आदमियों ने बाँस के जंगलों से चारबाग होकर अवध की फौज पर पीछे से हमला किया। अवध की फौज दोनों ओर से फँस गईं। मिर्जा बाकर अली और हीरालाल 1600 सैनिकों के साथ मारे गए। 28 सितम्बर, 1857, सोमवार को राजा नवाब अली खान, राजा जयलाल सिंह, खान अली खाँ बन्दे हसन, आगा हबीबी अपनी पोजीशन पर मोर्चों को मजबूत कर रहे थे। हज़रत महल निःसन्देह सैन्य जीनियस थीं। उनके वित मंत्री राजा बालकिशन का बेगम की आर्थिक नीति में पूर्ण विश्वास था। वह समस्त आपूर्ति का मोर्चों पर प्रबन्ध सुनिश्चित करती थीं जो अब भी जलालाबाद, आलमबाग, मूसाबाग,

दिलकुशा के बाहरी सीमा पर, सिकन्दरबाग और कैसरबाग आदि में फैले थे। 26 सितम्बर, मंगलवार के दिन राजा महेश नारायण सिंह ने एक छोटी बन्दूक भेजी। मेहदी हुसैन की मुहर के साथ एक परवाना और चौढ़ा के कानूनगो के पत्र से सूचना मिली कि राजा जयलाल की नियुक्ति जौनपुर हुई है। फैज़ाबाद के पत्र से भी यह स्पष्ट हो गया।

महल ने अपने पूर्व के आदेश में राजा जयलाल को जौनपुर का नाजिम नियुक्त किया था। 8 अक्टूबर, गुरुवार को बेगम हज़रत महल ने जिला आज़मगढ़ के सरायमीर के मनसब अली को बेनीमाधव (अतरौलिया) के साथ रेजीमेंटों का कमांडर नियुक्त किया और कटरिया (जिला फैज़ाबाद) में 8 अक्टूबर को 400 आदमियों के साथ नियुक्त किया। हज़रत महल ने प्रत्येक रेजीमेंट में आदमियों की संख्या बढ़ाने को कहा था। वह अपनी रेजीमेंट में आदमियों की संख्या बढ़ा रहा था। जौनपुर, आज़मगढ़ और फैज़ाबाद में स्थित समस्त रेजीमेंटों में सीधी भर्ती की प्रक्रिया शुरू हो गई। जौनपुर के उद्रेश सिंह और चन्द्रेश सिंह ने अपने कुटुम्बों को छुपा दिया और बगावती हो गए। पृथ्वीपाल, माधव प्रसाद और जौनपुर के किसन प्रसाद ताल्लुकेदार और प्रमुख पलवार जौनपुर के नाजिम के साथ जुड़ने के लिए बेहद उत्सुक थे। इसका पता कार्नेगी को मिले एक जासूस के पत्र से चलता है। 9 अक्टूबर, 1857 शुक्रवार को मीर मुहम्मद हुसैन चकलेदार आज़मगढ़, जो फैज़ाबाद में स्थापित था, ने आज़मगढ़-जौनपुर के नाजिम जयलाल का इन्तजार करने का आदेश दिया। जैसे ही वे लखनऊ से लौटे, सुल्तानपुर और गोरखपुर के नाजिमों को आज़मगढ़-जौनपुर के संयुक्त हमले में सहयोग करना था। उसके अनुसार—"मीर मुहम्मद हुसैन चकलेदार आज़मगढ़ के रूप में फैज़ाबाद पहुँचा है उसके पास 1000 आदमी हैं और वह आज़मगढ़-जौनपुर के नाजिम गालिब-ए-जंग के बेटे का आज़मगढ़ जाने के लिए इन्तजार कर रहा है। लखनऊ से आदेश मिल चुका है कि जैसे ही यह नाजिम लखनऊ से वापस आए, सुल्तानपुर और गोरखपुर के नाजिम उसका सहयोग कर आज़मगढ़ और जौनपुर पर संयुक्त हमला करें। फैज़ाबाद में एक कार्यशाला स्थापित की गई है जहाँ भारी बन्दूकों की मरम्मत की जाएगी। जलालुद्दीनगंज में दो कम्पनी सिपाहियों का एक नाका लगाया गया है जो फैज़ाबाद के इस ओर 10 मील पर है। लखनऊ और दिल्ली से भागे सिपाही 2 से 10 के जत्थे में अक्सर फैज़ाबाद से होकर गुजरते हैं। वे अपना सर्वस्व खो चुके हैं और कहते हैं कि आधी दिल्ली अंग्रेजों के हाथों में थी। जयलाल सिंह वल्द गालिबजंग जो नाजिम आज़मगढ़-जौनपुर है, दरियाबाद पहुँच गया है, उसके पहुँचने पर संयुक्त हमला किया जाना है। गुलाम हुसैन को जौनपुर का चकलादार

बनाया गया है और लखनऊ छोड़ चुका है। मन्सब अली अब भी अकबरपुर के पास कटरिया में है और रेजीमेंट का कमांडेंट होने के साथ-साथ उसे आज़मगढ़ में निजामाबाद का तहसीलदार और चकलेदार का मुंशी भी बनाया गया है। वह भर्ती कर रहा है और उसने अपनी फौज बढ़ाकर 700 आदमी कर ली है। वह भी नाजिम के साथ जाएगा। जौनपुर राजा का कारिन्दा कह रहा था कि दिल्ली से भागे हुए काफी बागी इस भाग में आए हैं और कहता है कि काफी बागी सिपाही नाजिम के साथ हैं। मि. कार्नेगी की रिपोर्ट के अनुसार आज़मगढ़ .व जौनपुर पर हमले की योजना पर चिन्तन कर रहा है।'' (पृ. 215) 13 अक्टूबर, 1857 मंगलवार को एक खास घटना घटित हुई। एक मुफस्सिल जो अंग्रेजों का गोला बारूदों का आपूर्तिकर्ता था 6 सितम्बर को बाबू जयराम के द्वारा पकड़कर राजा जयलाल की जेल में पांडेयगंज में रखा गया था, उसने पिछली रात जेल तोड़ दी और भाग गया। वह बहुत ही खतरनाक आदमी था और स्वतन्त्रता के लिए लड़ रहे लोगों व सिपाहियों के लिए काफी खास था। उसे फिर से पकड़ा गया और आज उसे जेल परिसर में फाँसी पर लटका दिया गया। 14 अक्टूबर, बुधवार को संडीला के पास स्थित देवरही से मुन्नालाल पांडेय लखनऊ आया। जब वह आलमनगर में दिल्ली गेट से गुजर रहा था तो उसे बाबू जयराम ने गिरफ्तार किया और राजा जयलाल के पास ले गए। मुन्नालाल पांडेय ने स्वीकार किया कि वह कैप्टन ए. ओर के साथ सम्प्रेषण में था। उसे राजा जयलाल के कुन्दरी (रिकाबगंज) स्थित जेल में रखा गया। लेकिन उसने प्रबन्ध कर 14 अक्टूबर को जेल से भागने में सफलता प्राप्त कर ली और फिर पकड़ा नहीं जा सका। 15 अक्टूबर, शुक्रवार को राजा जयलाल के 700 आदमियों ने एकजुट होकर छतर मंजिल पर हमला किया। उन्होंने 12 यूरोपियों को मार डाला और इसे प्राप्त कर लिया।

3 नवम्बर, 1857, मंगलवार को चौलक्खी पर बेगम ने सैन्य कौन्सिल बुलाई। नवाब शर्फुद्दौला, मम्मू खाँ, मुनव्वरुद्दौला, राजा जयलाल और सभी जनरल्स, कमांडर्स, रेजीमेंटों के कैप्टन्स, उगाही के सरदार और अन्य सभी महत्त्वपूर्ण व्यक्तियों ने एकजुट होकर शपथ ली और यह संकल्प किया कि यूरोपियों को निश्चित रूप से पराभूत कर बेलीगारद से और आलमबाग से बाहर करना है। सैन्य कौन्सिल के बाद चाँद-ए-शाही (The Royal Collection) के लिए डिक्री जारी की गई कि वर्तमान खर्च के लिए 10 लाख रु. जमा करना है। लेकिन कुल जमा 5 लाख ही रहा। अली नकी खाँ के घर के पास एक सहंची (टोम्ब) को खोदकर 1000 सोने की मोहरें, 30000 रुपए, एक सोने का खासदान और सोने का एक थूकदान कुल मिलाकर रु. 3 लाख प्राप्त हुआ। नाजिम सुल्तानपुर अघई

के घर से भी 3 लाख मिला। गुरु सहाय के मुसद्दी दीनानाथ ने मासिक भुगतान के लिए दो लाख सेना को दिया और चाँद-ए-शाही और अन्य प्रशासनिक कामों के लिए रु. 5 लाख दिए। 5 नवम्बर, गुरुवार को बन्थरा हत्याकांड की सूचना कैसरबाग पहुँच गई। 6 नवम्बर 1857 को जब यूरोपियों के आलमबाग पहुँचने की खबर मिली तो शर्फुद्दौला ने राजा जयलाल, राजा मान सिंह और अन्य सरदारों को बुलाकर आलमबाग में एक संयुक्त हमले की वकालत की। बागियों के बीच भारी व्याकुलता व्याप्त हो गई। राजा जयलाल सिंह ने 300 बागी, रेजीमेंटों से 500 सवार, 200 बेलदार और 4 बन्दूकें लीं। राजा मान सिंह ने अपने 7000 आदमियों में से अपने साथ 2000 लिया और हमला करने चले गए। लड़ाई जारी है आलमबाग घिरा हुआ है। वहाँ से आए एक सिपाही ने बताया कि लड़ाई मुख्यत: तोपखाने की है। यूरोपियों के बन्दूकों की गोली बागियों के मोर्चों तक पहुँचकर आदमी मार रही हैं, लेकिन उनकी मैचलॉक बन्दूकों की गोलियाँ यूरोपीयों का नुकसान नहीं कर पा रहीं। सभी लोग डरे हुए हैं। 11 नवम्बर, बुद्धवार को चार जासूस जिनके नाम ज्ञात नहीं किए जा सके, जो रेजीडेन्सी के लिए काम कर रहे थे, को अंग्रेजी में लिखित पत्र के साथ गिरफ्तार किया गया। उन्हें राजा जयलाल को सौंप दिया गया, जिन्होंने उनको कुन्दरी रिकाबगंज की जेल में डाल दिया। 14 नवम्बर को जैसे ही जलालाबाद में अवध सैनिकों के नरसंहार की सूचना शहर में पहुँची, सभी उद्वेलित हो गए। आठ अंग्रेजी कैदी दरोगा मीर वाजिद अली के पास कैसर-पसन्द में थे। वे वहाँ अख्तरी रेजीमेंट की सुरक्षा में रह रहे थे। मौलवी अहमदुल्ला शाह के 100 सिपाही जलालाबाद में नरसंहार की सूचना पाकर कैसर-पसन्द के पास पहुँच गए। वहाँ अख्तरी रेजीमेंट के कुछ सैनिक थे, जिन पर मौलवी के सैनिकों ने काबू कर लिया और चार पुरुष सदस्यों जिनमें कैप्टन ओर तथा कैप्टन जैक्सन आदि शामिल थे, को अज्ञात जगह ले जाया गया। ऐसा कहा जाता है कि राजा जयलाल भी उनके साथ थे। 19 नवम्बर, 1857 बृहस्पतिवार की सूचना है कि मेसर्स हैरिंग्टन और देवरे के दल पर हमला हुआ। हैरिंग्टन टेलीग्राफ अफसरों की टीम का प्रमुख था जो एक स्थान से दूसरे स्थान पर तेजी से मैसेज भेज रहे थे और कलकत्ता से निर्देश प्राप्त कर रहे थे। आलमबाग के पास नए आपातकालीन तार डाले जा रहे थे। हैरिंग्टन को अपनी स्कोर्ट के साथ तालकटोरा से आलमबाग जाते देखा गया। जयलाल ने अपने दामाद बाबू जयराम को इसका पीछा करने भेजा। बाबू जयराम ने 200 घुड़सवारों के साथ उसका तथा उसकी स्कॉर्ट का पीछा किया। वे सभी मारे गए। हैरिंग्टन का सिर काटकर राजा जयलाल के पास लाया गया जिसे उन्होंने दीवान शर्फुद्दौला के दरवाजे पर टाँगने का हुक्म दिया। दिलकुशा कोठी

पर हुए युद्ध में एक नई बात सामने आई कि कुछ कारतूसों में भूसा भरा हुआ था। क्रान्तिकारी इससे उत्तेजित हुए। उन्होंने मम्मू खाँ, मीर काजिम अली और वाजिद अली इत्यादि पर यह दोषारोपण किया कि अंग्रेज अफसरों की जान बचाने के लिए धोखा किया गया है। 23 नवम्बर, 1857 के दिन हज़रत महल ने अपने प्राधिकार का उपयोग किया। दरोगा मम्मू खाँ के भाई तथा चार अन्य को गोलों में चोकर भरने में दोष सिद्ध करते हुए मौत की सजा दी गई।

कमालुद्दीन हैदर के अनुसार 2 दिसम्बर, 1857 को राजा जयलाल सिंह सेना के कई रिसालों के तिलंगों और निजामत के नजीबों के साथ जिनमें नए भर्ती रिक्रूट तथा पुराने सैनिक दोनों थे, आकर कर्बला मीर खुदा बख्श में शिविर गाड़ा। आसपास के बागों में अन्य ने शिविर लगाया। 3 दिसम्बर, मंगलवार को ताल्लुकेदारों को लगान में छूट दी गई जिससे वे अपने लड़ाका सैनिकों को भुगतान कर सकें। अवध सेना के पुराने सिपाही `12 माह प्राप्त कर रहे थे, जबकि दिल्ली से आई सेना के सिपाही `7 माह ले रहे थे। हालाँकि वे मौलवी अहमदुल्ला शाह का समर्थन कर रहे थे, फिर भी उन्हें वेतन बेगम से मिल रहा था। 6 दिसम्बर, रविवार को बेगम हज़रत महल ने अपने आभूषण व मूल्यवान वस्तुओं को बेचकर 5 लाख रुपया शहर के चारों तरफ दीवार बनाने के लिए दिया। शर्फुद्दौला आज आलमबाग देखने गए और पूरब तथा दक्षिण में मोर्चा बनाने का मशवरा दिया। 11 दिसम्बर, 1857 शुक्रवार को हज़रत महल चौलक्खी महल के बाहर आईं और मोर्चों का निरीक्षण करने गई। उनके साथ हाथी पर बिजरिस कद्र भी थे। जनता ने सामान्य तौर पर और सिपाहियों ने खासतौर पर युवा बादशाह और राजमाता की प्रशंसा की। 17 दिसम्बर, 1857 बृहस्पतिवार को बैठक बुलाई गई। आज की सैन्य कौन्सिल के कोर ग्रूप में राजा जयलाल, बेनीमाधव, शर्फुद्दौला, सैयद बरकत अहमद, हिसामुद्दौला और राजा बालकिशन और मम्मू खाँ थे। राजा जयलाल ने पश्चिम की ओर से लखनऊ की सुरक्षा का जिम्मा लिया। उन्होंने आज सिर्फ सुरंगें खोदने का आदेश दिया और तालकटोरा के पास, कर्बला अजीमुल्ला खाँ व कर्बला अमीनुद्दौला के पास एक-एक तोपखाना लगाने का आदेश दिया। नाना के लगभग 1000 आदमी कर्बला ताल कटोरा की तरफ से लखनऊ पहुँचे। उन्हें राजा जयलाल के आदमियों ने चुनौती दी, लेकिन सच्चाई जानकर उनके साथ दोस्ताना व्यवहार किया गया। उन्होंने बताया कि नाना पीलीभीत में युद्ध कर रहे हैं। कानपुर पुनः फिरंगियों के अधीन हो गया है। 19 दिसम्बर, 1857, शनिवार को मौलवी अहमदुल्ला शाह को बिजरिस सरकार के अभिसूचना विभाग के प्रमुख मीर मेहदी के हाथों बेगम का निमंत्रण मिला। मौलवी ने यह शर्त रखी कि अच्छे

माहौल में मंत्रणा आवश्यक है। शर्फुद्दौला और मम्मू खाँ इसमें उपस्थित नहीं रहेंगे, क्योंकि वे स्वीकार्य नहीं हैं। लेकिन उन्हें राजा जयलाल और बेनीमाधव की उपस्थिति से कोई ऐतराज नहीं है। 21 दिसम्बर, 1857 सोमवार को बेगम और अहमदुल्ला शाह के बीच चौलक्खी महल में ऐतिहासिक बैठक हुई। बेगम अपने महल में उससे पूर्वनिर्धारित शर्तों के अनुसार मिलीं। दीवान शर्फुद्दौला, गुलाम रज़ा खाँ और दीवानखाना का प्रभारी मम्मू खाँ उपस्थित नहीं थे। लम्बे संवाद के बाद हज़रत महल उसे मनाने में सफल रहीं कि व्यक्तिगत दुश्मनी को एक तरफ रखकर इस मुश्किल भरे समय में देश को एक साथ रखा जाए। मौलवी के प्रति सर्वत्र सम्मान था और वह हर तरह से उसका आदर व प्रशंसा करती हैं। यह बैठक आपसी सहमति के शान्तिपूर्ण वातावरण में समाप्त हुई। 22 दिसम्बर 1857 को आलमबाग में भयंकर युद्ध में अहमदुल्ला के 500 आदमी मारे गए। भारतीय फौजों ने दो सुरंगें बिछा रखी थीं, जिसमें शत्रु सेना के 186 लोग मारे गए। 28 दिसम्बर की सूचना के अनुसार लखनऊ-कानपुर मार्ग की सुरक्षा की जिम्मेदारी राजा जयलाल की थी। राजा अपने अधीनस्थ शिवदीन व शिवरतन सिंह को अक्सर गश्त के लिए बाहर भेजा करते थे। लेकिन कुछ अवसरों पर वह स्वयं शिवदीन सिंह कारिन्दा के साथ, जो नवाबगंज का रहनेवाला था, जाया करते थे। आज मिसरी सिंह ने सूचना दी कि बाजार झाऊलाल के हरी की दो पोतियाँ एक 9 साल और दूसरी करीब 5 साल की पकड़ी गई थी और रिकाबगंज में स्थित उनकी जेल में भेज दी गईं। राजा ने तुरन्त जेल पहुँचकर दोनों छोटी बच्चियों को छुड़ा कर बेगम को सौंप दिया, जिन्होंने उन्हें दरोगा मीर वाजिद अली के माध्यम से उनके माता-पिता तक पहुँचा दिया। 31 दिसम्बर के दिन एक अंग्रेज जिसका नाम लॉग साहब था, जो कटरा आबू तरब खाँ में रहता था, को राजा जयलाल के आदमियों ने दुबारा पकड़ा, लेकिन तफज्जुल हुसैन के हस्तक्षेप पर तुरन्त छोड़ दिया।

1858 के आरम्भ में अवध के करीब एक लाख सैनिक और अफसर विभिन्न स्थानों से लखनऊ आए जिससे यहाँ की आबादी बढ़कर सात लाख से ऊपर हो गई। बेगम के लिए संकट की घड़ी में इतने लोगों को भोजन देना कठिन था, मगर किसी तरह उन्होंने इसे निभाया। मम्मू खाँ हज़रत महल के महल में दीवान-ए-खास का दरोगा था। यह मौलवी अहमदुल्ला शाह को सह्य नहीं था। मौलवी के अनुसार मम्मू खाँ उस पद के लायक नहीं था। यही हाल राजा मान सिंह के साथ भी था। लखनऊ की सेना में तीस हजार बादशाह के सिपाही थे, इसके अलावा 50 हजार ताल्लुकेदारों की फौज थी। पूरी सेना शाही दरबार की मुन्तजिर थी, जिसके पास आय का कोई नियमित स्रोत नहीं था, सिवाय राजा-महाराजाओं और लखनऊ के

सरदारों द्वारा सहयोग दिए जाने के। अनेक ताल्लुकेदारों ने ईस्ट इंडिया कम्पनी में सिक्यूरिटी के रूप में निवेश कर रखा था और उन्हें लगता था कि लम्बे समय तक चलनेवाले युद्ध से उन्हें कुछ भी हासिल नहीं होना था।

24 जनवरी, 1858 रविवार को गवर्नर जनरल के आ जाने पर आउट्रम ने बेगम हज़रत महल को शान्ति समझौते का मसौदा भेजा जो ईस्ट इंडिया कम्पनी और बेगम के बीच होना था। यदि वह स्वीकार कर ले तो बेगम को सुरक्षित जीवन व प्रतिवर्ष एक लाख पेन्शन देने की बात थी। जब इस शान्ति समझौते का मसौदा सामने आया तो राजा जयलाल शान्त हो गए। मम्मू खाँ ने विरोध किया। हज़रत महल शान्ति से लौटी, चुपचाप यह कागज़ अपने बाएँ खड़े खान अली खाँ को फेंकने के लिए दे दिया। 25 तारीख की सैन्य कौन्सिल में सभी को अंग्रेजों द्वारा प्रस्तावित शान्ति समझौते का पता चला। खान अली खाँ ने जोरदार ढंग से इसे स्वीकार किए जाने का विरोध किया। उसने कौन्सिल को बताया कि ट्रीटी का मसौदा आउट्रम ने भेजा था जिसे मिलते ही आग के हवाले कर दिया गया। 28 जनवरी, 1858 को अंग्रेजों ने इस शर्त पर नेपाल के जंग बहादुर थापा को अपनी ओर मिला लिया कि यदि युद्ध में जीते तो वे उसे अवध में 6 हिस्सा और गोरखपुर दे देंगे। कुँवर सिंह ने हज़रत महल को नेपाल नरेश के साथ अंग्रेजों के समझौते के बारे में अवगत कराते हुए लिखा कि अवध सरकार को अंग्रेजों की शर्त से बढ़कर समझौता करना होगा। बेगम ने तदनुसार जंग बहादुर को लिखा और उसे स्वयं से जुड़ने पर गोरखपुर, आज़मगढ़, आरा, छपरा तथा बनारस प्रान्त देने का प्रस्ताव रखा। अब अवध की सारी ऊर्जा व प्रतिभा नेपालियों को क्रय करने पर संकेन्द्रित हो गई। 4 फरवरी 1858 को महान योद्धा कुँवर सिंह पूरब से लखनऊ में घुसे। वहाँ दो दिन रुके। अनेक सेनापतियों के साथ उन्हें 7 तारीख को शाही दरबार में उपस्थित होना था, फिर अज्ञात कारणों से वे 6 को ही लखनऊ से निकल गए। 23 फरवरी, 1858, मंगलवार को अन्तिम लड़ाई के लिए हुई सैन्य कौन्सिल में बेगम ने भारतीय फौजों को चार डिवीजनों में बाँटा—

1. सालार मुजफ्फर जहाँ के अधीन दिल्ली की फौज।
2. राजा जयलाल की कमान में मगरिबी (पश्चिमी) फौज।
3. हिसामुद्दौला के नेतृत्व में नजीब बटालियनें।
4. बहादुर अली के अधीन विभिन्न टुकड़ियों (बैरही) में बँटा तोपखाना।

इसके अलावा बेगम ने आलमबाग फौज के अग्रभाग का स्वयं नेतृत्व करने की ठानी। उनके साथ पीछे बिजरिस कद्र को भी रहना था। 24 फरवरी, 1858 को अंग्रेजों को ज्यों ही पता चला कि राजा मान सिंह ने लखनऊ छोड़ दिया है, उससे

तुरन्त सम्पर्क साधा। रुद्रांशु मुखर्जी के अनुसार मान सिंह के मन में खोट आ गई थी, मगर बागी उसके साथ अभी भी मिलकर लड़ना चाहते थे। उन्होंने अंग्रेजों का विरोध न करने के लिए मान सिंह को गालियाँ दीं। 25 फरवरी, 1858, बृहस्पतिवार को राजा बालकिशन की लालबाग स्थित आवास पर मृत्यु हो गई। आलमबाग का मोर्चा अभी भी सुरक्षित था और पिछले दो माह से लड़ाई जारी रही। योजना के अनुसार बेगम आलमबाग हाथी पर पहुँच गई। बिजरिस कद्र उनके साथ थे। अपने कुछ विश्वस्त अफसरों सहित वे सुबह 4 बजे भोर में मोर्चा पर पहुँच गई। राजा जयलाल को तालकटोरा पर स्टेशन होने को कहा गया जिससे यदि ब्रिटिश फौजों को पीछे धकेला गया और वे बिखरकर तालकटोरा के इर्द-गिर्द शरण लेने का प्रयास करें तो उन्हें निश्चित रूप से कुचला जा सके। 27 फरवरी, 1858 को एक हरकारा ने शाहगंज में दो रेजीमेंट और चार बन्दूकें देखीं। वहाँ मऊ (mhow) में मान सिंह, राजा जयलाल के साथ था। उसने तीन रेजीमेंटें, तीन बन्दूकें और तीस सवार देखे। (पृ. 279)

लखनऊ का द्वितीय युद्ध मार्च, 1858 में लड़ा गया। पहला युद्ध चिनहट में एकता के कारण लखनऊवालों ने जीता। इस बार हारे अंग्रेजों ने 57840 सिपाही, 11677 घोड़े व 132 बन्दूकें और भारतीयों ने 36237 सिपाही, 5828 घोड़े व 127 बन्दूकें फील्ड में उतारीं। धन की कमी के कारण ताल्लुकेदारों को लगान वसूली के लिए उनके ताल्लुकों में वापस भेज दिया गया। इस कारण लखनऊ में सैनिकों की कमी हो गई। रणक्षेत्र आलमबाग से जलालाबाद तक फैला था। जलालाबाद में 5000 लोगों ने अपनी जान गँवाई। आलमबाग से जलालाबाद तक शव फैले हुए थे। अभी तक तलवारों की मूठें उनके हाथों में थीं। 7 मार्च, 1858 को ब्रिटिश हुक्मरानों को राजा मान सिंह ने अपनी गलती स्वीकारते हुए पत्र लिखा और शान्ति समझौते की माँग की। 9 मार्च, 1858, मंगलवार को सैन्य कौन्सिल की बैठक में यह तय हुआ कि पूरी सेना को भेद्य स्थानों पर लगा दिया जाए। राजा जयलाल, हिसामुद्दौला, शर्फुद्दौला तथा अन्य ने इस पर सहमति जाहिर की। 11 मार्च, बृहस्पतिवार को ब्रिटिश फौज के 5000 आदमियों ने हज़रत बाग (हज़रतगंज) के आसपास बेगम कोठी को घेर रखा था। हिसामुद्दौला, जनरल फतेहउद्दौला, मुहम्मद राजा खान, सैयद अली अकबर तहव्वुर खान, राजा हरिप्रसाद, राजा जयलाल और मैग्जीन्स के अन्य इंचार्ज मार्च 11 को अन्तिम क्षणों में पहुँचे, जब बमबारी शुरू हो गई थी, और बेगम कोठी पर हमला शुरू हो गया था। कुल 860 सिपाही मारे गए तथा 70 से ज्यादा सिपाहियों को जिन्दा जला दिया गया। 13 मार्च, 1858 रविवार को हज़रत महल अपने चौलक्खी महल में यहाँ से वहाँ टहल रही

थीं। चौलक्खी में असामान्य शान्ति पसरी हुई थी। बेगम तनाव में थीं। दरोगा मम्मू खाँ, दरोगा मीर वाजिद अली, राजा जयलाल और 2-3 अन्य लेफ्टिनेंट उनकी खिदमत में थे। उन्होंने अन्तिम रात्रि के अभियान के लिए आगाह किया। हज़रत महल ने अपनी अन्तिम श्वाँस तक लड़ने का फैसला किया। उसने यूसुफ खाँ और राजा जयलाल को बिजरिस कद्र को किसी सुरक्षित स्थान पर ले जाने को कहा। मम्मू खाँ और राजा जयलाल ने उन्हें मशविरा दिया कि यदि वे घेरे से जो फिरंगियों ने कैसरबाग के चतुर्दिक डाल रखा था बाहर निकल जाए तो संघर्ष को जारी रखा जा सकता है। किन्तु वह सहमत नहीं हुईं। 14 मार्च, 1858 की रात भयावह थी। गलियों में, सड़कों पर चारों तरफ मुर्दों का ढेर लगा था। सिवाय हज़रत महल और उनके खिदमतगारों के पूरा कैसरबाग खाली कर दिया गया था। मम्मू खाँ और कुछ अन्य ने उनसे दरख्वास्त की कि वह कैसरबाग छोड़ने के बाद संघर्ष की बागडोर थामें। 15 मार्च, 1858 की सुबह हज़रत महल ने अपने पुत्र बिजरिस कद्र के साथ महल छोड़ दिया और शर्फुद्दौला के घर जाकर कुछ घंटा रुकने के बाद हुसैनाबाद में दौलतखाने के महलसरा में रुकीं। 16 मार्च, 1858 को हरकारा नईम आउट्रम के मैसेज के साथ आया कि बेगम आत्मसमर्पण कर दें। उसी दिन दोपहर को हज़रत महल ने महलसरा दौलतखाना छोड़ा। 21 मार्च, 1858 को मौलवी ने कश्मीरी मुहल्ले में पहुँचकर वहाँ के लोगों को अंग्रेजों के विरुद्ध उभाड़ने का प्रयास किया। वे दरगाह हज़रत अब्बास पर रुके। चूँकि हज़रत महल ने लखनऊ छोड़ दिया था, दीवान शर्फुद्दौला को अपना भाग्य पता था। वह भी दरगाह चले गए। दरगाह के विशाल प्रांगण में बड़ी संख्या में औरतें शिविर किए हुए थीं। ब्रिगेडियर एडवर्ड सुबह के समय दरगाह की ओर बढ़ा। उसकी मंशा इतनी बुरी थी कि सम्पूर्ण सेना को एक सँकरी लम्बी गली में खींच लिया। मेजर एफ मिडल्टन और ब्रिगेडियर एडवर्ड ने बाबू जयराम के नेतृत्व में कुछ अप्रशिक्षित सिपाहियों का, जो तलवार लिए हुए थे, सामना किया। बाबू जयराम ने गोली चलाकर मिडल्टन को मार डाला। उनका दूसरा फायर चूक गया। एडवर्ड बच गया जिसने बदले में फायर कर बाबू जयराम को घायल कर दिया। लोगों ने दरगाह की छतों से ईंट-पत्थर फेंकना शुरू कर दिया। शत्रु दरगाह के गेट तक पहुँच गए। शर्फुद्दौला और अहमदुल्ला शाह में यद्यपि अच्छे सम्बन्ध नहीं थे। परन्तु दोनों ने संयुक्त रूप से शत्रु की सेना का सामना किया। वहाँ शर्फुद्दौला शहीद हुए। महिलाओं ने भारी दबाव बना दिया, जिससे ब्रिटिश फौजें तमाम लड़कियों को लेकर लौट गईं। 22 मार्च, 1858, सोमवार की सुबह भोर में राजा जयलाल और राजा बेनीमाधव दरगाह स्थल पर पहुँचे। औरतें रो रहीं थीं और आदमी अगले निर्देश के लिए राजा साहब

का इन्तजार कर रहे थे। शर्फुद्दौला की विक्षत मृत देह को देखकर राजा जयलाल पहली बार वेदना से रो पड़े। हज़रत महल के बाद शर्फुद्दौला उनकी अन्तिम आशा थे। राजा बेनीमाधव ने आत्मसमर्पण न करने और मृत्युपर्यन्त लड़ने की कसम खाईं। शर्फुद्दौला के बाद अब एकमात्र योद्धा जो बचा रह गया था, जिसे आखिर तक लड़ना था, वह थे राजा जयलाल सिंह।'' शिवदीन और शिवरतन सिंह राजा जयलाल के दो अत्यन्त विश्वस्त लेफ्टीनेंट थे। शिवदीन और शिवरतन सिंह की मार्च, 1858 के लखनऊ के द्वितीय युद्ध में शहादत हो गई थी।

रौशन तकी के अनुसार राजा जयलाल की अन्तिम लड़ाई जनरल होपग्रांट के साथ 24 मार्च, 1858 को कोरेज (Korej) में हुई थी, जिसमें उनके 150 सिपाही मारे गए तथा उन्हें गिरफ्तार कर लिया गया था। ध्यातव्य है कि राजा जयलाल की गिरफ्तारी जून, 1859 में उनके घर से की गई थी। इस बीच वे बौंड़ी से शक्ति संचालन कर रहीं बेगम हज़रत महल के सम्पर्क में निरन्तर छापामार गतिविधियों का संचालन करते रहे। राजा जयलाल सिंह द्वारा लड़े गए अन्तिम युद्ध का विवरण अन्य स्रोतों से भी प्राप्त होता है। 24 मार्च, 1858 को 11:50 शाम को जी.एफ. एडमंस्टन ने इलाहाबाद से टेलीग्राफ मैसेज[22] कर ई.ए. रीड को आगरा सूचित किया कि—''ब्रिगेडियर जनरल सर होपग्रांट को 23 मार्च 1858 को राजा जयलाल सिंह के अधीन राजद्रोहियों को भगाने के लिए भेजा गया था। अभियान शान्तिपूर्ण व सफल रहा और ब्रिगेडियर जनरल को 12 बन्दूकें मिलीं।'' इस अभियान की विस्तृत जानकारी जनरल सर होपग्रांट[23] के निजी जर्नल में मिलता है। ग्रांट के अनुसार—''22 मार्च को मुझे रात को 12 बजे दो घुड़सवार तोपखाने की टुकड़ी, दो 18 पाउंडवाली बन्दूकों, दो होवित्जरों, चार कोहर्न मोर्टारों, 900 घुड़सवारों तथा पैदल सेना की चार रेजीमेंटों के साथ फ़ैज़ाबाद मार्ग पर लखनऊ से 25 मील दूर स्थित एक छोटे-से कस्बे कुर्सी के लिए कूच करने का आदेश मिला। ऐसी अफवाह थी कि वहाँ 2000 दुश्मनों ने मोर्चा ले रखा है। हम अपने अभियान पर निकल पड़े, लेकिन मुझे आधे रास्ते पर एक पेड़ की छाया में रुककर भारी बन्दूकों और 53वीं रेजीमेंट का इन्तजार करना पड़ा। गाइड की गलती के कारण वे गलत दिशा में चले गए थे और देर सुबह के पहले नहीं आ सके। हमने दोपहर दो बजे प्रयाण पुनः शुरू किया और शाम चार बजे 'कुर्सी' दिखा। वहाँ पचास घुड़सवार गश्त कर रहे थे, लेकिन वे जल्द ही गायब हो गए। मैं गोलीबारी के बीच से घुड़सवारों व तोपखाने को पूरे कस्बे में ले गया और काफी पहले हमने दुश्मनों को भारी संख्या में पीछे हटते देखा। कुछ गोलियाँ दागी गईं। इन बागियों के विरुद्ध पंजाब घुड़सवारों के दो दस्ते सर्वश्रेष्ठ अफसर कैप्टन ब्राउनी के अधीन

तथा वाटसन घुड़सवार का एक दल कैप्टन कोसराट के अधीन भेजा गया। कैप्टन ब्राउनी ने कुछ बन्दूकधारियों को भागते देखकर बेहद शानदार तरीके से बागियों पर धावा बोला। वह पाँच बार उनके बीच से सफाया करते हुए निकला। उसका अभागा एडजुटेंट लेफ्टिनेंट मैकडोनॉल्ड एक सिपाही को काटते समय गोली लगने से मारा गया। कैप्टन कोसराट के चेहरे पर गोली लगी और इसके थोड़ी देर बाद वह मर गया। एक बढ़िया सिक्ख घुड़सवार मर्णान्तक रूप से पेट में चोट लगने के कारण घोड़े से गिर गया। थोड़ी देर में वह पुनः उठ खड़ा हुआ और घोड़े पर चढ़कर सरपट चाल से दुश्मनों के बीच घुसकर दो को मार गिराया और फिर घोड़े से गिरकर मर गया। इसके बाद हम लखनऊ लौट आए। सर कोलीन ने कस्बे की कमान सौंपी।

इस अभियान का उल्लेख इसमें शामिल फील्ड मार्शल लॉर्ड राबर्ट[24] (कन्धार), की पुस्तक में भी मिलता है। रॉबर्ट के अनुसार हमने जो समय इन्तजार में बिताया उसी समय दुश्मन को हमारे आगमन की सूचना मिल गई, अतः वे हट गए। हमने दो मील पीछा कर कुछ बागियों को घेरा। घुड़सवार सेना ने तीन बार उन पर धावा बोला, उनकी संख्या काफी कम हो गई, लेकिन वे तनिक भी नहीं डगमगाए और अन्तिम धावे के समय 2 पंजाब घुड़सवार सेना के एडजुटेंट मैकडोनॉल्ड को मारकर अपना बदला ले लिया और कोसराट को घातक रूप से घायल कर दिया। मैं होपग्रांट के साथ ग्राउंड पर उसी समय पहुँचा और इस अन्तिम धावे के समय दोनों अफसरों को गिरते खुद देखा। यद्यपि उनके नुकसान से हमें भारी खेद हुआ, हम उस प्रत्येक सिपाही की प्रशंसा किए बिना नहीं रह सके जिन्होंने वीरता एवं दृढ़ता से युद्ध करते हुए अपनी जान गँवाई। जैसे ही ब्राउनी को अपने आदमी मिले, दुश्मन का पीछा करना जारी रखा, लेकिन दुबारा कोई विरोध नहीं हुआ। हमारे हाथ चौदह बन्दूकें लगीं। 24 मार्च, 1858 को हम मुड़ गए और रात को पुरानी छावनी मड़ियाँव पर रुके। बेचारे मैकडोनॉल्ड को वही दफन किया गया। 25 को हमने गोमती को पार किया और दिलकुशा के पास अपना शिविर गाड़ा। अब लखनऊ पूरी तरह हमारे हाथ में था। मालेसन[25] के अनुसार—''इस कार्यवाही के साथ ही लखनऊ और इसके निकटवर्ती क्षेत्रों में अभियान समाप्त हो गया। शहर पर पूर्णतः अधिकार हो गया।'' कहा जाता है राजा जयलाल के एक भाई फतेहबहादुर सिंह 'नुसरतजंग' दिनांक 23.06.1858 को फैज़ाबाद तहसील की सहीपुर कोट में अंग्रेजों से लड़ते हुए मारे गए थे। इस सम्बन्ध में फूलबदन सिंह ने अपनी पुस्तक में दो स्थानों पर भ्रामक सूचनाएँ दी हैं। आज़मगढ़ का स्वतन्त्रता संग्राम (खंड प्रथम) पृ. संख्या 77 पर वे लिखते हैं कि नुसरतजंग की मौत 23 जून, 1857 को महीपुर

की कोट में हुई थी, जबकि पृ. 112 पर प्रकाशित फ़ौतनामे में मृत्यु की यह तिथि 23 जून, 1858 तथा स्थान के रूप में सहीपुर दर्ज है। इस सम्बन्ध में अधिक शोध की आवश्यकता है।

सरकार बनाम राजा जयलाल सिंह : मुकदमे की कार्यवाही के अंश

राजा जयलाल सिंह को जून, 1859 में गिरफ्तार कर लिया गया। उन्हें जेल में रखा गया तथा उनके विरुद्ध मुकदमे की कार्यवाही की गई। जून से सितम्बर, 1859 तक साक्ष्य संकलन की कार्यवाही की गई। इस दौरान अनेक व्यक्तियों के बयान दर्ज किए गए, जिनमें पैदल सेना के मुंशी वाजिद अली, राजा जयलाल सिंह के मुंशी मातादीन, दरोगा मीर वाजिद अली तथा राजा मान सिंह के बयान प्रमुख हैं। इसके अतिरिक्त राजा जयलाल सिंह के विरुद्ध अनेक अभिलेखीय साक्ष्य तथा गोपनीय टेलीग्राफ मैसेज भी प्रस्तुत किए गए। प्राप्त साक्ष्यों के आधार पर 13 सितम्बर, 1859 को राजा जयलाल सिंह पर आरोप तय किया गया तथा 23 सितम्बर, 1859 को इन आरोपों के आधार पर सजा-ए-मौत की घोषणा की गई। जिसका क्रियान्वयन 1 अक्टूबर, 1859 को किया गया। इन सम्पूर्ण कार्यवाहियों का उल्लेख प्रयागराज अभिलेखागार में उपलब्ध राजा जयलाल सिंह के मुकदमे की मूल फाइल तथा अमीर अली रिजवी द्वारा सम्पादित—'फ्रीडम स्ट्रगल इन उत्तर प्रदेश' (अवध खंड) में अंग्रेजी अनुवाद के रूप में देखा जा सकता है।

साक्ष्य संकलन (जून-सितम्बर, 1859)

बयान

राजा जयलाल के बयानों से स्पष्ट है कि युद्ध के दौरान उन्हें नवाब शर्फुद्दौला को रिपोर्ट करना पड़ता था। फैज़ाबाद के डिप्टी कमिश्नर को राजा जयलाल के बक्से से दो परवाना मिले थे जिन पर बिजरिस कद्र की मुहर लगी थी। इसकी तमाम खाली प्रतियाँ इस उद्देश्य से बेनीमाधव को भेजी गई थीं ताकि उनमें ताल्लुकेदारों को काफिरों का नाश करने का निर्देश भरकर भेजा जा सके। इन्हीं कागजों में ऐसा दस्तावेज भी मिला जिसमें रघुबरदयाल को इस बात की बधाई भेजी गई है कि वह अंग्रेजों के सामने प्रस्तुत होकर सही कर रहा है। इससे अब खानदान की सम्पत्ति बच जाएगी। अपने बयान में राजा जयलाल ने कहा कि यह बेनीमाधव का बक्सा

था, जिसे गलती से मेरा समझा गया। आगे उन्होंने अपने बयान में कहा कि उनका सौतेला भाई रघुबरदयाल, जो दरबार में खुद से अटेंडेंट था और जो उससे पूरी तरह स्वतन्त्र था और उससे अलग रहता था, को दरबार ने सामान्य जुलूस के साथ नाना को स्कॉर्ट करने को भेजा और खर्च की व्यवस्था की होगी। वे खुद नाना को स्कॉर्ट करने नहीं गए। जब उन्हें पता चला कि नाना दौलतखाने में रुके हैं तो दरबार के आदेश पर उनकी सेहत जानने गए। उनके और रघुबरदयाल के बीच विलय के समय से झगड़ा चल रहा है और उनमें आपस में बोलचाल नहीं है और जयलाल मौजूदा कार्यवाही को अपने भाई से दुश्मनी का नतीजा मानते हैं जिसने मुंशी वाजिद अली, मीर दायम अली और मीर हस्सू को उसे बर्बाद करने के लिए भारी घूस दिया है।

1. 29 जून, 1859 को 4 पुलिस पैदल सेना के मुंशी वाजिद अली का बयान[26]

चिकित्सा विज्ञान के क्षेत्र में मैं राजा जयलाल सिंह को निर्देश दिया करता था और बगावत के दिनों में उनके पीछे या आगे जाया करता था। मेरे अधीन कोई काम नहीं था। जब बागी फौज ने चिनहट से आकर बेलीगारद को घेर लिया तो राजा जयलाल सिंह अपनी स्वेच्छा से सेना के अफसरों के पास गए और सेना को रसद पहुँचाने का काम एकदम से ग्रहण कर लिया। उनके बीच गहरी दोस्ती पैदा हो गई। बागी सिपाही शहर में लूट-पाट किया करते थे और एक को बन्द कर दूसरे को ले आते थे। इससे अधिक एक दिन कर्नलगंज की जहाँगीर बख्श कम्पनी के 6 गोलन्दाजों को किसी अन्य रेजीमेंट के तिलंगों ने पकड़ लिया। इससे उक्त कम्पनी के कैप्टन बेहद नाराज हो गए और कहा कि पूरी सेना लूट रही है, मेरे गोलन्दाजों को क्यों बन्द किया गया? मैं अपनी बन्दूक एक साथ हटा लूँगा। यह सुनकर राजा जयलाल सिंह ने स्पष्ट करते हुए कहा कि तू-तू-मैं-मैं करना बुरा होगा। लेकिन यदि कोई दरबार बनाया जाए जिससे सेना की इच्छानुसार सारा काम उचित रूप से चलता रहे और सभी इसकी आज्ञा मानने पर सहमत हों तो सब ठीक चलेगा। तब सभी अफसरों ने राजा जयलाल सिंह को दरबार का मुख्य अफसर बना दिया और इस बात पर सहमति बनी कि यह कोर्ट किसी मुखिया की खोज के लिए प्रयास करेगा जिससे कि चीजों का रईस के नाम से समुचित ढंग से प्रबन्ध हो सके और भुगतान, बारूदखाना और हर चीज की देखभाल हो सके।

किसी ने एक चीज कही तो किसी ने दूसरी। 15वीं अनियमित घुड़सवार रेजीमेंट के बरकत अहमद ने मल्लिका अहद के बेटे को मसनद पर बैठाने का

प्रस्ताव रखा। किसी ने कहा कि मल्लिका गैती का बेटा बढ़िया रहेगा। लेकिन राजा जयलाल सिंह बिजरिस कद्र को बैठाने में सर्वाधिक रुचि ले रहे थे। उन्होंने हज़रत महल के साथ प्रबन्ध कर चार रेजीमेंट, एक बारूदखाना, एक रिसाला और दरियाबाद (बाराबंकी जिला), रुदौली (फैज़ाबाद), आज़मगढ़ और जौनपुर का इलाका बिजरिस कद्र को बैठाने के लिए प्राप्त किया। उन्होंने राजमन्द तिवारी 22 एन.एल. (बॉब), उमराव सिंह (बार्लो कार्प), रघुनाथ सिंह (पुलिस बटालियन), नेपाल सिंह (फिदा हुसैन रेजीमेंट), औसान सिंह और मखदूम सिंह से राय-मशविरा करके निम्न अफसरों को निम्न पद दिए शर्फुद्दौला—नायब, मीर काजिम—बारूदखाने के दरोगा, हिसामुद्दौला—जनरल और सहमति के अनुसार जैसा कि कहा जाता है कि राजा जयलाल सिंह को दीवानखाना का दरोगा बनाया गया लेकिन उन्होंने यह पद स्वीकार नहीं किया और मम्मू खाँ ने इसे स्वीकार कर लिया। इसके अलावा मम्मू के अधीन क्रिस्तानों तथा किरानियों (मिश्रित जाति) को गुलाम हुसैन के मकान में रखा गया था। निर्माण, मरम्मत, खुदाई, मोर्चा, खानें, रसद, मजदूर, चढ़ने की सीढ़ियाँ सब जयलाल सिंह के अधीन था। वे हमलों का अधीक्षण करने के लिए भी जाया करते थे और दरबार हो या हमला बिना जयलाल की सम्मति के कुछ भी नहीं हो सकता था। लखनऊ से कानपुर के मध्य की सड़क की सुरक्षा का जिम्मा उनका था। राजा अक्सर अपने अधीनस्थों शिवदीन और शिवरतन सिंह को गश्त पर भेजते थे लेकिन इस बार वे शिवदीन के साथ स्वयं गए। मिश्री सिंह दल में था। मुझे याद है कि राजा नवाबगंज के बाशिन्दा अपने कारिन्दा शिवदीन राव और हार्डिंग हॉर्स के कुछ सवारों के साथ कानपुर की तरफ आंशिक रूप से गए, तभी बनी के पास कहीं उन्हें एक साहब टेलीग्राफ का तार बिछाता हुआ मिला। उन्होंने उसे पकड़ लिया। कहा जाता है कि मौत से बचने के लिए साहब के पास जो भी मूल्यवान था उन्हें दे दिया। उन्होंने उसे ले लिया और फिर उसका सिर काटकर गाड़ी भर तार के साथ बेगम के पास ले आए और इस काम के लिए पुरस्कार की माँग की। मुझे पता नहीं कि उन्हें कभी कोई पुरस्कार मिला या नहीं। यह घटना उस समय घटी जब बेलीगारद से पीछे हटने के बाद कैम्प आलमबाग में था। साहब लोगों की दो बार हत्या की गई। पहली बार धौरेरा (धौरहरा) से भेजे गए कुछ लोगों की दूसरी बार राजा मितौली के राजा द्वारा भेजे गए लोगों की। बाद वाले में कैप्टन ओर और शाहजहाँपुर के एक अफसर थे। अनेक औरतें थी जिनमें से एक को बच्चा होनेवाला था। बाद वाले जत्थे को कैसरबाग में रुस्तमुद्दौला की कोठी में कैद किया गया था और जिस रोज आलमबाग से जनरल आउट्रम की फौज नहर के लिए बढ़ी और बागी अन्दर खदेड़ दिए गए उन्होंने दर-ए-दौलत में

दरबार किया। वहाँ मखदूम बख्श और सेना के तमाम अफसर शर्फुद्दौला, मम्मू खाँ, राजा जयलाल सिंह, बहादुर अली, रघुनाथ सिंह, उमराव सिंह आदि मौजूद थे। उन्होंने मशविरा किया कि अंग्रेज करीब थे और कैदी बचकर भाग सकते थे। इसलिए यह ठीक रहेगा कि उन्हें मार दिया जाए। दूसरा कारण यह था कि जब कोतवाल महमूद खाँ ने सुना कि अंग्रेजी फौजें पहुँचनेवाली हैं तो उसे प्रसन्न होते और हँसते देखा गया। इस पर बेगम के अफसर यानी—मम्मू खाँ, मीर काजिम अली, राजा जयलाल सिंह आदि तथा सेना के दूसरे अफसर भी दुखी हुए। दोपहर तक एक दरबार बुलाया गया कि इस पर विचार किया जा सके। कैप्टन ओर की हत्या का निम्न कारण था। जब दिलकुशा में बागियों और ब्रिटिश फौजों के बीच लड़ाई चल रही थी तो बागियों ने पाया कि कुछ कारतूसों में पाउडर की जगह भूसा भरा है। इससे सिपाहियों में काफी विक्षोभ पैदा हुआ और तमाम इकट्ठे होकर मम्मू खाँ, मीर काजिम अली, वाजिद अली और अन्य पर विश्वासघात करने तथा ब्रिटिश अफसरों को बचाने का आरोप लगाने लगे तथा सभी की जिन्दगी के लिए कोलाहल करने लगे। ये लोग नहीं मिले लेकिन सिपाहियों ने बारूदखाने के दरोगा मीर काजिम अली के नायब महमूद अली को पकड़ लिया, उसके दोनों हाथ काट दिए, फिर गोली मार दी। फिर उन्होंने कैप्टन ओर और अन्य को पकड़ा और उनको भी मार डाला। इसके अलावा मैं कह नहीं सकता। लेकिन मुझे पता था कि उस दिन कैदियों के विनाश के लिए एक दरबार हुआ था क्योंकि राजा जयलाल सिंह ने खुद यह बात मुझे बताई थी। राजा लूट इकट्ठा करने के लिए जाया करते थे और सरकारी सेवकों और किरानियों को पकड़ा करते थे। एक अवसर पर उन्होंने मि. हेयर (बाजार झाऊलाल) की दो पोतियों को जिनमें से एक 7-8 साल की तथा दूसरी 5 साल की थी पकड़ा और उन्हें बेगम हज़रत महल के पास भेज दिया। इन दोनों बच्चों को भी पहले जत्थे के साथ मार दिया गया। मैं निश्चित हूँ कि इन बच्चों को राजा जयलाल ने पकड़ा था लेकिन मैंने इसे अपनी आँखों से नहीं देखा। अनेक बार राजा की जेल से कैदियों को बेगम के दरबार में भेजा जाता था। मैंने सुना है कि एक बार भेजे गए ढेर-सारे क्रिस्तानो की हत्या कर दी गई। अब्दुल रज्जाक राजा की जेल की देखभाल करने के लिए उनका एजेंट था। नाना को लेने के लिए राजा जयलाल सिंह, उसके भाई रघुबरदयाल और नुसरतजंग फतेहपुर चौरासी (जिला उन्नाव) गए और नाना को ले आकर दौलतखाना में रखा और गलीचे, फूल और अन्य सामान नाना के उपयोग के लिए अपने घर से भेजा। इस सभी प्रकार की सेवा के बदले नाना ने राजा जयलाल और रघुबरदयाल को खिलअत दी। राजा या उनका भाई हर दो-तीन दिन पर नाना की सेहत के बारे में जानकारी लेने जाया करते थे।

लखनऊ की जीत के पहले खजाना कम था और फौज के भुगतान के लिए पैसों की जरूरत थी। अतएव राजा धन संग्रह करने के लिए दरियाबाद गए। इसी दौरान ब्रिटिश शासन फिर से स्थापित हो गया और जब उन्होंने यह सुना, उन्होंने अपनी सारी फौज इकट्ठा की और जो लोग भी लखनऊ से कुर्सी भागकर गए थे, उनमें से जो मिले उनको लिया। बेगम बिठौली (तहसील फतेहपुर, जिला बाराबंकी) की ओर चली गई थीं। उसने बेगम को लिखा कि वह आगे बढ़ रहा है और रेजीडेन्सी पर हमला बोलकर लखनऊ को वापस ले लेगा। लेकिन लखनऊ से एक फौज ने पहुँचकर राजा को हरा दिया। उन्हें 18 बन्दूकों का नुकसान हुआ और उन्हें बिठौली तक खदेड़ दिया गया। वे पूरे शहर में जहाँ भी पता चलता कि गड़ा खजाना या धन है वहाँ खोदते रहते थे। इसके अलावा उन्होंने अली नकी खाँ के घर से कई लाख रुपए खोदा और उसे सेना में बाँट दिया ताकि उन्हें एकजुट रखा जा सके। कानपुर रोड पर लखनऊ से 17 मील दूर सई नदी के तट पर (उन्नाव की सीमा पर) बनी गाँव है जहाँ एक अफसर का सिर काटा गया था। इसकी जानकारी मुंशी मातादीन, नियाज बेग, मिसरी सिंह, हार्डिग की अनियमित घुड़सवार के अफसरों को भी थी। रियाजुद्दीन हुसैन राजा बलरामपुर का मुख्तार भी जानता होगा क्योंकि राजा जयलाल सिंह के आदमी हमेशा उसके साथ रहते थे और अघई की मूल्यवान चीजें कहाँ गड़ी थीं इसकी गुप्त सूचना राजा जयलाल सिंह को दी जिसे बाद में खोदकर लूट लिया गया और लूट का कुछ अंश उसे पुरस्कार के तौर पर दिया गया। वह राजा की सेवा में था हालाँकि किसी नियमित पद पर नहीं था। 4 जुलाई, 1857 को जब तेज बारिश हो रही थी तो शिहाजुद्दीन और सैयद बरकत अहमद (15वीं रिसाला) ने बिजरिस कद्र के सिर पर मन्दील रखा था।

2. राजा जयलाल सिंह के मुंशी मातादीन का 5 जुलाई, 1859 का लिखित बयान[27]

सबसे पहले मैं राजा जयलाल सिंह के पिता गालिबजंग का सेवक था। जब गालिबजंग की मृत्यु हो गई तो मैं उनके पुत्र नुसरतजंग की सेवा में चला गया। जब पहली बार अवध का विलय हुआ तो मैं कुछ समय के लिए बेरोजगार हो गया तत्पश्चात राजा जयलाल सिंह ने मुझे बुलवाकर सेवा दी। मैं उनके यहाँ मुख्तार के रूप में नौकरी पर था और जब चिनहट के बाद बागी शहर में दाखिल हुए उस समय मैं घर पर था। मैं राजा जयलाल सिंह के यहाँ एक दिन और एक रात नहीं गया। तीसरे दिन राजा जयलाल सिंह बागी सेना के अफसरों के पास गए। एक दिन राजा साहब अस्तबल में तोपखाने के जहाँगीर बख्श के तम्बू में थे। जब वे बाहर निकले

तो मैंने खुद को पेश किया। उन्होंने कहा 'मौजूद रहो।' उस दिन से मैंने वही किया। उसके बाद राजा के माध्यम से बिजरिस कद्र को मसनद पर बैठाने के लिए समझौता वार्ताएँ शुरू हुईं। वे बेगम से एक कागज लेकर बागी सेना के अफसरों के पास गए और उन्हें प्रेरित कर उस पर दस्तखत करवाया। बेगम ने इस कागज को सनद के तौर पर रखा। वह राजा से बेहद खुश थीं और बागियों द्वारा चाही गई सारी शर्तों तनख्वाह आदि पर बेगम ने दस्तखत कर दिया। फिर उन्होंने एक शुभ दिन का चयन किया और सभी अफसर तारा कोठी में आयोजित कौन्सिल में उपस्थित हुए। इसी समय एक हिन्दू व एक मुसलमान मुस्तफा अली खाँ जो पूर्व नवाब के भाई थे, की तरफ से एक दस्तावेज लेकर आए जिसके अनुसार वह सरकार का आधिकारिक मुखिया था। राजा जयलाल सिंह ने इस कागज को इकट्ठे हुए कौन्सिलर्स के सामने पढ़ा। अफसरों ने राजा जयलाल सिंह से इसका जवाब बनाने को कहा। राजा ने कहा कि यह अफसरों पर मुनहसर करता है। वे जो भी तय करें उचित होगा लेकिन वे उन्हें उत्तर बता दें ताकि वे उसे बेगम तक पहुँचा सकें। लेकिन उनके शब्दों में भारी अन्तर होगा। रघुनाथ सिंह, उमराव सिंह और दूसरों ने राजा के साथ किसी प्रकार का समझौता किया और मुस्तफा अली का कागज वापस करने पर रजामन्द हुए। वह उठ खड़े हुए और राजा से बेगम तक यह पहुँचाने को कहा कि वे बिजरिस कद्र को मसनद पर बैठाने के लिए आ रहे हैं। राजा ने मुझे और मीर हस्सू को भागकर मम्मू खाँ को सूचित करने को भेजा। मैं पैदल था इसलिए पहुँच नहीं पाया। मीर हस्सू ने जरूरी सूचनाएँ दीं। मम्मू खाँ जेलखाना से बाहर आया और अफसरों को ले जाकर चाँदीवाली बारादरी में बैठाया। हिसामुद्दौला बिजरिस कद्र को घोड़े पर चढ़ाकर ले आया। सभी ने उसे सलाम किया। उन्होंने बातचीत करने और कागजों पर दस्तखत करने में थोड़ा विलम्ब किया। राजा जयलाल सिंह, राजा ज्वाला प्रसाद मुंशी और कुछ अन्य अफसरों ने अलग जाकर वाजिब उल अर्ज किया। बरकत अहमद रिसालदार ने देरी पर थोड़ी नाराजगी जाहिर की। सूर्यास्त के थोड़ा देर पहले बागी अफसरों ने मन्दील ली और पाँच सैयदों से इसे उसके सिर पर बँधवाया। तोपों व बन्दूकों से सलामी दागी गई। नजर भेंट की गई। अफसर अपनी लाइनों को लौट गए। जयलाल सिंह भी घर चले गए। चिनहट मंगलवार को हुआ, मैं राजा के साथ उनके घर पर था। इसके बाद मैंने किसी को उन्हें बुलाते हुए सुना और बृहस्पतिवार को राजा बागियों के पास गए। अगली सुबह दरबार शुरू हुआ। सेना की जरूरतें पाउडर, गोला-बारूद, मैग्जीन, स्टोर आपूर्ति आदि बेगम के आदेश पर राजा के द्वारा उपलब्ध कराई गई। जयलाल सिंह के प्रयास और सेना की रजामन्दी से शर्फुद्दौला को नायब बनाया गया। हिसामुद्दौला को जनरल, मुशिरूद्दौला को

दीवान तथा राजा ज्वाला प्रसाद को मुंशी। सेना में भर्ती का काम शुरू हुआ। जयलाल सिंह को सरफराज की खुलुत (खिलअत) तथा दरियाबाद की चकलेदारी दी गई और उनके नियन्त्रण में 4 रेजीमेंटें और 6 या 7 बन्दूकों के साथ एक रिसाला रखा गया। राजा ने आदमी खड़े करने शुरू किए। राजा विशम्भर सिंह के भतीजे राम परताप सिंह, परताप सिंह के कारिन्दा मीर हस्सू तथा बाबू जयराम सिंह, जगत सिंह के साले को मीर मुंशी बनाया गया। रिसाले खड़े किए गए। जब बेलीगारद पर आक्रमण किया गया तो उन्होंने अपनी तथा दूसरों की रेजीमेंट का प्रयोग किया। वे मोर्चों की देखभाल करने लगे। जब कोर्ट लगता तो राजा जाते और अन्य अफसरों को खुद से सहमत कराने में लग जाते। सारे असैन्य एवं वित्तीय कार्य, शहर की सरकार, सेनाओं का वितरण, कमीशन का वितरण कोर्ट में किया जाता था। जब कोर्ट बेगम या नवाब शर्फुद्दौला के द्वार पर होता था तो सरकार के सारे सदस्य और कमांडेंट उसमें शामिल होते थे। जब कोर्ट लाइन्स में होता था तो सिर्फ राजा जयलाल सिंह जाया करते थे। कुछ बार मम्मू खाँ की जगह दारा खाँ या कासिम अली उपस्थित हुआ करते थे। जब राजा जयलाल सिंह उपस्थित होते तो कोर्ट के सामने रखे जाने वाले कागजों के साथ कभी मैं, कभी वाजिद अली, कभी दूसरे मुतसद्दी जाया करते थे। राजा जयलाल सिंह ने गुलाम रजा को शर्फुद्दौला की कोर्ट से माफी का अनुदान दिलवाया। उचित समय व क्षण तय हो जाने के बाद हमले का प्रबन्ध रघुनाथ सिंह के घर में किया जाता था। राजा जयलाल सिंह कसद (दूत) भेजकर कोर्ट से अनुपस्थित सभी लोगों को सूचना कराते थे। राजा इन हमलों में स्वयं भी मौजूद रहा करते थे। हमले के दिन चढ़ने के लिए सीढ़ियाँ, रुई के गट्ठर अक्सर राजा के द्वारा भेजे जाते थे। बेलदारों व मजदूरों को मोर्चों के बारे में राजा बताकर भेजते थे। घायलों व मृतकों की खुफिया जानकारी के लिए हरकारों की भी नियुक्ति की जाती थी। सूची राजा बनाते थे जिसे कभी-कभी मम्मू खाँ के पास भेजा जाता था। अनुदान आदि का वितरण मम्मू खाँ किया करते थे। जब बागियों ने वेतन भुगतान के लिए भारी बखेड़ा खड़ा किया तो मम्मू खाँ और राजा जयलाल सिंह ने जाकर अली नकी खाँ के घर से रुपया, सोने की मुहरें आदि खोदा और लाकर कोष में जमा कराया और वह सारा भुगतान कराया जो जरूरी था। बागी सेना को बनाए रखा गया। एक बार जयलाल सिंह, मीर हस्सू, एक मुतसद्दी और दीवानखाना के चोबदार ने नक्खास में स्थित अघई के घर जाकर 1000 स्वर्ण मोहरें, 29 या 30 हजार रुपए, एक खासदान, एक सोने का थूकदान खोदा। चोबदार ने सूचना दे दी। यह सब बेगम को सौंप दिया गया। उस दिन मैं राजा के साथ था। यह सारी सम्पत्ति एक ताँबे के बर्तन से निकली। बेलीगारद से भागे सारे भगोड़ों को पकड़ा गया,

लाइन्स में ले जाया गया और फिर राजा जयलाल के जेलखाने में भेज दिया गया। जिन लोगों पर जासूस होने का आरोप था, उन्हें भी भेज दिया गया। मम्मू खाँ के पास भी एक जेल थी। अंग्रेजी अक्षरों वाले लोगों को मग्मू खाँ कैद किए थे। जो लोग राजा के यहाँ कैद थे वे साधरणतया राजा के द्वारा देखे जाते थे। बयान लेखन का काम मैं व मौलवी अब्दुल राजी (फतेहगढ़) करते थे। जेल की सुरक्षा जमादार गंगू सिंह के अधीन थी जो कहीं बाहर रहते थे। कैदियों के लिए रसद की आपूर्ति का जिम्मा दरोगा रामशरण के हाथ में था जो राजा के भतीजे थे। कभी मीर हस्सू कैदियों से पूछताछ किया करते थे। जिस भी कैदी को राजा चाहते थे, छोड़ देते थे। अक्सर सेना के अफसरों की लिखित अर्जी पर कैदियों को मुक्त कर दिया जाता था। कभी-कभी उन्हें इन चिटों को भेजने वालों के पास भेजा जाता था। एक रात राजा ने पुलिस दल के साथ दौरा किया और लालता प्रसाद (जो अब शरिस्तदार है), न्यायिक कैमूर को व 12 अन्य लोगों के साथ गिरफ्तार किया। ऐसा कहा गया कि उन्होंने ऐसा इसीलिए किया क्योंकि वह आदमी अंग्रेज अफसर था। इसी तरह वे आपूर्ति का सारा प्रबन्ध किया करते थे। कुछ समय बाद लालता प्रसाद को घूस लेकर या किसी और तरह से छोड़ दिया गया, मुझे नहीं पता कैसे, मीर हस्सू के एक दरोगा को रघुनाथ सिंह ने बेलीगारद को रसद भेजने के आरोप में गिरफ्तार किया था। यह दरोगा सूचना दिया करता था, जिससे नवाब मुनवरुद्दौला का डर बढ़ गया। उसे मम्मू खाँ ने कैद में रखा था। मुझे नहीं पता कि वह छूटा। मेरे विचार से राजा जयलाल सिंह ने उसे छोड़ा था। लांग साहेब, अब्दुल हुसैन उर्फ जैकब की पत्नी और अनेक किरानियों और क्रिस्तानों के साथ राजा की जेल में बन्द थे। एक दिन मम्मू खाँ का एक चोबदार राजा जयलाल सिंह के यहाँ इस अनुरोध के साथ आया कि सारे किरानी और क्रिस्तानों को तुरन्त उसके यहाँ भेज दिया जाए। चोबदार ने आगे कहा कि उनका उद्‌देश्य हत्या करने का था। राजा जयलाल ने मुझे आदेश दिया कि सारे क्रिस्तानों को एक नाम सूची के सहित चोबदार के साथ मम्मू खाँ के पास भेज दो। मैंने 15 लोगों को चुना और भेज दिया। इसके बाद दूसरे दिन मैंने सुना कि जिस दिन भेजा गया था उसके एक दिन बाद लांग साहिब सहित उनकी हत्या कर दी गई। मैंने लांग साहिब और जैकब की पत्नी को छुड़ाने का प्रबन्ध करने तक पैरवी की और राजा के सामने स्पष्टीकरण दिया। जब अंग्रेजी फौजें दिलकुशा के पास पहुँचीं तो मम्मू खाँ ने राजा के यहाँ सन्देश भेजा कि वे अपने सारे कैदी उसे दे दें। राजा जयलाल सिंह ने इस तरह कैदियों के तमाम जत्थे उनके नामों की सूची के साथ मम्मू खाँ के पास भेजे थे। इन कैदियों की रोबाकारी राजा के दफ्तर में थी और यह यहाँ मेरे पास नहीं है। इसके अलावा लम्बा अर्सा गुजर गया है, लेकिन जहाँ तक मुझे

याद पड़ रहा है 80, 90 या 100 कैदियों को शुरू से अन्त तक कुल मिलाकर मम्मू खाँ को भेज दिया गया। जब अंग्रेज आलमबाग पहुँचे और लड़ाई शुरू हुई तो राजा को मोर्चा के कामों की सुरक्षा में नियुक्त किया गया। उन्होंने अपने आराम की जगह तालकटोरा में कर्बला को बनाया। वे वहाँ रात-दिन रहते थे। जब जरूरी होता था, उन्हें कोई सम्मन मिलता, वे तभी मोर्चा छोड़ते थे। लेकिन उनका काम जैसे ही पूरा हो जाता वे सीधा वहाँ आ जाते थे। वे कभी घर नहीं गए। नवाबगंज के शिवदीन लाल और तीसरी अनियमित अवध की फौज के मिसरी सिंह रिसालेदार को राजा की ओर से कानपुर रोड की सुरक्षा तथा अधीक्षण में लगाया गया था। कभी-कभी राजा खुद दल के साथ बाहर जाते थे। मुझे याद है कि राजा अपने एक गश्त निष्क्रमण के दौरान किसी रोड सुपरिटेंडेंट या इलेक्ट्रिक टेलीग्राफ के अफसर का सिर काटकर ले आए थे। राजा ने अपने दामाद बाबू जयराम सिंह के हाथों यह सिर बेगम को भिजवाया था। मुझे नहीं पता कि उन्हें ईनाम में कुछ मिला था या नहीं। चिनहट के बाद जब पहली बार बागी तारा कोठी पहुँचे, अगली सुबह कोई मेम साहब सेंट्रल स्टार प्रिंटिग प्रेस में छुपी थीं, तिलंगों ने बाहर निकाला और उनकी हत्या कर दी। उनकी हत्या बन्दा अली खाँ के घर के पास और अमरूद अली शाह के मोतीमहल के रूम्ना के इमामबाड़े के पास रोड पर की गई थी। साहिब लोगों की हत्या दो बार की गई। एक बार जिस रात आउट्रम पहुँचे उसके पहले धौरेरा (महराजगंज परगने में गोमती के तट पर अमेठी से 19 मील) से लखनऊ लाए गए लोगों की हत्या की गई थी। मुझे उनके नाम नहीं मालूम। कैप्टन ओर और अन्य जो मितौली (सीतापुर) से आए थे उनकी हत्या उस रोज की गई, जिस दिन लॉर्ड साहब दिलकुशा पहुँचे थे। मैंने सुना कि जब कैप्टन ओर की हत्या की गई तो बागियों के नेता मखदूम बख्श, बहादुर अली, सुजात अली वहाँ मौजूद थे। मैंने यह जयलाल सिंह के भाई राजा नुसरतजंग के बाग में सुना। मुझे याद नहीं कि जिस रोज कैप्टन ओर की हत्या हुई राजा कहाँ पर थे। वे हमेशा की तरह या तो तालकटोरा में कर्बला में रहे होंगे या किसी तोपखाने के साथ होंगे या दरबार में रहे होंगे, कह नहीं सकता। मैं कह नहीं सकता कि राजा को कौन्सिल की कार्यवाहियों की परवाह थी या नहीं और न तो मुझे यही पता है कि इस अवसर पर कौन्सिल की राजा के साथ समझ बनी थी कि नहीं। मुझे याद है कि मैंने सुना कि एक सवार तालकटोरा में राजा के तम्बू से उनके दामाद जयराम के लिए राजा की तरफ से सन्देश लेकर आया कि वे एक सिर भेज रहे हैं और जयराम इसे पेश करें। जयराम तुरन्त तैयार हो गए और जाकर बेगम को सिर पेश किया। जब सेना ने तनख्वाह के लिए काफी कोलाहल मचाना शुरू किया तो राजा को दरियाबाद इलाके में धन जमा करने के लिए आदेश मिला। वे वहाँ लगे हुए

थे तभी लखनऊ को अन्तिम रूप से ले लिया गया। तब वे कुर्सी की ओर को बढ़े और जितने आदमी सम्भव थे लड़ने के लिए इकट्ठे किए। जब अंग्रेजी सेना वहाँ पहुँची तो वे हार गए और भाग गए। मैंने यह बाद में सुना। उस समय मैं राजा के साथ नहीं था। मैंने शहर नहीं छोड़ा। जब नानाराव लखनऊ आए तो राजा के भाई रघुबरदयाल और गोपाल राव बक्शी गंगा के तट पर उन्हें लेने गए। नाना ने राजा के भाई को खुलुत दिया और बेगम ने भी राजा को एक खुलुत दिया। बक्शी को राजा से एक रूमाल मिला। दूसरे भाई राजा बेनीमाधव जौनपुर और आज़मगढ़ का प्रबन्ध देख रहे थे और वहाँ खुदाबख्श दादरीवाला को भी लगाया गया था। राजा बेनीमाधव जो आज़मगढ़ गए थे वहाँ हार गए और भागे। राजा जयलाल सिंह ने बेगम से 25000 अग्रिम लिया ताकि जौनपुर व आज़मगढ़ से पहुँचनेवाले रास्तों की सुरक्षा की जा सके। राजा जयलाल सिंह व उनके भाई रघुबरदयाल विलय के बाद दुश्मन बन गए। रघुबरदयाल और नुसरतजंग एक माँ के बच्चे थे और जयलाल सिंह और बेनीमाधव दूसरी माँ के। बगावत के समय सभी यहाँ एक ही घर में रह रहे थे। लेकिन उनके अपने अलग आवास हैं और रघुबरदयाल तथा जयलाल सिंह एक-दूसरे से कोई वास्ता नहीं रखते। नुसरतजंग जो रघुबरदयाल की तरफ है दोनों से बातचीत रखता है और दोनों छोटे भाई जयलाल सिंह की शाखा के दरबार में जाया करते हैं और कोर्ट के सारे आदेश जयलाल सिंह के लिए निकलते हैं अत: उन्होंने बजाय खुद जाने के अपने भाई को नाना से मिलने के लिए भेजा होगा।

3.दरोगा मीर वाजिद अली का 8 जुलाई, 1859 का बयान[28]

चिनहट के युद्ध के बाद सिपाहियों ने शहर में प्रवेश किया और सामान्य लूट-पाट शुरू हो गई। मौलवी अहमदुल्ला शाह बागियों के साथ शहर में घुसे और पूरे शहर में अपने थाने स्थापित करने का प्रयास किया। लेकिन कोई प्रबन्ध कर पाने में सफल नहीं हुए। दूसरे और तीसरे दिन मिर्जावाली कोठी (Western's House) में यह देखने के लिए कि क्या कुछ किया नहीं जा सकता एक दरबार हुआ। इस दरबार में सैन्य अफसर इकट्ठे हुए और तत्काल जयलाल सिंह को बुलावा भेजा जिनके हाथ में शहर का भार था। उन्होंने जवाब दिया कि वे मिर्जा अली रजा और हैदर हुसैन के बिना कुछ नहीं कर सकते जो छुप गए हैं। कोर्ट ने उन्हें उन दोनों को खोज निकालने का आदेश देते हुए उनके साथ सिपाहियों का एक दल इसलिए सम्बद्ध कर दिया है कि वे उन्हें खोज निकालें। उन्हें जबर्दस्ती लाया गया और मिर्जा अली रजा को कोतवाल तथा हैदर हुसैन को सभी गश्त का प्रभारी बनाया गया। 12वीं एन.आई. के रिसालदार कासिम खाँ को इस आदेश के साथ कि अली रजा के मकान में रहें व

उन दोनों के ऊपर रखा गया। ज्यादातर काम कासिम खाँ ने किए क्योंकि अन्य दोनों लोग अनिच्छुक थे। इसी समय या इसके थोड़े समय बाद मैंने सुना कि फौजवाले सुलेमान कद्र को मसनद पर बैठाना चाहते हैं लेकिन उसने मना कर दिया। तब मैंने सुना कि राजा जयलाल सिंह कद्र नौशेरवाँ जो पागल है, के घर सेना की ओर से गए ताकि उसकी दादी को उसे गद्दी पर बैठाने के लिए राजी कर सकें। यह सुनने के बाद मैं खास महल के दरवाजे पर यह देखने गया कि क्या चल रहा है। जब मैं अमजुद्दौला के दरवाजे के पास पहुँचा तो देखा कि मम्मू खाँ और जयलाल सिंह खड़े होकर बात कर रहे थे। मैंने मम्मू खाँ को कहते सुना कि बिरजिस कद्र वाजिद अली शाह का बेटा है। यदि आप मसनद पर बैठाने के लिए किसी की तलाश में हैं तो बेहतर यह होगा कि बिरजिस कद्र को बैठाएँ। राजा ने जवाब दिया कि मैं अफसरों के पास जाऊँगा और कल उनके जवाब के साथ लौटूँगा। मैंने जयलाल सिंह से कहा कि सिपाहियों को लूट-पाट से रोका जाना अच्छा रहेगा और राजा का घर बचा रहना चाहिए। उन्होंने तब कहा कि कुछ भी नहीं किया जा सकता। वे इसके बारे में कल देखेंगे। अगले दिन वे हज़रत महल के दरवाजे पर गए और उस स्थान पर जाने की इच्छा प्रकट की जहाँ बादशाह की सारी महल जमा हो सकें। मम्मू खाँ खास महल ले गए और सारी महल (वाजिद अली शाह की पूर्व पत्नियाँ) वहाँ इकट्ठी हुई। हज़रत महल ने खुर्द महल और सुल्तान महल को बुलावा भेजा। खुर्द महल और सुल्तान महल के साथ मैं भी आया। राजा ने कहा कि सेना के सभी अफसरों ने सलाम कहा है और कहा है कि वे सब उन्हें बचाने आए हैं। अंग्रेजों ने नवाब से देश छीन लिया और नवाब को कैद में डालकर हर तरह की मुश्किलें पैदा की हैं और अब वे चाहते हैं कि बिजरिस कद्र को तख्त पर बैठाया जाए, वे इस व्यवस्था से सन्तुष्ट रहेंगे। महलों ने जवाब दिया कि उनके पास कोई भी चारा नहीं है। उनके बड़े कलकत्ता में है और कुछ भी ऐसा नहीं करना चाहिए जिससे कि नवाब की मुश्किलें बढ़ें और ऐसा उपाय किया जाना जरूरी है जिससे कि नवाब को फायदा हो। जब सारी महलें आपस में चटर-पटर कर रही थीं तभी मम्मू खाँ ने उन्हें रोका और कहा कि सभी सन्तुष्ट हैं। राजा ने उठते हुए कहा कि वह जाकर अफसरों से उनकी राय बताएँगे। अगले दिन वे अपने साथ अफसरों की ओर से मसौदा लेकर आए जिस पर सभी के दस्तखत होने थे कि बिजरिस कद्र को मसनद पर बैठाने में सभी महल राजी हैं। उनमें से कुछ अपनी मुहरों के साथ और कुछ बिना मुहरों के खास महल आईं। खुर्द महल और सुल्तान महल को बुलावा भेजा गया और उनके आने पर हज़रत महल ने कहा—"यह लड़का बिजरिस कद्र आपका बेटा है, इस कागज पर दस्तखत करना जरूरी है।" सबसे पहले खुर्द महल और सुल्तान महल ने

हज़रत महल द्वारा यह कहने पर कि उनको दस्तखत करना जरूरी है, बहाने बनाना शुरू कर दिया। उन्होंने जवाब दिया कि जब तक नवाब जिन्दा हैं वे दस्तखत नहीं करेंगी। अपमानित मम्मू खाँ और हज़रत महल उठ खड़े हुए और चले गए। सभी महलों ने इनकार कर दिया, फिर मम्मू खाँ और जयलाल सिंह ने सहमति की कि हज़रत महल को अफसरों को उनके पास आकर उन्हें जो कहना है उसे सुनने के वास्ते लिखकर निमंत्रित करना चाहिए। जयलाल सिंह ने इसे मान लिया और मम्मू खाँ ने बताया कि महमूदाबाद से सेना के साथ आए खान अली खाँ खुद भी जोर लगा रहे हैं। राजा ने सन्देश भेजा कि अफसर आज नहीं आएँगें, वे अगले दिन उपस्थित होंगे। इस पर हज़रत महल और मम्मू खाँ ने हिसामुद्दौला और मिफ्ताउद्दौला को बुलवाया और पूछा कि खजाना कहाँ है और किस शर्त पर वे इसे देंगे। उन्होंने कहा कि उनके पास एक भी रुपया नहीं है और वे किसी भी तरह नहीं देंगे। अगर उनके पास पैसा होता तो उन्हें पैसा पैदा करने के वास्ते चाँदी बेचना जरूरी नहीं होता जैसा कि वे कर रहे हैं, और कि खजानें में चार लाख की चाँदी थी और वे इसे नहीं खोलेगें जैसा कि खजाने को सेहतुद्दौला ने सील बन्द किया था जो अब मिल नहीं रहा है। यह सुनकर मम्मू खाँ ने कहा कि यदि वे उसके साथ आए तो वह मुहर तोड़ सकता है। तत्पश्चात हज़रत महल आ गई और वही कहा जो मम्मू खाँ ने कहा था। वे दोनों मम्मू खाँ के साथ गए। मिफ्ताउद्दौला ने दरवाजा खोल कर सारी सम्पत्ति दिखाई। उन्हें 3-4 लाख की चाँदी व सोना मिला। मैंने अगली सुबह सुल्तान महल के दरवाजे पर सुना कि सेना के अफसर खास महल पर हज़रत महल से मिलने पहुँच रहे हैं। करीब दोपहर बाद जयलाल सिंह आए, उनके बाद खान अली खाँ, फिर सारे अफसर चुपचाप आए। राजा व खान ने कहा जो भी होना है, आज तय हो जाए। वे सादात अली खाँ से चली आ रही गद्दी को खोजने लगे जिस पर नवाब बैठा करते थे। उस दौरान मीर काजिम अली ने सभी को बधाइयाँ दीं और कहा कि इसका तुरन्त समाधान होना जरूरी था। हज़रत महल ने फिर गुलाम लौंडी जवाहिर कनीज को गद्दी लाने को कहा, वह गई और लेकर लौटी। इसे चाँदीवाली बारादरी में रखवाया गया; आभूषण, मन्दील और ताज की व्यवस्था की गई जिससे कि यदि वे उसे नायब बनाएँ तो मन्दील तैयार रहे, लेकिन अगर नवाब बनाएं तो ताज हाथ में रहना चाहिए। जोरों की बारिश हो रही थी। लगभग तीस हजार तिलंगे आए। लेकिन इसकी पहचान नहीं की जा सकती थी कि कौन सिपाही थे और कौन अफसर, दूसरे साथ थे। हजारों इकट्ठे हुए थे। अफसर चाँदीवाली बारादरी में बैठे थे। मैं मौजूद था। सफदर अली, मीर काजिम अली, आगा मिर्जा नसीब, मीर मेहदी, अहमद हुसैन, मम्मू खाँ, बिरजिस कद्र महल से आए और कुर्सी ग्रहण कर ली थी, जो भी वार्ता हुई

वह मीर काजिम अली और मम्मू खाँ के बीच हुई जिन्होंने हज़रत महल से भी बात की। उन्होंने फिर जयलाल सिंह को सम्बोधित किया जो अफसरों के प्रवक्ता थे। मुझे नहीं पता कि क्या कहा गया। अफसर उठे और अलग जाकर मशविरा किया। उनमें से शहाबुद्दीन खाँ (15 आई.सी.), बरकत अहमद (15 आई.सी.), उमराव सिंह, रघुनाथ सिंह आदि ने कहा कि इसके पहले कि वे बिरजिस कद्र को बैठाएँ 3-4 शर्तें हैं जिन्हें मानना हज़रत महल के लिए जरूरी होगा।

1. दिल्ली के आदेशों का पालन किया जाएगा और जो भी आदेश वहाँ से आएगा वही अन्तिम माना जाएगा।
2. वजीर की नियुक्ति सेना करेगी।
3. अंग्रेजी सेवा छोड़ने के दिन से दोगुनी तनख्वाह दी जाएगी।
4. रेजीमेंट के अफसरों की नियुक्ति सेना की रजामन्दी के बिना नहीं की जाएगी।
5. अंग्रेजों के दोस्तों के साथ बर्ताव और निपटारे में किसी तरह की दखलन्दाजी नहीं की जाएगी।

इसके बाद इन शर्तों को अलग से दर्ज किया गया। मुझे नहीं पता कि इन्हें किसने लिखा क्योंकि वहाँ काफी भीड़ थी। राजा जयलाल सिंह ने उसे लिया और हाथ ऊपर उठाते हुए ऊँचे आवाज में कहा कि ये शर्तें थीं और उन्होंने इन्हें पढ़कर सुनाया। शर्तें हज़रत महल को सौंपी गईं और बिजरिस कद्र की मुहर मँगवाई गई। हज़रत महल ने इसे हसन रजा हकीम के हाथों भेजा लेकिन गलती से उसने इसे गिरा दिया जो भीड़ में कहीं गुम हो गई। अफसरों ने कहा इससे फर्क नहीं पड़ता। इस पर बाद में मुहर लग जाएगी। यदि जयलाल सिंह उन शर्तों को पूरा करवाने की जमानत लें। जयलाल ने ऐसा किया। अफसरों ने कहा बिजरिस कद्र को मन्दील धारण करना चाहिए और इसके पश्चात् दिल्ली से जो भी आदेश आएगा वह अन्तिम होगा। यह सुनकर शहाबुद्दीन ने बिरजिस कद्र को मन्दील पहनाया। अफसरों ने अपनी तलवारें और बन्दूकें नजर पेश कीं। तत्पश्चात तिलंगों ने शासक को देखने के लिए बैठक की। बिजरिस कद्र गफलत में मसनद से उठे और हवादार महल में आए। तिलंगों ने उनके पीछे धक्का-मुक्की की। कासिम खाँ ने जिसके पास शहर का चार्ज था, वहाँ सन्तरी लगा दिया। उसने सिपाहियों को रोकने के लिए अपने सवारों को एकत्र किया। वह हज़रत महल के दरवाजे पर खड़ा था। उन्होंने मुशिरुद्दौला और महाराजा बालकिशन को भेजने को कहा। वे आए। बेगम ने उन्हें बताया कि बिजरिस कद्र को बिठा दिया गया है लेकिन अभी प्रबन्ध किया जाना बाकी है। महाराजा ने कहा कि उन्हें खुद लूटा गया है वह क्या कर सकते हैं। फिर अगले दिन आने को कहा। मम्मू खाँ, काजिम अली और हज़रत महल की इच्छा थी कि

शर्फुद्दौला या दूसरे नम्बर पर मुनव्वरुद्दौला को नायब होना चाहिए। अगले दिन अफसरों ने शर्फुद्दौला को चुन लिया और कासिम खाँ बेगम को बिना बताए उसे लाकर जर्द कोठी में बैठा दिया। यह सुनकर मम्मू खाँ ने कहा बिना उससे मशविरा किए ऊपरवाले को नायब बनाया जाएगा तो वह नहीं रहेगा। इसके बाद मम्मू खाँ ने कहा यदि शर्फुद्दौला उन्हें दीवानखाना दे दें तो वह मान जाएगा। तब शर्फुद्दौला ने कहा कि बेगम ने उन्हें कहलवाया है कि मम्मू खाँ जो पद चाहते हैं उससे तुम्हारा कोई लेना-देना नहीं है। उनके बीच कोई समझौता हो गया तब शर्फुद्दौला खास मकान में जाकर चिलमन (झरोखा) पर बैठ गया। निम्न लोग वहाँ उपस्थित थे- उमराव सिंह, रघुनाथ सिंह, नवाब सिंह कैप्टन, इत्माद अली खाँ हिजड़ा (ख्वाजा), मकबूल अली। कुछ देर बाद मम्मू खाँ भी आ गया। हम सभी बाहर थे। उमराव सिंह और अन्य ने जोर से कहा कि नवाब शर्फुद्दौला हमेशा से सरकार बेगम के दोस्त रहे हैं और उन्हें नायब बनाना चाहिए था, मगर शर्फुद्दौला नहीं चाहते थे, वे बाहर आए और घर चले गए। 5 या 6 दिनों बाद खिलअत का प्रबन्ध किया गया।

शर्फुद्दौला	नायब	-17 पार्चा
मम्मू खाँ	दीवानखाना	-14 ''
महाराजा बालकृष्ण	दीवान	-15 ''
आगा नजीब	-	-0 ''
मीर वाजिद अली अकबर	-	-5 ''
अकबर मुल्की (शर्फुद्दौला का दामाद)		-7 ''

अगले दिन मीर वाजिद अली और मम्मू खाँ के अलावा सभी को खिलअत दी गई। मम्मू खाँ को खिलअत नहीं मिलने का कारण था जयलाल सिंह द्वारा उसके पद पर आपत्ति किया जाना। उनके अनुसार बेगम के साथ हुई सुलह के क्रम में यदि सेना के अफसरों को बिना समझाए मम्मू को यह पद दिया गया तो वे मुश्किल पैदा कर सकते हैं। इसी कारण से मुझे अपनी खिलअत नहीं मिली। आगा नजीब ने अपना दावा पेश किया कि यह पद पूर्व में उसके पास था। मुझे घोड़ों का स्वामी तथा दो अंग का प्रस्ताव दिया गया जिसे मैंने नहीं लिया। दो दिन हज़रत महल ने मुझे नायब दीवानखाना बनाते हुए 5 भाग दिए। 5 जुलाई, 1857 को जब भारी बारिश हो रही थी तो शाम 6 बजे के बाद सेना के अफसर राजा के साथ आए और कैसर-उल-खाकान में अपनी सीटें ग्रहण की। अगले दिन नवाब की तरफ से घोषणा की गई ''खल्क जुदा का, दिल्ली के बादशाह मिर्जा बिजरिस कद्र हुक्म देते हैं कि आइन्दा कोई भी लूट-पाट नहीं करेगा वर्ना उसे सजा दी जाएगी।'' लेकिन अब भी लूट-पाट पूर्ववत् चलती रही।

4. राजा मान सिंह का 6 सितम्बर, 1859 का बयान[29]

गवाह ने बताया है कि—''हमारे परिवारों के बीच वंशानुगत झगड़ा चला आ रहा है और प्रतिवादी तथा मेरे पिता दुश्मन थे और हम कभी दोस्त नहीं रहे। यदि इन शर्तों के साथ प्रतिवादी पूरा सत्य सुनना चाहता है तो मुझे आपत्ति नहीं है। पुनः मैं कोर्ट से दरयाफ्त करता हूँ कि मैंने जो देखा है उसे बताऊँ या जो सुना है उसे जोड़कर बताऊँ, क्योंकि बिजरिस कद्र के गद्दीनशीन होने के कुछ हफ्ते बाद ही मैं लखनऊ आया था। जिस दिन कैदियों को मारा गया उस दिन मैं गैर हाजिर था, जिस दिन हैवलॉक आलमबाग पहुँचे उसी दिन मैं शहर छोड़कर चला गया था। मुझे सिरवाले मामले का न तो व्यक्तिगत ज्ञान है और न ही मैंने स्वयं देखा है, और न ही नाना को ले आने के बारे में मुझे कोई जानकारी है। यदि प्रतिवादी को इससे लाभ हो तो मैंने जो सुना है उस बारे में काफी बता सकता हूँ। प्रतिवादी चाहता है कि राजा को जो कुछ पता हो वह बताएँ, जहाँ गलत होगा वह इशारा कर देगा।

गवाह ने कहा—''जब मैं शाहगंज में था तो मैंने सुना कि सिपाही तीन दिन से शहर में शासन कर रहे हैं। जहाँ प्रतिवादी उनसे जुड़ गया है और एक तरफ सिपाहियों और दूसरी तरफ मम्मू खाँ, वाजिद अली और बेगम के बीच सूचनादाता बन गया है और उसके संव्यवहार के चलते ही बिजरिस कद्र को गद्दी पर बैठाना चाहते थे और यह तय हुआ कि ताज के बदले वह बाईस लाख रुपया देगा। लेकिन यह समझौता टूट गया क्योंकि अफसरों ने यह शर्त रखी थी कि जो भी प्रबन्ध किया जाएगा वह दिल्ली बादशाह के अनुमोदन से किया जाएगा और इस शर्त को मानकर यदि ताजपोशी की जाती है तो सुलेमान कद्र को पैसे के भुगतान पर सहमत होना होगा।

जब धौरेरा के कैदियों को मारा गया तो काफी भ्रम की स्थिति थी। कोई भी सही दिमागी हालत में नहीं था। आलमबाग ले लिया गया था और साधारण उत्तेजना फैली थी। मैं खुद को कभी इस बात के लिए सन्तुष्ट नहीं कर सका कि प्रतिवादी का कैदियों की हत्या में हाथ था या नहीं या उसने इस काले कृत्य को देखा या नहीं। लेकिन यह बिलकुल निश्चित है कि मखदूम बख्श और बहादुर अली जो कैप्टन बनबरी द्वारा खड़ी की गई राइट और लेफ्ट रेजीमेंट के कैप्टन थे और सुल्तानपुर में बगावत की थी वे हत्या में अहम भूमिका में थे। जहाँ तक सिर का प्रश्न है मेरा मानना है कि प्रतिवादी का व्यक्तिगत रूप से इससे कोई लेना-देना नहीं है। रिसालदार मिश्री सिंह जो निःसन्देह उसके आदेश के अधीन था, उसने जाकर

सिर काटा और उसे तथा कलेक्टर को खिलअत तथा रु. 2000 नकद मिला था। मुझे ज्ञात नहीं वह कलेक्टर कौन था ? यह या तो शिवदीन सिंह था या शिवरतन सिंह। मेरा मानना है कि जब यह घटना हुई तो प्रतिवादी अपने घर पर था। मैंने कभी नहीं सुना कि उसे या उसके भतीजे को इसके लिए खिलअत मिली। नाना के सम्बन्ध में जो आरोप लगे हैं मैं जानता हूँ कि प्रतिवादी का भाई रघुबरदयाल नाना को लेने गया था। हाँ, वह दौलतखाना में उनसे मिलने जाता था। प्रतिवादी व अन्य दौलतखाना में उससे मिलने और उसके आराम का ध्यान रखने जाते थे। मुझे यह भी पता है कि कथित रघुबरदयाल और प्रतिवादी के बीच वरासत को लेकर वैमनस्यता है। मुझे पता नहीं है कि प्रतिवादी (गवाह कह रहा है कि वह विश्वास से कह रहा है कि प्रतिवादी नाना से मिलने नहीं गया था) स्वयं नाना को लेने गया था, लेकिन उन्हें दौलतखाना में रखवाने में उसकी केन्द्रीय भूमिका रही और वह वहाँ जाता था। क्रिस्तानों को पकड़ने और उनकी हत्या को उकसावा देने के सम्बन्ध में लगाए गए सामान्य आरोपों के सम्बन्ध में, मुझे पता है कि पहले तीन-चार दिन किसी को बन्दी नहीं बनाया गया था। जैसे ही कोई क्रिस्तान मिलता सिपाही उसे फौरन मौत के घाट उतार देते, आगे जब बिजरिस कद्र की ताजपोशी हो गई और कुछ हद तक व्यवस्था कायम हो गई तो सिपाहियों को यह आदेश दिया गया कि कैद कर उन्हें जेल भेज दिया जाए। निम्नस्तर के लोग जैसे संगीतकार, बंगालियों आदि को सिपाही प्रतिवादी के पास भेजते थे। जिसके पास इस तरह के लोगों के लिए बनी जेल का प्रभार था। जबकि अच्छे स्तरवालों को दीवानखाना भेजा जाता था, जहाँ बनी जेल का प्रभार दरोगा वाजिद अली के पास था। (पृ. 231-232)

दस्तावेज

राजा जयलाल सिंह का पत्र मल्लावा के ताल्लुकेदार रामेश्वर बख्श के नाम[30] दिनांक 12 जिलहिल्ला 1273 (3 अगस्त, 1857)

रामपुर के ताल्लुकेदार ठाकुर गुमान सिंह के बयान से ज्ञात हुआ है कि खैराबाद के चकलेदार राजा हरप्रसाद सिंह ने अंग्रेजों की लूटी हुई सम्पत्ति को देने से इनकार कर दिया है। इसलिए दो खास बरदार भेजे हैं और तुम्हें यह आदेश दिया है कि अंग्रेजों की सम्पत्ति को अवध सरकार के खास बरदारों के साथ अपने और चकलेदार के सिपाहियों के पहरे में भेज दो। चकलेदार के आदमियों को चाहिए कि अब वे कोई अवरोध इस कार्य में न करें और आदेशानुसार कार्यवाही करें।

15 जनवरी, 1858 का ताल्लुकेदार तिलोई को राजा जयलाल सिंह की तरफ से भेजा गया पत्र[31]

ठाकुर प्रसाद ताल्लुकेदार तिलोई खैरियत से होंगे। तुम अभी भी अपनी ओछी हरकतों से बाज नहीं आए हो जबकि अर्जेंट सजवाल की नियुक्ति की गई है और अभी तक ताल्लुका अहरवार रिसाला 12 के रिसालेदार गुलाम सदवर खाँ की जमींदारी के गाँवों से अपना थाना नहीं हटाया है। तत्काल आदेशों को मानने में इस तरह की हीला-हवाली नुकसानदेह और बुराई पैदा करनेवाली होगी। इस पत्र के मिलते ही तुम हीला-हवाली छोड़कर उक्त रिसालेदार की जमींदारी से अपने थाने तुरन्त हटा लो और उसके चचेरे भाई अब्दुल हाकिम खाँ व सयादत खाँ के साथ समझौते का विलेख तैयार कर जल्द-से-जल्द यहाँ भेजो। तुम्हें तुम्हारे यहाँ नियुक्त सजवाल के रोजाना के वर्तमान तथा विगत के रिहाइशी खर्चों और भत्तों का भुगतान भी करना चाहिए। तय मानो कि अगर तुमने इन अन्तिम आदेशों को मानने में कोई हिचकिचाहट दिखाई तो तुम इसका नतीजा खुद अपनी आँखों से देखोगे और तुम्हें पूरा बर्बाद कर उजाड़ दिया जाएगा। इन बार-बार भेजे जा रहे आदेशों पर विचार करते हुए उनका पालन करो।

गोपनीय रिपोर्ट

जौनपुर खुफिया विभाग के इंचार्ज कार्नेगी की 13 अक्टूबर, 1857 को प्राप्त रिपोर्ट का अंश[32]

11 अक्टूबर, 1857 : लखनऊ का एक हरकारा मुझसे जुड़ा है। उसका कहना है कि बागियों के निम्न नेता हैं—

- मान सिंह
- गुरु बक्श सिंह
- फैज़ाबाद के मौलवी
- गालिबजंग का एक रिश्तेदार (अतरौलिया का एक परिवार)
- अमेठी के राजा
- देवी बक्श या देवी सिंह

राजा जयलाल सिंह अतरौलिया के बेनीमाधव के साथ जौनपुर के लिए नियुक्त हुए। सरायमीर के मन्सब अली (जिला आज़मगढ़) अतरौलिया के बेनीमाधव की रेजीमेंट के कमांडेंट नियुक्त हुए हैं और कटरिया (यह अकबरपुर तहसील जिला फैज़ाबाद में था) में इस समय 400 आदमियों के साथ हैं और हर दिन ज्यादा लोग खड़े हो रहे हैं।

आरोप पत्र[33] (13 सितम्बर, 1859)

इन कार्यवाहियों का परीक्षण वरिष्ठ अधिकारियों द्वारा किया गया है और प्रतिवादी के खिलाफ चार आला आरोप लगाए गए हैं और उसके खिलाफ निम्न आरोपों पर अभियोग चलता है-

1. बगावत में नेतृत्व करना, बागी सरकार का गठन करना, खुद को हत्यारों तथा बागी सिपाहियों के ऊपर रखना, बागी अफसरों का बेगम के सम्मुख प्रवक्ता होना, बागी फौज तथा बिजरिस कद्र के मध्य सम्प्रेषण का माध्यम होना, ऊँचा पद धारण करना, क्रिश्चियनों को गिरफ्तार करने के लिए जेल बनाना और क्रिश्चियनों को तथा उनके अनुयायियों को गिरफ्तार करने को प्रोत्साहन देना।

2. मि. ग्रीन, मिस जैक्सन, मि. रोजर्स, मि. मिस्टर कैरियू, मि. सुलीवन, मि. फीलो (पागल), बपतिस्ट जौंस, बार्कर और अन्य क्रिश्चियनों और कोतवाल महमूद खाँ सहित कुल 22-23 लोगों की 24 सितम्बर,1857 को की गई हत्या में सहयोग व उकसावा देना।

3. 19 नवम्बर, 1857 को तार विभाग के अधिकारी मिस्टर देवरे के कत्ल में सहायक होना। उसका सिर दरबार में भेजना एवं अन्य ईसाइयों को गिरफ्तार करना व उनका कत्ल करने के सम्बन्ध में।

4. लगभग 20 सितम्बर, 1857 को अपने भाई को विद्रोहियों से मिलने भेजना, नाना को सुरक्षित लखनऊ में दौलतखाना पैलेस में रखना।

मेरे पास प्रतिवादी के खिलाफ आरोप सिद्ध करने के पर्याप्त साक्ष्य हैं। साथ में गवाहान भी हैं। प्रतिवादी का दावा है कि उसने एक यूरोपियन महिला की जान बचाई जो न तो दस्तावेजों से और न ही गवाहों से सिद्ध होता है और मुक्का बनिया के मामले में प्रतिवादी व उसके खानदानी मुंशी वाजिद अली के बीच झगड़ा होने के कई माह पूर्व वह हमारे सहयोगी को लूटने का अभियुक्त था।

निर्णय[34] (23 सितम्बर, 1859)

इस मामले के विचारण में यह दिमाग में रखना जरूरी है कि उन दो स्पष्ट नरसंहारों के अलावा जो लखनऊ में सितम्बर और नवम्बर, 1857 में हुए थे ईसाईयों की हत्या के कई अलग-अलग मामले जून,1857 के अन्त से मार्च,1858 में शहर पर अधिकार होने तक कारित किए गए थे। उपरोक्त दो नरसंहारों में पहला 3 औरतों और दो आदमियों का था (मिस जैक्सन, मि. ग्रीन जो सार्जेंट रोजर्स की सौतेली बेटी थी, मि. कैरिव और मि. जे. सुलीवन)। यह 24 सितम्बर, 1857 को हैवेलॉक की फौज के रेजीडेन्सी पहुँचने के एक दिन पूर्व हुआ। इन लोगों को धौरेरा

के राजा ने भेजा था। दूसरा सर एम. जैक्सन, कैप्टन पी.आर., लेफ्टी. जर्न्स और सार्जेंट मार्टन का था, जो कमांडर इन चीफ द्वारा रेजीडेन्सी को मुक्त कराए जाने के एक दिन पूर्व 16 या 19 नवम्बर, 1857 को हुआ था। यह दल मितौली के राजा के द्वारा भेजा गया था। वहाँ से 20 को चले, 26 अक्टूबर को कैसरबाग पहुँचे। मि. ओर और मि. जैक्सन जो बच गए थे, इसी दल में थे। बहुत से ईस्ट इंडिया के और देसी अंग्रेज जो कि रेजीडेन्सी के गैरीसन से भाग गए थे अथवा शहर में पकड़े गए थे, वे भी पहले दल के साथ लाए गए। कुल मिलाकर 22 या 23 आदमी ईसाई या उनके समर्थक थे। इन लोगों की हत्या के सम्बन्ध में जिन्हें कार्यवाही में धौरेरा पार्टी के नाम से बताया गया है, प्रतिवादी का अभियोग शुरू हुआ है। दूसरे दल के नरसंहार का आरोप प्रतिवादी पर नहीं है।

कार्यवाही आगे बढ़े इसके पहले प्रतिवादी का जिक्र करना उचित होगा। वह और उसके पिता लम्बे समय तक अवध के नवाब के सबसे विश्वस्त सेवकों में रहे हैं। असली तौर पर निम्न जाति में पैदाइश के इन लोगों ने खुद को शक्ति में ऊँचा उठाया और जब अवध का विलय हो गया तो भूतपूर्व नवाब ने प्रतिवादी को गंगा के तटों पर ब्रिगेडियर एफ. व्हीलर जो उस अवसर पर निकलनेवाले जुलूसी फौज के कमांडर थे, से मिलने के लिए अपना राजदूत नियुक्त किया था और इस आशय का ब्रिगेडियर की तरफ से मिला पत्र भी प्रतिवादी के पास है। पुनः उसका प्रभाव जो बागी दरबार पर था दर्शाने के लिए मैं बड़ी जतन से रखे गए एक खुफिया विभाग के जर्नल से उद्धरण दे रहा हूँ--''बेगम और शहजादा ने पत्र लिखा और राजा जयलाल सिंह के माध्यम से एक वकील भेजा कि नेपाल और अवध के बीच हमेशा से अच्छी समझदारी और दोस्ताना अहसास रहा है, अतएव नेपाल के लिए अंग्रेजों के साथ मिल जाना अनुचित होगा। इसके विपरीत पुरानी मित्रता को ध्यान में रखते हुए अंग्रेजों के खात्मे में अवध के साथ जुड़ना चाहिए।''

पुनः हमारे पास प्रतिवादी के कार्यालय की मुहर लगा दस्तावेज है जो ताल्लुकेदारों को आदेश देता है कि अपने अफसरों की हत्या करनेवाले विद्रोहियों के पक्ष में वे तत्काल अपना स्वामित्व छोड़ दें। हमारे पास बागी दरबार के खाली आदेश हैं, जिसमें उसे नाम भरकर काफिरों का खात्मा करने का निर्देश दिया गया है। प्रतिवादी का दरबार में ऐसा प्रभाव था, इसलिए हमें इस बात में आश्चर्य नहीं होना चाहिए कि हम उसे एकदम से अवसर पाते ही बागी सरकार स्थापित करते हुए पाते हैं। लम्बे समय तक यह लोकप्रिय विश्वास रहा है कि लखनऊ नरसंहार के लिए खाली सिपाही ही जवाबदेह थे। यह गलत धारणा मेजर ब्रूस, सी.बी., पुलिस चीफ द्वारा चीफ कमांडर के आदेश पर काफी दक्षता से की गई जाँच के

द्वारा सन्तोषजनक ढंग से समाप्त कर दी गई। सिपाही बड़े स्तर पर अपराधी हैं, इसमें सन्देह की कोई छाया नहीं है, लेकिन लखनऊ के प्रभावशाली लोग भी इसमें शामिल थे और उनका नेतृत्व किया, यह भी एकदम स्पष्ट है। और जिन्होंने ऐसा किया प्रतिवादी उनमें से सबसे प्रमुख था। अब मैं यह दिखाने की ओर आगे बढ़ता हूँ।

30 जून, 1857 को चिनहट का संकट उमड़ा जिसके तुरन्त बाद बागी शहर में घुस आए और रेजीडेन्सी का घेरा डाला। बागियों का हेड क्वार्टर 32 बैरकों में बना। इस समय खान अली खाँ जो सालोन का पूर्व चकलेदार था और जिसे जनरल स्लीमैन के उद्धरणों पर तमाम ज्यादतियों के आधार पर बर्खास्त कर दिया गया था और अब मुहम्मदाबाद के ताल्लुकेदार नवाब अली का नायब था। इस वर्ग में सर्वप्रथम उसने खुलेआम विद्रोह किया। इस आदमी के आह्वान पर सीतापुर के आसपास के हत्यारे तेजी से इकट्ठा हो गए। खान अली खाँ के अधीन वे चिनहट में लड़े। यह मंगलवार को हुआ। हम इस आदमी को और अनियमित सेना के रिसालदार बरकत अहमद को लखनऊ पहुँचने पर इनका नेतृत्व करते हुए पाते हैं। मातादीन के साक्ष्य के आधार पर अगले बृहस्पतिवार को हम प्रतिवादी को एकदम से खुद को सेना के समक्ष प्रस्तुत करते पाते हैं और उसे उनका प्रवक्ता और मुखिया चुना जाता देखते हैं।

अब इस बात पर मतभेद उभरा कि नवाब किसे बनाया जाए। घुड़सवार सेना मलका अहद के बेटे सुलेमान कद्र को बनाना चाहती है, जबकि पैदल सेना और प्रतिवादी बिजरिस कद्र को इस आधार पर बनाना चाहते हैं कि गद्दी पर पूर्व नवाब की जो भी जिन्दा बची सन्तानें हैं उनमें से किसी एक का जन्मसिद्ध अधिकार है। लेकिन वह दिल्ली के बादशाह के अधीन होगा। प्रतिवादी का प्रभाव उस दिन हावी रहा। उसका गोपनीय सचिव जिसने पिता-पुत्र की कई साल सेवा की थी, ने बयान दिया है कि प्रतिवादी बेगम से कागज लेकर बागी अफसरों के पास गया और उस पर उनसे दस्तखत करने को प्रेरित किया और इसे बेगम ने सनद के तौर पर रखा। फिर प्रतिवादी बागी अफसरों के उस जुलूस का नेतृत्व करने गया जो कठपुतली बादशाह की ताजपोशी करने जा रही थी और उसने मातादीन को मम्मू खाँ के पास इस सन्देश के साथ भेजा कि जाकर कहो अफसर पहुँच रहे हैं और ताजपोशी की तैयारी करें और वह तत्काल अफसरों के पीछे आया और आयोजन में महत्त्वपूर्ण भागीदारी की, लेकिन ज्यादा महत्त्वपूर्ण था कतिपय दस्तावेज तैयार करना जिन्हें उस मौके पर लिखा गया। वह मंत्री तथा राज्य के अन्य अफसरों की नियुक्ति में भी व्यग्र था और इन सेवाओं के बदले उसे सम्मान तथा महत्त्वपूर्ण इनाम मिले।

प्रतिवादी बागी सरकार स्थापित करने में मुख्य था, इस तथ्य की पुष्टि मुंशी वाजिद अली, सैयद यूसुफ तथा कुछ हद तक अन्य गवाहों से होती है। हम आगे उसे दुर्गीकरण और तैयारियों में आगे बढ़कर हिस्सा लेते हुए देखते हैं और सैन्य तथा असैन्य कार्यों के निष्पादन के लिए दरबार गठित करते, अभिसूचना विभाग स्थापित करते और घायलों की देखभाल करते हुए पाते हैं। वह आगे पूर्व मंत्री अली नकी खाँ का और पूर्व नाजिम अघई का खजाना बागी दरबार के लाभ के लिए खोदता मिलता है। वह बेलीगारद से भागे लोगों के लिए जिन्हें सिपाही लाइन से उसके पास लाए गए थे, जेल बनाता है। फिर हम उसे इन कैदियों को मम्मू खाँ की माँग पर हत्या करने के निश्चित व संकल्पित उद्देश्य से आगे बढ़ाते हुए पाते हैं। ऐसा प्रतिवादी के अपने मुंशी का साक्ष्य है, जिसके कथन पर कुछ विश्वास किया जा सकता है। क्योंकि वह कुछ क्रिश्चियनों को छुड़ाने का साधन बना और प्रतिवादी का बागी सरकार इत्यादि बनाने में प्रभाव की पुष्टि पूर्वोक्त मुंशी वाजिद अली शाह जो राजा का आश्रित था से भी होती है जिसका बयान स्पष्ट एवं सर्वांगीण है। इस आखिरी गवाह ने बयान दिया कि राजा ने बागियों को अली नकी खाँ के घर से खोदे गए पैसों से भुगतान करके एकजुट रखा। प्रतिवादी ने इन आरोपों से इनकार किया है लेकिन दो बिन्दु स्वीकार किए हैं—(1) उसने मंत्री को दरबार स्थापित करने की सलाह दी जो मान ली गई और वह याचिकाओं की जाँच किया करता था। इस दरबार के सामने उन्हें रखता था और परिणाम से मंत्री को अवगत कराता था। (2) उसकी सलाह पर एक जेल स्थापित की गई जिसका चार्ज उसके पास था और माँगे जाने पर कभी-कभी अपने जेल से कैदी भेजा करता था। वह इन दो स्वीकारोक्तियों की पुष्टि यह कहते हुए करता है कि इन दोनों संस्थाओं के लिए सलाह देने का मूल कारण जनता का जान-माल की बर्बादी से बचाव करना था।

बचाव पक्ष को गवाहों से इस आरोप से कोई सहायता नहीं मिलती। उनमें से जो ज्यादा प्रभावी है वह तो प्रतिवादी के मामले को बर्बाद करता है क्योंकि उन्होंने स्वीकार किया है कि वह मध्यस्थ की भूमिका में था। चिनहट के बाद किसी शुरुआती तिथि को उसने कैसरबाग के चारों तरफ सन्तरी नियुक्त किया। वह ताजपोशी कराने में मुख्य रोल में था तथा उसके पास जेल था। वे गवाहान जो प्रतिवादी के सबसे ज्यादा पक्ष में है, वे साधारणत: बयान दे रहे हैं कि उन्होंने उसके मुखिया होने के बारे में कुछ नहीं सुना। चीजों को जिस प्रकार की वे घटित हुईं तरतीबवार रखकर मैंने तीसरे आरोप को सर्वप्रथम विवेचित किया है। अब मैं पहले आरोप की ओर कार्यवाही बढ़ाता हूँ।

सितम्बर 1857 के प्रारम्भ में शायद 5 या 6 को मि. ग्रीन आदि को धौरेरा के राजा ने दरबार में भेजा। उन्हें सर्वप्रथम एक घर (ए) में ले जाया गया जहाँ गवाह मीर वाजिद अली का शायद कुछ नियन्त्रण था। उस गवाह के अनुसार वे लोग वहाँ से नगीनावाली बारहदरी ले जाए गए जहाँ उन्हें एक या दो दिन रखा गया। यहाँ गवाह का कथन है कि वह कैदियों पर नियन्त्रण नहीं रख सका उन्हें सिपाहियों को सौंपना पड़ा। आगे उन्हें एस. डब्ल्यू. कार्नर हाउस, कैसरबाग ले जाया गया। (बी) जहाँ वे उस समय तक रहे जब उन्हें नरसंहार के लिए नहीं ले जाया गया। लेकिन अन्य गवाहान जो परतुल वाला गारद के हैं, का बयान है कि वे कैसरबाग में नहीं बन्द थे, बल्कि कैसर-पसन्द में बन्द थे। उनके साथ बेलीगारद से भागे लोग व अन्य लोग भी बन्द थे। हैवलॉक की फौज के पहुँचने पर बागियों को इस सामान्य धारणा ने घेर लिया कि इस बढ़त का मूलोद्देश्य इन कैदियों की रिहाई थी। गवाहान मीर वाजिद अली, मुंशी वाजिद अली, सैयद यूसुफ, मातादीन और दुर्गा हरकारा सभी ने अपने बयान में कहा है कि दरबार किया गया, जिसमें प्रतिवादी मौजूद था। कैप्टन मखदूम बख्श आदि ने कैदियों को मारने का विचार प्रकट किया। दरबार 2 बजे अपराह्न में समाप्त हुआ। मीर वाजिद अली का बयान है कि करीब 3 बजे अपराह्न में आलमबाग में गोली चलनी शुरू हुई। बागियों में भारी भ्रम हो गया। जब प्रतिवादी चाँदीवाली बारादरी आया और मम्मू खाँ से कहा कि सैन्य अफसर कैदियों को माँगने आ रहे थे और वह उनका विरोध नहीं करेगा वर्ना यह उसके लिए बुरा होगा। अली जान गवाह ने इसकी सम्पुष्टि की और जोड़ा है कि मम्मू खाँ ने कहा—"जाकर मंत्री को बता दो।" काशी कट्टेवाला के अनुसार यह दिन के शुरुआती घंटों में हुआ। अली जान का बयान है कि अभी जब वे बातचीत कर ही रहे थे कि मखदूम बख्श और उसके सिपाही कैदियों को लेने चले गए। वाजिद अली ने इसे पुष्ट किया कि मखदूम बख्श, बहादुर अली, गुलाम सफदर और उनके सिपाही आए और मम्मू खाँ को लेकर कैसर-पसन्द गए। केवल राम, अब्दुल लतीफ, गंगाराम और भूपनरायन का बयान है कि खुदायार खाँ इस समय पर दीवानखाना गया और मम्मू के नाम पर ईसाई कैदियों की सूची, जिसे इन गवाहानों ने तैयार कर मंत्री को दे दिया। इस स्तर पर खुदायार खाँ (मृत) प्रमुख था। इस सूची को पढ़ा गया और पार्टी को 22-23 की संख्या में कैदी मिल गए। उन्होंने उन्हें दरे-दौलत से बाहर निकाला और मार डाला। मीर वाजिद अली ने सुना कि मम्मू खाँ ने इस संहार को नहीं देखा, मीर अब्बास नायब जेलर जो कैदियों का इंचार्ज था, बयान देता है कि मम्मू खाँ और मखदूम बख्श ने आकर उन्हें उससे माँगा। तब 22-23 की संख्या में उन्हें दिया गया। रमजान खाँ परतुलवाला, मुनव्वर

अली बेग और सफदर अली का बयान इसकी पुष्टि करता है। रमजान खाँ, मुनव्वर अली बेग और सफदर अली का बयान है कि जब कैदी चाँदीवाली बारादरी पहुँचे प्रतिवादी अनेक अनुयायियों के साथ इस जुलूस से मिला। रमजान का बयान है कि इस जगह से मम्मू खाँ जहाँनुमा चला गया जहाँ बेगम रहती थीं और प्रतिवादी के साथ जुलूस आगे बढ़ गया। इस कथन की पुष्टि मुनव्वर अली बेग, सफदर अली और फसीउद्दीन के द्वारा होती है। कहा जाता है कि प्रतिवादी बाहरी गेट जो अब गिर चुका है, पर ऊपर चढ़ गया और नरसंहार को देखा। अन्तिम चार गवाहान तथा मि. इलियट के बयान में भी प्रतिवादी को गेट पर देखने की पुष्टि होती है। फिदा हुसैन जो भीड़ के साथ था, उसके बयान में कुछ सन्देह है, क्योंकि उसके अनुसार यह शेर या नीलगेट पर हुआ, जैसा कि है नहीं। रमजान खान, मुनव्वर अली बेग, सफदर अली, दुर्गा और फसीउद्दीन ने इस अन्तिम दुखद कृत्य का दीदार किया, पहले बन्दूक और फिर तलवारों का प्रयोग किया गया। गंगा और रामसिंह ने बाद में शवों पर बन्दूक की गोली और तलवारों का घाव देखा था।

प्रतिवादी ने आरोप से इनकार किया है और कहता है कि वह हत्या के पहले अली नकी खाँ के घर पर लगाया गया था और नरसंहार के समय वह सीधा आलमबाग चला गया था। राजा मान सिंह बचाव पक्ष का गवाह कहता है कि वह अपने को इस बात के लिए कभी सन्तुष्ट नहीं कर पाया कि प्रतिवादी हत्या के समय वहाँ पर था कि नहीं? सफदर अली कहता है कि प्रतिवादी अन्य सरदारों के साथ हैवलॉक का विरोध करने के लिए आलमबाग चला गया और कैसरबाग में उसकी नामौजूदगी में हत्या की गई। इमदाद अली और जांकी का बयान है कि उन्होंने नरसंहार तो देखा मगर प्रतिवादी को वहाँ नहीं देखा, हालाँकि जांकी उसी गेटवे पर खड़ा था, जिस पर प्रतिवादी के होने की बात कही गई थी। इस आरोप से प्रतिवादी को अवगत करा दिया गया है और वह इसका ठीक ढंग से खंडन नहीं कर पाया है।

दूसरा आरोप—ऐसा मालूम होता है कि 18 या 19 नवम्बर, 1857 को मैसर्स हैरिंग्टन और देवरे टेलीग्राम विभाग की एक एस्कॉर्ट के साथ आलमबाग से थोड़ी दूर पर लाइन को ठीक करने में लगे थे। 200 बागी सवारों ने उनका पीछा किया। देवरे दुश्मनों के हाथ पड़ गया और मारा गया। सैयद यूसुफ का बयान है कि उसने प्रतिवादी के रिश्तेदार को मौजूद देखा और उसने मृतक के पास से एक कार्बाइन बिरजिस कद्र को ले जाकर दी और प्रशंसा में एक शॉल प्राप्त की। अली जान ने एक यूरोपियन का सिर प्रतिवादी के रिश्तेदार के साथ कुली के सिर पर रखे टोकरे में ले आते देखा। वह मंत्री के घर खड़ा था (जिस पर अब डॉ. इनस का कब्जा है) और बेगम ने इसे देखने के लिए भेजा था। इसके लिए पुरस्कार भी दिया गया

और प्रतिवादी की इस बात के लिए चारों ओर प्रशंसा हो रही थी कि उसने बड़ी कुशलता से एक टेलीग्राम अफसर का सिर काटने का काम किया था। मीर वाजिद अली ने यह तथ्य अन्तिम गवाह से सुना था। मातादीन का बयान है कि प्रतिवादी जब अपने गश्त अभियान पर था तो उसने उसका सिर काटकर अपने दामाद के माध्यम से बेगम के पास भेजा था। अब्दुल रज्जाक का बयान है कि उन दिनों कानपुर रोड का प्रभार प्रतिवादी के पास था। उसकी एक गश्त पार्टी जो मिश्री सिंह रिसालेदार के अधीन थी, ने सिर काटकर भेजा। उस दिन प्रतिवादी तालकटोरा में था। कुछ तार भी भेजा गया था। मुंशी वाजिद अली का बयान है कि प्रतिवादी ने टेलीग्राम अफसर को पकड़ा। उसने उसे 5 सोने की मुहरें खुद को छोड़ने के लिए दीं। लेकिन प्रतिवादी हठीला था। उसने उसके सिर को काट लिया। उसने पैसा रख लिया और सिर भेज दिया और पुरस्कार की माँग की। रमजान खाँ ने सिर देखा और सुना कि राजा ने इसे भेजा है। इसे उसका रिश्तेदार लेकर आया था। दिता गवाह ने बयान दिया है कि एक सवार प्रतिवादी के रिश्तेदार जयराम के पास एक सिर लेकर आया और कहा कि प्रतिवादी ने उसे दरबार ले जाने के लिए भेजा है। फिर जयराम ने जाकर इसे दे दिया। गंगा ने सिर देखा और हजारों से सुना कि प्रतिवादी ने इसे काटकर बनी की ओर से भेजा था। राम सिंह का बयान है कि एक सिर काँठ से भेजा गया था (एच.एम. 34वीं पैदल के एक सिपाही का सिर) और इसके तीन दिन बाद प्रतिवादी ने एक सिर बनी रोड से भेजा था। गोपाल, मुसाहिब अली और मन्सब अली सभी ने सिर देखा था। इस सिर के मामले में काफी बड़ी कसम खाई गई। प्रतिवादी ने आरोप से इनकार किया। राजा मान सिंह कहता है कि प्रतिवादी का इस मामले से कोई व्यक्तिगत सम्बन्ध नहीं है। लेकिन जाती तौर पर यह कृत्य उसके अधीनस्थ दल द्वारा प्रतिवादी के आदेश पर मिश्री सिंह के दल ने किया। सफदर अली, बचाव पक्ष के गवाह ने मिश्री सिंह को सिर लाते और पुरस्कार पाते हुए देखा। सनाउल्ला जो बचाव पक्ष में है, दूसरी ओर कहता है नहीं मिश्री सिंह वहाँ नहीं था, बल्कि उसके आदमी थे। मि. हैरिंग्टन मि. देवरे के साथ था, जब वह आलमबाग के परे मारा गया था और उसने दर्ज किया है कि वे एक घुड़सवार दल के साथ बाहर थे और तार बिछा रहे थे तभी उनका पीछा किया गया और मृतक कुछ कदम पीछे रह गया। उसे पकड़ लिया गया और मार दिया गया।

मेरा विचार है कि मृतक की मृत्यु एक दुश्मन के हाथों हुई, बनिस्बत एक हत्यारे के और इस आधार पर सिर से सम्बन्धित आरोप त्याग दिया जाना चाहिए। लेकिन प्रतिवादी गिरफ्तारियाँ करवाने का दोषी था। ईसाइयों की हत्या कराने का नेतृत्व करने,

जैसा कि उसने खुद स्वीकार किया है कि उसने जेल बनवाने की वकालत मंत्री से की, जहाँ से उसके द्वारा कैदियों को भेजा जाता रहा। गवाहान लालता प्रसाद, दया किसन, जोसेफ, जोहांस और लांग अस्से जो जेल में रहने के बाद बच निकले थे, के बयानों से भी इसकी पुष्टि होती है कि उसने बेलीगारद के भगोड़ों को नॉमिनल रोल के साथ मम्मू खाँ द्वारा माँगे जाने पर संहार के लिए भेजा था।

अब हम चौथे और आखिरी आरोप पर आते हैं। मीर वाजिद अली का बयान है कि प्रतिवादी नाना से मिलने उनके सम्मान में गया और आगे वह गवाह के साथ उन्हें दौलतखाना महल में देखने के काम पर लगाया गया। मातादीन मुंशी का बयान है कि प्रतिवादी ने अपने भाई रघुबरदयाल तथा अपने बक्शी को गंगा तट पर जाकर नाना को ले आने का काम सौंपा और इस सेवा के बदले में रघुबरदयाल को बेगम तथा नाना की तरफ से सम्मान में वस्त्र दिए गए। जबकि खुद प्रतिवादी ने एक वस्त्र बक्शी को दिया। अब्दुल रज्जाक का बयान है कि रघुबरदयाल जाकर नाना को ले आया। मुंशी वाजिद अली का बयान है कि प्रतिवादी अपने दोनों भाइयों के साथ फतेहपुर चौरासी तक गया, नाना को लाकर दौलतखाना में टिकाया और उनके प्रयोग के लिए गलीचा वगैरह जरूरी चीजें अपने घर से भिजवाईं जिसके लिए उसे व उसके भाई को नाना ने सम्मान में वस्त्र दिए। इस आरोप के सम्बन्ध में प्रतिवादी का कथन है कि वह नाना से मिलने गया था। वह दौलतखाना में मिला, जबकि नाना को लेने उसके भाई फतेहपुर गए। लेकिन उसका कहना है कि उसने यह मुलाकात आदेश के अधीन की और वह अपने भाई जिससे उसकी शत्रुता है, के काम के लिए जवाबदेह नहीं है। दोनों भाइयों में नि:सन्देह ठंडापन है, लेकिन जिस समय मैं यह लिख रहा हूँ, वे दोनों एक ही छत के नीचे, लेकिन अलग-अलग कमरों में रहते हैं और मातादीन कहता है कि तीसरा भाई जो उनके साथ रह रहा था, उन दोनों से खुलकर बातचीत करता था। छोटा भाई प्रतिवादी के संरक्षण में बागी दरबार में पहुँचा और दरबार के सारे आदेश चाहे वे जिस भाई के लिए भी आशयित हों प्रतिवादी के नाम निकले जो इन तीनों में सबसे बड़ा था। यही नहीं फैज़ाबाद के डिप्टी कमिश्नर ने संकेत किया है कि प्रतिवादी के कागजों में एक दस्तावेज मिला है जो बधाई के पत्रों में छुपा लिपटा है। यह रघुबरदयाल के लखनऊ में ब्रिटिश अधिकारियों के सम्मुख खुद को प्रस्तुत करने के पूर्वानुमान पर है, क्योंकि इससे खानदानी सम्पत्ति बच जाएगी। इन कारणों से भाई के साथ दुश्मनी की दलील खंडित हो जाती है और किसी भी ढंग से सन्देह नहीं किया जा सकता कि प्रतिवादी ने अपने भाई को नाना को ले आने का काम सौंपा और खुद भी इस हत्यारे का स्वागत करने दौलतखाने में गया, जैसा कि खुद प्रतिवादी ने स्वीकार किया है।

नेतृत्व के हर कृत्य के लिए स्पष्टतम सम्भव साक्ष्य प्रतिवादी के खिलाफ हैं। यह सिद्ध होता है कि उसने उन हत्यारे सिपाहियों का स्वयं नेतृत्व किया जिनके हाथ अभी तक अपने ईसाई भुक्तभोगियों के रक्त से रंजित थे और जिनके ऊपर प्रतिवादी तथा उसके साथी हमारे देशवासियों की हत्या की जिम्मेदारी डालकर खुश हो रहे हैं। बागी सरकार बनाने में उसकी महत्त्वपूर्ण भूमिका भी सिद्ध हो चुकी है। इस बात के पुख्ता सबूत हैं, जिनका खंडन यह दिखाने के लिए नहीं किया गया है कि प्रतिवादी ने पीड़ितों के हत्यारों के आत्मसमर्पण की सलाह दी और उनके पीछे-पीछे नरसंहार के स्थल तक गया। सबूत निर्णयात्मक हैं तथा इनके तथ्यों की स्वीकारोक्ति प्रतिवादी ने की है। जिन्होंने किसी भी रूप में अंग्रेजों की सेवा की थी वह उनकी खोज करता था और जिन्हें सिपाही लाते थे उन सारे ईसाइयों को वह जेल भेजा करता था। और अन्ततः इस बात का स्पष्ट सबूत है कि प्रतिवादी ने अपने भाई को बागी हत्यारे और घोषित अपराधी नाना धुन्धुपन्त को लखनऊ ले आने के लिए भेजा और जब नाना पहुँचा तो उनसे मिलने प्रतिवादी गया, इससे उसने इनकार करने का प्रयास नहीं किया है।

इन कारणों से मैं प्रतिवादी राजा जयलाल सिंह को सेशन कोर्ट में उसका मुकदमा उस पर लगाए गए आरोपों के आधार पर जिस पर उसने अपनी दलीलें दी हैं, के लिए कमिट करता हूँ।

दस्तखत : पी. कार्नेगी
डी. कमिश्नर लखनऊ

नोट : अवध गजेटियर के अनुसार राजा जयलाल सिंह जिसने गदर के समय हमारे खिलाफ महत्त्वपूर्ण भूमिका अदा की थी उसके खिलाफ मैंने मुकदमा चलाया और लखनऊ में फाँसी (सितम्बर 1859) दी। अमीर अली रिजवी के द्वारा सम्पादित फ्रीडम स्ट्रगल इन उत्तर प्रदेश (अवध) के परिशिष्ट-ए के पृष्ठ 639-40 पर वर्तमान राजा जयलाल सिंह कुंज के सम्बन्ध में इस प्रकार विवरण मिलता है—"तारेवाली कोठी और कैसरबाग की बीच की जगह गहन उदासी और संजीदा यादों से भरी हुई है। इस जगह पर यूरोपीयों के दो दल बीमारी, कैद, अपमान और निराशा की व्यथा पूरी करते हुए क्रूरतापूर्ण शहादत को प्राप्त हुए थे। इस नरसंहार की याद दिलानेवाला स्मारक ठीक उसी जगह पर बना है, जहाँ यह हुआ। दोनों दलों को हारे हुए सिपाहियों का गुस्सा झेलना पड़ा, जब वे जनरल हैवलॉक तथा कमांडर इन चीफ का विरोध नहीं कर सके और उन्हें आगे बढ़ने से रोक नहीं सके। लेकिन दोनों बार बागियों के नेताओं ने उकसावा और प्रोत्साहन दिया था।" इन नेताओं के सम्बन्ध में विचार करते हुए लेखक ने राजा जयलाल

सिंह की भूमिका पर टिप्पणी की है। जिसका उल्लेख पृ. 640 पर दर्ज मिलता है। इस विवरण के अनुसार—"बागी नेताओं में से एक राजा जयलाल सिंह जिसके पास विशाल भू-क्षेत्र है और जिसका बागियों में भारी दबदबा है, वह पहले दल के साथ हत्या के स्थान पर आया और कैसरबाग के एक दरवाजे पर चढ़ गया (जो अब नष्ट हो चुका है) ताकि अपनी आँखों से मरनेवालों की वेदना का दीदार कर सके और अपने सिपाहियों की ताकत की प्रशंसा कर सके। उसके बाद दो साल का समय बीता, वह सामान्य हो गया। उसका राजद्रोह आम-माफी के तहत माफ कर दिया गया और शायद उसने खुद को यह भरोसा दिलाया कि उसके कृत्य की यादें धूमिल हो गई हैं और उसने भी अन्य सभी लोगों की तरह साधारण मौत मरने की आशा की होगी। लेकिन न्याय इबिस्कस के राजहंसों की तरह धीमी गति से ही सही उसके अपराधों का पीछा कर रहा था। यह न्याय उस तक तब आया जब उसे इसकी सम्भावना सबसे कम थी और उस तरफ से आया जिधर से उसने अपने आपको सर्वाधिक सुरक्षित मान रखा था। उसके अपने गोपनीय सेवकों ने विरोध में गवाहियाँ दीं। परिस्थितिजन्य साक्ष्यों की कड़ी-से-कड़ी जुड़ती गई और उसके सिर पर मरणान्तक निश्चितता के साथ दोषों का ढेर लग गया। 1 अक्टूबर, 1859 को जहाँ उसने अपराध किया था वहीं उसे अपराध का कठोरतम दंड मिला और यहीं पर 12 अक्टूबर, 1859 को बन्दे हुसैन तथा फतेह अली जिन्होंने कुछ बेचारे कैदियों को यहाँ लाकर मारा था, को भी फाँसी दी गई।"

राजा जयलाल सिंह को फाँसी[35] (1 अक्टूबर, 1859)

कमालुद्दीन हैदर के अनुसार—"राजा दर्शन सिंह गालिबजंग का बेटा राजा जयलाल सिंह नुसरतजंग बेहद योग्य और प्रभावशाली था। जिससे वह कलेक्टर रहा और अधिगृहीत क्षेत्रों में वह शहर में अक्सर प्रशासन के काम से नियुक्त रहा। बागी सेना ने और बदमाशों ने उसकी वरिष्ठता और अवध के मामलों में जानकारी के कारण उसकी नियुक्ति उससे मशविरा कर उसी पद पर कर दी। वह शहर से सभी के साथ भाग गया था, जब ब्रिटिश सरकार की ओर से सभी के लिए आम-माफी का ऐलान किया गया और घरों को वापस लौटने के लिए कहा गया तो, वह ब्रिटिश क्षेत्र में घुसा और अपने घर पर कब्जा कर रहने लगा। उसे शायद देवी प्रसाद की कोर्ट की उद्घोषणा के आधार पर अथवा उससे धन की माँग करने के लिए तथा ओर साहब की हत्या के सम्बन्ध में जाँच-पड़ताल करने के लिए पुलिस चीफ मेजर ब्रूस साहब ने गिरफ्तार कर लिया। उसने कैद में कई

महीने बामशक्कत काटे और जिन्दगी से ऊब गया। पुलिस चीफ की रिपोर्ट के आधार पर उसे फाँसी की सजा हो गई। दरोगा मीर वाजिद अली और मीर हसन कहते हैं कि उन्होंने उसके मामले का विवरण सरकार को दे दिया है। जब सभी साधनों से बेगुनाहों की हत्या का जुर्म उस पर सिद्ध हो गया तो वे उसे दरे-दौलत पर ठीक उसी जगह ले आए जहाँ पैट्रिक ओर की हत्या की गई थी और अब वहाँ उनकी लाट बहुत तकल्लुफ से बनवा दी गई हैं, पत्थर पर तारीख वगैरह खुदी है। 1 अक्टूबर, 1859 को रिवाज के अनुसार सिटी मजिस्ट्रेट पहुँच गया। शहर के हजारों तमाशबीन मौजूद थे। राजा ने फन्दा खुद अपने गले में डाला। जब तख्ता हटा दिया गया, उसका वजूद खत्म हो गया। अब दोनों का फैसला बड़ी अदालत में होता रहेगा। उसे डेढ़ रुपए का कफन देकर, उसी खम्भे की बाजू में मिट्टी में दबा दिया गया। इस्तजाद सबको ये है कि कारफ़रमा पर कभी हुक्म पिसास जारी नहीं होता। वरना पहले साहिबे हुक्म को कतल करना चाहिए।'' राजा जयलाल के साथ 5 अप्रशिक्षित तथा 4 अन्य यानी कुल 9 सैनिकों को शहादत मिली।

अवध गजेटियर[36] के अनुसार—''राजा जयलाल सिंह की सम्पत्ति जिसमें गवर्नमेंट पेपर भी थे को जब्त कर लिया गया तथा सन्दिग्ध स्वामिभक्ति के कारण उसकी रियासत राजा रुस्तम शाह को सौंप दी गई। इस समय जयलाल का पुत्र ठाकुर प्रसाद कैनिंग कॉलेज का छात्र है। जयलाल सिंह के छोटे भाई रघुबरदयाल और बेनीमाधव जो स्वयं भी बागियों के नेता थे, आज़मगढ़ जिले में रहते हैं और अभी भी उनके पास 2,18,000 तथा 56,000 मूल्य के गवर्नमेंट पेपर हैं जिससे उन्हें क्रमश: 9000 रु. और 2200 रु. की सालाना आमदनी होती है। जब हमारी सेना ने 1857 में नाना को गंगा के पार खदेड़ दिया था रघुबरदयाल को लखनऊ उसे लाने के लिए भेजा गया था।'' एक स्रोत के अनुसार 15 दिसम्बर, 1860 को राजा जयलाल सिंह की सम्पत्ति की जब्ती के आदेश जारी कर आज़मगढ़ रियासत की समस्त चल-अचल सम्पत्ति जब्त कर 756 रु. दो आना आठ पैसे में नीलाम कर दी गई, जिसे राजा रुस्तम शाह ने खरीद लिया। उल्लेखनीय है कि राजा जयलाल सिंह के दो विवाह हुए थे। उनकी पहली पत्नी देवकी से एकमात्र पुत्री श्याम कुँवर हुई, जबकि दूसरी पत्नी सुधा से एक पुत्र ठाकुर प्रसाद थे। श्याम कुँवर का विवाह राजा साहब ने बाबू जयराम सिंह से किया था। जयलाल सिंह के एक भतीजे राम शरण सिंह दरोगा का पता चलता है जो उनके जेल आपूर्ति के इंचार्ज थे।

अभिलेखागार में पड़ी फाइलों, अंग्रेजों की रिपोर्टों तथा उर्दू-फारसी में लिखित समकालीन पुस्तकों के अध्ययन से राजा जयलाल सिंह के सम्बन्ध में जो सूचनाएँ

प्राप्त होती हैं, उससे स्पष्ट होता है कि राजा जयलाल सिंह लखनऊ में 1857 की क्रान्ति तथा बेगम हज़रत महल व बिजरिस कद्र द्वारा किए जा रहे प्रयासों की मेरुदंड थे।

1. लखनऊ के युद्ध में प्रथम और अन्तिम योद्धा राजा जयलाल थे।
2. यदि राजा ने बिजरिस कद्र को नवाब न बनवाया होता तो भारतीय इतिहास में हज़रत महल गुमनामी में पड़ा एक नाम होता।
3. यदि राजा ने नवाबों और गद्दारों के घरों में गड़ा धन खोदकर उपलब्ध न कराया होता तो बेलीगारद का ऐतिहासिक घेरा न तो इतना लम्बा चला होता और न सेना इस कदर एकजुट होकर लड़ती।
4. राजा जयलाल बिजरिस कद्र की नवाबी के इकलौते सरदार थे जो युद्ध समिति व असैन्य समिति दोनों के सदस्य थे।
5. यदि समय रहते राजा ने बागी सरकार गठित न कराई होती तो सैनिकों की लूट-पाट से उठी जनता अंग्रेजों के साथ मिलकर पूरी क्रान्ति को कुचल देती।
6. अगर राजा जयलाल न होते तो न तो बालकिशन को दीवान बनाया जाता न शर्फुद्दौला को नवाब (प्रधानमंत्री) बनाया जाता।
7. जब मौलवी अहमदुल्ला शाह मम्मू खाँ तथा शर्फुद्दौला की उपस्थिति में बेगम से वार्ता को तैयार नहीं थे, राजा ने राष्ट्रहित में 'बेगम और मौलवी' की अपनी उपस्थिति में ऐतिहासिक बैठक कराई।
8. कमालुद्दीन हैदर ने राजा की फाँसी का जो चश्मदीद विवरण दिया है, उसके अनुसार चाँदीवाली बारादरी (वर्तमान प्रेस क्लब) के सामने की बाग में राजा ने अपने गले में फाँसी का फन्दा खुद डाला था। भारतीय इतिहास में भगत सिंह की फाँसी के पूर्व ऐसा दृष्टान्त नहीं मिलता।
9. राजा जयलाल इकलौते हिन्दू योद्धा हैं, जिन्हें अंग्रेजों ने दफन करा दिया। फलस्वरूप उनकी पत्नी ने काशी में लिंगदाह किया।
10. लखनऊ के अतिरिक्त फैज़ाबाद, बाराबंकी, जौनपुर तथा आज़मगढ़ के संघर्षो में राजा साहब प्रत्यक्ष अथवा परोक्ष रूप से शामिल रहे।
11. 1857 के इस युद्ध में राजा जयलाल को फाँसी हुई। उनके इकलौते दामाद बाबू जयराम हज़रत अब्बास दरगाह पर गोली के शिकार हुए; एक भाई फतेहबहादुर नुसरतजंग किसी युद्ध में काल-कवलित हुए और छोटे भाई बेनीमाधव प्रसाद सोलह साल फरारी में रहकर बौड़रा

में मरे। राजा जयलाल का घर तथा आज़मगढ़, फैज़ाबाद, बाराबंकी व लखनऊ की सारी सम्पत्ति नीलाम कर दूसरों को दे दी गई।

12. नाना पेशवा से राजा जयलाल सिंह का जुड़ाव इस बात का प्रमाण है कि वे राष्ट्रीय स्तर पर गुप्त रूप से सक्रिय वृहद संगठन का हिस्सा थे।
13. राजा जयलाल कितने महत्त्वपूर्ण व्यक्तित्व रहे होंगे वह इन दो बातों से पता चलता है कि जब 1856 में अवध का विलय किया गया तो नवाब वाजिद अली शाह ने उन्हें बतौर दूत फ्रेडरिक ह्वीलर से वार्ता करने भेजा था। जब युद्ध आरम्भ हो गया और नेपाल के जंग बहादुर को अपने पक्ष में मिलाना अवश्यम्भावी हो गया तो बेगम हज़रत महल ने भी इस काम के लिए राजा जयलाल को ही लगाया। अर्थात् वे न सिर्फ योद्धा थे, बल्कि सफल कूटनीतिज्ञ एवं प्रबन्धक भी थे।
14. राजा जयलाल के समर्पण को इस विवरण से समझा जा सकता है कि तालकटोरा के कुन्दरी में उन्होंने जो जेल बनाया था, वे रात-दिन वहीं पर रहते थे। रिकाबगंज की उनकी कोठी ज्यादा दूर नहीं थी, तथापि वे घर नहीं जाते थे।
15. राजा जयलाल न सिर्फ अभिसूचना संकलन, जेल संचालन और संसाधन उपलब्ध करा रहे थे बल्कि आलमबाग, रेजीडेन्सी और तालकटोरा के मोर्चों पर शाही सेना की कमान सँभाले स्वयं लड़ भी रहे थे।
16. राजा जयलाल हिन्दू-मुस्लिम एकता के ही प्रतीक थे। जब नवाब का जरीवाला ताजिया युद्ध के कारण नहीं निकल पा रहा था तो बेगम हज़रत महल के कहने पर राना बेनीमाधव बख्श के साथ उन्होंने इसे निकलवाया।
17. राजा जयलाल चाहते तो बेगम के साथ नेपाल जा सकते थे। मगर वे जीये भी लखनऊ में और मरे भी लखनऊ में।
18. वाजिद के ससुर नकी ने उसके साथ गद्दारी की, तो मान सिंह ने पूरे देश के साथ गद्दारी की। राजा जयलाल सिंह व उनके पूरे कुल ने न सिर्फ बेगम के प्रति वफादारी दिखाई बल्कि पूरे देश के प्रति वफादार रहे।

कश्फुल बगावत गोरखपुर के लेखक[37] ने लिखा—''हुआ राजा जयलाल आमादा जंग, किया काफिया उसका गोरखा ने तंग, गिरा उनपे छापा लिया तोप दो, बस अब से जव्वाल उसके आफाल को।''

सन्दर्भ

1. अमर शहीद राजा जयलाल सिंह, रोशन लाल पटेल, पृ. 31.
2. आज़मगढ़ का स्वतन्त्रता संघर्ष, खंड-1, फूलबदन सिंह, पृ.113.
3. लखनऊ 1857 : द टू वार्स एट लखनऊ, द डस्क ऑफ एन एरा, रोशन तकी, पृ.22 23.
4. मुंशी मातादीन का बयान, एफ.एस.यू. पी., वाल्यूम-2,पृ. 90-96.
5. कैसर-उत-तवारीख, कमालुद्दीन हैदर, पृ. 29.
6. मुंशी मातादीन का बयान, एफ.एस.यू.पी. , वाल्यूम-2, पृ. 90-96.
7. दरोगा मीर वाजिद अली का बयान, एफ.एस.यू.पी., वाल्यूम-2, पृ. 81-89.
8. कैसर-उत-तवारीख, कमालुद्दीन हैदर, पृ. 29.
9. मुंशी वाजिद अली का बयान, एफ.एस.यू.पी., वाल्यूम-2, पृ. 96-102.
10. दरोगा मीर वाजिद अली का बयान, एफ.एस.यू.पी., वाल्यूम-2,पृ. 81- 89.
11. सरफराज बेगम का पत्र, गदर के फूल, अमृतलाल नागर, पृ. 228-230.
12. मुंशी मातादीन का बयान, एफ.एस.यू.पी., वाल्यूम-2, पृ. 90-96.
13. दरोगा मीर वाजिद अली का बयान, एफ.एस.यू.पी., वाल्यूम-2, पृ. 81-89. 14. सरफराज बेगम का पत्र, गदर के फूल, अमृतलाल नागर, पृ. 28-30.
15. वही, सरफराज बेगम, पृ. 28-30.
16. दरोगा मीर वाजिद अली का बयान, एफ.एस.यू.पी., वाल्यूम-2, पृ. 81-89.
17. मुंशी वाजिद अली का बयान, एफ.एस.यू.पी., वाल्यूम-2, पृ. 96-102.
18. अवध इन रिवोल्ट 1857-1858, रुद्रांशु मुखर्जी, पृ. 138.
19. नवाब बिजरिस कद्र की घोषणा, वाल्यूम-2, पृ. 123.
20. खजाने की खोज, कैसर-उत-तवारीख, कमालुद्दीन हैदर, पृ. 29.
21. 1857 : द टू वार्स एट लखनऊ, रोशन तकी, पृ. 7-209.
22. टेलीग्राफ मैसेज,जी.एफ. एडमन्स्टन, एफ.एस.यू.पी., पृ. 328.
23. इन्सीडेंट्स इन द सिपॉय वार, 1857-58, सर ग्रांटहोप
24. फोर्टी वन ईयर्स इन इंडिया (1898), लॉर्ड राबर्ट, पृ. 239-240.
25. हिस्ट्री ऑफ मूटिनी इन इंडिया, 1857, मालेसन, खंड 2, पृ. 412.
26. फ्रीडम स्ट्रगल इन उत्तर प्रदेश (अवध खंड), ए.ए. रिजवी, पृ. 97-101.
27. वही, ए.ए. रिजवी, पृ. 90-96.
28. वही, ए.ए. रिजवी, पृ. 81-89.
29. वही, ए.ए. रिजवी, वाल्यूम 2, पृ. 231-232.
30. राजा जयलाल सिंह का पत्र मल्लावा के ताल्लुकेदार रामेश्वर बख्श के नाम, 3 अगस्त, 1857, राजा राजा जयलाल वर्सेस ब्रिटिश गवर्नमेंट बस्ता, राजकीय अभिलेखागार, प्रयागराज

31. 15 जनवरी, 1858 का ताल्लुकेदार तिलोई को राजा जयलाल सिंह की तरफ से भेजा गया पत्र, राजा जयलाल वर्सेस ब्रिटिश गवर्नमेंट बस्ता, राजकीय अभिलेखागार, प्रयागराज
32. जौनपुर खुफिया विभाग के इंचार्ज कार्नेगी को 13 अक्टूबर, 1857 को प्राप्त रिपोर्ट का अंश, एफ.एस.यू.पी., पृ. 211
33. आरोप पत्र, फ्रीडम स्ट्रगल इन उत्तर प्रदेश (अवध खंड), ए.ए. रिजवी, पृ. 644.
34. निर्णय, वही, ए.ए. रिजवी, पृ. 645-654.
35. राजा जयलाल सिंह का फाँसी पाना, कैसर-उत-तवारीख, कमालुद्दीन हैदर, पृ. 133-134.
36. अवध गजेटियर, डब्लू.सी. बेनेट, वाल्यूम-2, पृ. 79.
37. कश्फुल बगावत गोरखपुर, अहमद अली शाह मियाँ साहब, उर्दू, 1861 (अंग्रेजी अनुवाद-फरहत नसरीन, 2010, पृ. 79, नज्म 504-505)

अध्याय-4

राजा बेनीमाधव सिंह

राजा दर्शन सिंह गालिबजंग की छोटी रानी से जयलाल सिंह और गुन्नी प्रसाद के अतिरिक्त तृतीय पुत्र के रूप में बेनीमाधव का जन्म हुआ। अंग्रेजों के रिकार्ड में बेनीमाधव के बारे में उनका हुलिया[1] दर्ज मिलता है—''साँवला रंग, चेचकरू आँख, फरबा अन्दाम, फर्राख पेशानी, रीश बरूथ (साँवला रंग, चेचकवाली आँख, दोहरा बदन, चौड़ा माथा, खिचड़ी दाढ़ी) उम्र 35 वर्ष।'' इस आधार पर निष्कर्ष निकाला जा सकता है कि राजा बेनीमाधव का जन्म 1822 ईसवी के लगभग हुआ होगा। पिता राजा गाजिबजंग तथा बड़े भाई राजा जयलाल सिंह का नवाबी दरबार में काफी प्रभाव होने के कारण बेनीमाधव भी आसानी से शासन सत्ता से जुड़ गए। 1857 के पहले के जीवन से जुड़ी सामग्री उपलब्ध नहीं है किन्तु 1857 में राजा बेनीमाधव द्वारा आज़मगढ़ तथा लखनऊ में लड़े गए युद्धों के सम्बन्ध में अनेक समकालीन सूचनाएँ तत्कालीन पुस्तकों, रिपोर्टों तथा टेलीग्राफ मैसेजों से मिलती है।

उल्लेखनीय है कि सन् 1857 के स्वतन्त्रता संग्राम में बेनीमाधव नाम के दो व्यक्तियों ने भाग लिया, जिनके सम्बन्ध में लेखकों ने अक्सर भ्रामक एवं अस्पष्ट सूचनाएँ दी हैं। राजा बेनीमाधव के पिता का नाम राजा दर्शन सिंह गालिबजंग था। वे अतरौलिया (आज़मगढ़) के किले में अथवा रिकाबगंज (लखनऊ) की कोठी में रहा करते थे। युद्ध के दौरान वे जौनपुर व आज़मगढ़ के नाजिम बनाए गए थे। वे जाति के कुर्मी थे। दूसरे बेनीमाधव शंकरपुर (रायबरेली) के राना बेनीमाधव बख्श सिंह[2] थे। वे राजपूत थे। उनके पिता का नाम राना शिवप्रसाद सिंह था। वे भी बेगम हज़रत महल से जुड़े थे तथा अनेकों युद्धों में सहभागी रहे। उनके चचेरे भाई बेनीमाधव के पुत्र रघुराज सिंह से वीर कुँवर सिंह (शाहाबाद) की पुत्री का विवाह हुआ। मेंगर सिंह ने अपने बयान में बेगम हज़रत महल के साथ नेपाल में राना बेनीमाधव व उनके चचेरे भाई बाबू जुगराज सिंह के होने की बात कही है। लखनऊ के दरबार में अथवा बैसवाड़े के युद्धों में जिन बेनीमाधव का नाम प्राय: रिपोर्टों में आता है वे राना बेनीमाधव बख्श सिंह ही हैं। अधिक विस्तार से दोनों व्यक्तियों पर

समझने के लिए आचार्य रजनीकान्त वर्मा की पुस्तक में दिए गए विवरण देखे जा सकते हैं। (परिशिष्ट-4)

राजा दर्शन सिंह गालिबजंग अवध के नवाबों के समय अत्यन्त प्रभावशाली व्यक्ति थे। उन्होंने नरियाँव के ठाकुर बलवन्त सिंह से 41 गाँवों की जमींदारी खरीदी थी। आगे चलकर राजा जयलाल ने बुझावन सिंह के दुर्ग को तोड़कर नरियाँव व अतरौलिया में दो दुर्ग बनवाए तथा अन्य स्थानों पर छावनी कोट बनवाई। जिस स्थान पर वर्तमान अतरौलिया थाना है वहीं राजा की घुड़साल हुआ करती थी। गालिबजंग के 4 पुत्र—जयलाल, रघुबरदयाल, बेनीमाधव तथा फतेहबहादुर हुए। यद्यपि इसके पुख्ता प्रमाण नहीं मिलते किन्तु ऐसी परम्परा है कि गालिबजंग की मृत्यु के पश्चात् अधिकांश सम्पत्ति ज्येष्ठ पुत्र राजा जयलाल सिंह के नाम रही किन्तु सुविधा के दृष्टिकोण से बेनीमाधव को जौनपुर-आज़मगढ़ तथा फतेहबहादुर को फैज़ाबाद का इलाका प्रदान किया गया था। जयलाल सिंह द्वारा बिरजिस कद्र को नवाब बनाने में मदद करने के बदले में अवध की सरकार ने राजा जयलाल को लखनऊ का कलेक्टर तथा बेनीमाधव को जौनपुर-आज़मगढ़ का नाजिम बनाया था। ऐसी भी मान्यता है कि राजा फतेहबहादुर सिंह को अवध फौज का कमांडर इन चीफ बनाया गया था तथा उन्हें नुसरतजंग की उपाधि दी गई थी। किन्तु इस सम्बन्ध में भी प्रामाणिक साक्ष्यों का अभाव है। जयलाल लखनऊ में, फतेहबहादुर नुसरतजंग फैज़ाबाद में और बेनीमाधव अतरौलिया किले में रहते थे। रघुबरदयाल के सम्बन्ध में अधिक सूचना प्राप्त नहीं होती है।

फूलबदन सिंह[3] के अनुसार—"सन् 1857 के लगभग 50 वर्ष पूर्व नरियाँव के प्रसिद्ध ठाकुर बुझावन सिंह ने फैज़ाबाद जिले के सुदूर पूर्वी और आज़मगढ़ के पश्चिमी भाग में अपना एक छोटा-मोटा स्वतन्त्र शासन स्थापित किया था, जो न तो किसी शाही सल्तनत को मानते थे और न कम्पनी सरकार की ही अधीनता स्वीकार करते रहे। किसी को कर चुकाना तो मानो उनके लिए हराम था। उन्होंने अवध के पूर्वी भाग (विशेषकर आज़मगढ़ जिले भर) में अपना प्रभुत्व स्थापित किया और नरियाँव में अपनी एक शानदार कोट बनवाकर उसी को अपना केन्द्र माना था। नरियाँव से अतरौलिया तक के चप्पे-चप्पे पर उनका अधिकार तो था ही, जिले के सगड़ी और चिरैयाकोट तक के अधिकांश क्षेत्र उनके अधिकार में जा चुके थे। इन्हीं की बनवाई हुई अतरौलिया में भी एक कोट थी, जिसके भग्नावशेष का ऊँचा टीला बाजार से उत्तर तरफ आज भी विद्यमान है। इनकी कुल 22 कोटें होने की बात बताई जाती हैं, जिनमें नरियाँव, अतरौलिया, रामपुर (निकट गोविन्दपुर मदियापार, गोविन्दपुर से पूरब ओर परमेश्वरपुर), लोहरा, भीखपुर लखनडीह, चिरैयाकोट और

सगड़ी आदि मुख्य थीं। किन्तु ऐसा जान पड़ता है कि नरियाँव और अतरौलिया के अतिरिक्त शेष कोटें केवल बड़े जमींदारों की छावनियों के समान ही थीं, जहाँ पर जाकर ठहरने आदि की सुविधा रहती रही होगी।

बुझावन सिंह के अन्त के बाद उनके वंशज ठाकुर बलिवन्दा उर्फ बरविंडा उर्फ बलवन्त सिंह ने भी अपने शासन-विस्तार में पर्याप्त प्रगति की और अपने शासन-संचालन के निमित्त अपनी एक छोटी-सी सेना भी संगठित की थी, जो नरियाँव क्षेत्र के विभिन्न कोटों पर रहती थी। जिसका भोजनालय उस क्षेत्र के केन्द्रस्थल पिकिया नदी के तटवर्ती भीखपुर की कोट था, जहाँ से भोजन करने अथवा किसी खतरे के उत्पन्न होने की अवस्था में घौंसा (बड़ा नगाड़ा) बजाकर सेना को एकत्रित होने की सूचना दी जाती थी। उस बजनेवाले धौंसे की लोहे की खोल आज भी ग्राम अगथरा के अतीथ मठ में मौजूद है जिसका व्यास दो फुट चार इंच चौड़ा और ऊँचाई दो फुट की है, जिसके ऊपरी भाग में चार फड़े लगे हुए हैं। यह मठ अतरौलिया और नरियाँव के मध्य, फैज़ाबाद जिले के क्षेत्र में पड़ता है जिसके महन्थ ठाकुर बलवन्त सिंह के खानदानी गुरु होते चले आए हैं और उसी लगाव के कारण इलाकों की जब्ती के दिनों में यह नगाड़ा भी तत्कालीन महन्थ बाबा दुर्गानन्द गिरि को समर्पित कर दिया गया था। ठाकुर साहब की ओर से मठ के नाम से 80 बीघे माफी भी मिली थी, जिसका लगभग 30 बीघा आज भी शेष बचा है।

ठाकुर बलवन्त सिंह की नरियाँववाली कोट 19 बीघे के क्षेत्र में बहुत सुरक्षित ढंग से बनी थी, जिसके चारों ओर की दोहरी खाइयाँ आज भी मौजूद हैं। इस कोट की सुरक्षा की एक विशेषता यह भी पाई जाती है कि कोट के बाहर चारों तरफ से इतनी घनी कटबाँसी के बाँस काफी चौड़ाई में चारों तरफ से लगाए गए थे कि लोगों का कहना है कि उसमें तोप के गोले भी विफल हो जाया करते थे, जो आज भी मौजूद है। बाहरी खाईं 50 गज गहरी और 50 गज चौड़ी एक छोटी नदी के समान जान पड़ती है, जिसमें सर्वदा जल भरा रहता है। उस कोट की खाईं, कटबाँसी की हजारों खूँटियाँ, उसका शानदार फाटक, बीच में स्थापित रहनेवाले सम्मों माई के मन्दिर का भग्नावशेष, फाटक के सामने का 7 हाथ की चौड़ाईवाला अथाह पक्का कुआँ और गाँव में ही स्थित 84 बीघे के रकबे का आम का बाग आदि से यह जाहिर होता है कि बुझावन सिंह और उनके वंशज बलवन्त सिंह अवश्य ही अपने समय के मनस्वी शासक रहे होंगे। उनके एकाधिपत्य की थोड़ी-सी चर्चा सरकारी उल्लेखों में भी पाई जाती है, जिसमें उनके मनमानेपन की बात आभासित की गई है और उनके इलाकों के कर न अदा करने के कारण

जब्त होने की बात तो प्रसिद्ध ही है। 1857 के विप्लव के लगभग 50 वर्ष पूर्व बलवन्त सिंह का अतरौलिया का समस्त इलाका निकलकर राजा बेनीमाधव सिंह के पिता राजा दर्शन के हाथ में जा चुका था। किस रूप में गया, इसका कोई ठोस प्रमाण नहीं मिल सका, किन्तु अनेक किंवदन्तियों और सरकारी कागजों के संकेत मात्र से ऐसा प्रतीत होता है कि बलवन्त सिंह की अपनी स्वतन्त्र सत्ता पिपासा की चेष्टा में, कर न अदा करने के कारण किसी बड़ी शक्ति द्वारा जब्त करके नीलाम कर दिया गया, जिसको पड़ोसी ग्राम बौड़रा (बवंडरा) निवासी राजा दर्शन सिंह ने खरीद लिया। इन्हीं ठाकुर बलवन्त सिंह के परिवार के अन्तू सिंह पेसर देवी सिंह और हरिहर सिंह पेसर दलथम्भन सिंह का नाम सन् 1857 के विप्लवकारियों की सरकारी लिस्ट में भी पाया जाता है, जो अंग्रेजों की पकड़ में न आकर आजीवन फरार ही रहे।''

बुझावन सिंह तथा उनके वंशजों के सम्बन्ध में रीड की रिपोर्ट[4] से भी सूचना मिलती है। वह लिखता है (पृ. संख्या 58-59) कि, ''18वीं सदी के मध्य में नरियाँव के बुझावन सिंह ने अतरौलिया शाखा में ताल्लुका स्थापित करने का प्रयास किया। उसके बाद उसके पुत्र बलवन्त सिंह और पोते अवतार सिंह ने अपने परगना में तथा गोपालपुर व सगड़ी में अनेक गाँवों का बन्दोबस्त कराया। 1798-99 में नवाब वजीर के समय खिराज न जमा करने के कारण उन्हें निकालने के लिए कर्नल सर इवान बेली के नेतृत्व में कुमुक भेजी गई। सन् 1801 में जब यह जिला अंग्रेजों के हाथ आया तो वह अंग्रेज कलेक्टर के सामने पेश हुआ और 1209 (सन् 1799) फसली का खिराज जमा किया लेकिन पहले त्रिवर्षीय बन्दोबस्त (1210-1212 फसली, सन् 1800-1802) के दौरान उसके ताल्लुके को तोड़ दिया गया और ग्रामीण भूस्वामियों से सीधा बन्दोबस्त किया गया जो द्वितीय बन्दोबस्त में यथावत बना रहा। तृतीय बन्दोबस्त के समय ग्रामीण भूस्वामियों ने पुरानी जमा के साथ बन्दोबस्त में जाने से मना कर दिया। अवतार सिंह ने काफी बड़े खिराज पर अपनी जमींदारी पुनः प्राप्त कर ली। लेकिन ग्रामीण भूस्वामियों ने बोर्ड ऑफ कमिश्नर व कलेक्टर के यहाँ भारी विरोध दर्ज कराया। हालाँकि इसका परिणाम कुछ भी नहीं निकला। अवतार सिंह खिराज जमा नहीं कर पाया और ग्रामीण भूस्वामी बढ़ी दर पर बन्दोबस्त करने को राजी हो गए तो सन् 1811 में ग्रामीण भूस्वामियों के साथ पुनः करार हुआ और अवतार सिंह की जमींदारी समाप्त हो गई। बुझावन सिंह के वंशज अभी भी नरियाँव में रहते हैं। उनके पास बस एक या दो महाल शेष बचे हैं।'' इस विवरण से ऐसा प्रतीत होता है कि सन् 1811 के पश्चात् किसी वर्ष राजा दर्शन सिंह गालिबजंग को इस ताल्लुके की जमींदारी दी गई होगी।

सन् सत्तावन की बगावत में कुर्मी राजा बेनीमाधव की भूमिका स्पष्ट करना आवश्यक है। फूलबदन सिंह सहित अनेक लेखकों का मत है कि राजा बेनीमाधव सिंह जब अवध राज से अलग हुए तो अपने साथ भारी संख्या में तोपें, बन्दूकें तथा अन्य आग्नेयास्त्र गुप्त रूप से लेते आए और बौड़रा के घने जंगल, जिसमें उस समय अनेक कुटिया थीं, छिपाकर रख दिए। बौड़रा की घनघोर कँटीली झाड़ियों में उनका शस्त्रागार था और अतरौलिया में हाथी, घोड़ों और सशस्त्र सैनिकों से अलंकृत उनका कोट था, जिसमें कचहरी लगती थी। कोट के चारों ओर अथाह खाइयाँ थीं, कोट का पक्का पोखरा और शिवालय राजा बेनीमाधव सिंह के वैभव के प्रतीक के रूप में आज भी विद्यमान हैं। अंग्रेजों के भारत में बढ़ते हुए प्रभाव से राजा बेनीमाधव सिंह सदा चिन्तित रहा करते थे और अपने राष्ट्रभक्त मित्र शहीद मेघई प्रसाद अहीर से मंत्रणा भी करते थे। मेघई प्रसाद आज़मगढ़ के अहिरीपुर गाँव के निवासी थे जो निज़ामाबाद कस्बे के उत्तर-पश्चिम रैसिद्धपुर गाँव के निकट एक लाचिरागी गाँव है। वे राजा बेनीमाधव सिंह के साथ लखनऊ में रहते थे और तोपखाना-संचालक के विशेषज्ञ थे। फूलबदन सिंह[5] के अनुसार—''26 जून, 1857 को बेनी साहब (वेनीबुल्स) ने अतरौलिया पर चढ़ाई की। इसमें हैवलॉक उनके साथ था। राजा बेनीमाधव से हारकर वे भागे। अनेक अंग्रेज मारे गए, दर्जनों पकड़कर अतरौलिया के किले में बन्द कर दिए गए, तमाम गोला बारूद व तीन तोपें विप्लवी सेना के हाथ लगी।'' मुरारी सिंह[6] के अनुसार—''आज़मगढ़ के तत्कालीन जिलाधीश वेनीबुल्स ने पूरी तैयारी से राजभवन के सैनिकों तथा कुछ नागरिकों को मिलाकर एक जन-सुरक्षा समिति बनाकर अतरौलिया पर आक्रमण कर दिया। बेनीमाधव सिंह ने जमकर उसका मुकाबला किया। इस युद्ध में तोपची मेघई प्रसाद ने अद्‌भुत रण-कौशल का परिचय दिया। उसकी तोपों की मार के सामने वेनीबुल्स की गोरी फौज टिक नहीं पाई और परास्त होकर आज़मगढ़ लौट आई। इस पराजय से अंग्रेज जिलाधीश बौखला उठा। उसने बनारस से और फौज मँगाकर अतरौलिया पर आक्रमण कर दिया। राजा साहब ने इस बार उसका मुकाबला भोराजपुर की बाग में किया। उनकी फौज के समक्ष अंग्रेज फौज टिक न सकी और पीछे हटकर उसने कोयलसा जहाँ इस समय उद्योग विद्यालय, जवाहर मैदान तथा जूनियर हाई स्कूल कोयलसा है, में मोर्चाबन्दी कर ली। बेनीमाधव सिंह भोराजपुर की बाग में दो दिनों तक तिघरा के ताल्लुकेदार पलवार राजपूत पृथ्वीपाल सिंह की प्रतीक्षा में रुक गए। इस बीच वेनीबुल्स को मोर्चाबन्दी करने का पूरा अवसर मिल गया। पृथ्वीपाल सिंह के आने के साथ ही बेनीमाधव सिंह एक बड़ी फौज लेकर कोयलसा की तरफ बढ़े और तोपखाना इंचार्ज मेघई प्रसाद

को आगे बढ़ने का आदेश दिया। उनकी सेना के सेनापति भीलमपुर निवासी हरनाम सिंह के रण-कौशल के सामने अंग्रेजी सेना भागने लगी। पृथ्वीपाल सिंह को उनका पीछा करने का आदेश देकर बेनीमाधव सिंह अतरौलिया लौट गए। पृथ्वीपाल सिंह ने अंग्रेजों की भागती सेना का पीछा करते हुए आज़मगढ़ पर विजय प्राप्त करने के पश्चात् लगभग एक माह तक आज़मगढ़ में स्वतन्त्र रूप से शासन किया।

राजा बेनीमाधव[7] को 17 अगस्त, 1857 की घोषणा द्वारा आज़मगढ़-जौनपुर का प्रशासक बनाया गया था। राजा बेनीमाधव की नियुक्ति के अवसर पर नवाब बिरजिस कद्र ने अवधवासियों के नाम फरमान की घोषणा की—"मैं नवाब बिरजिस कद्र वली अहद बेगम हज़रत महल एवं नवाब वाजिद अली शाह अवध की उजाड़ जमीन को फिर से बसाने और उसके निवासियों को सहूलियतें अदा करने के लिए पूरी तरह तैयार हूँ। अतएव मैंने अपने नए एवं पुराने पैतृक क्षेत्र से काफिर फिरंगियों को मार भगाने का निर्णय लिया है। उसके साथ-साथ मैंने जौनपुर-आज़मगढ़ की हुकूमत के लिए बहादुर कुर्मी राजा बेनीमाधव को नामजद किया है। मैं हुक्म देता हूँ कि उक्त राजा के निर्देशों का पालन करते हुए आमलोग उन बेदीन काफिरों के पूरे गिरोह का खात्मा करें और तेग हाथ में लेकर फतेह हासिल करें तथा उन्हें मुल्क से बाहर निकालने की भरसक कोशिश करें। राजा को अपनी रियासत का आलिम मानते हुए आप लगान की वसूली में मदद दें तथा किसानों की भलाई करें। इसके लिए आपको इनाम दिया जाएगा।"

19 अगस्त, 1857 को राजा बेनीमाधव के अधीन नायब नाजिम इरादत जहाँ ने जनता से अपील[8] करते हुए एक हुक्मनामें का ऐलान कराया—"अली और हुसैन के करम से अवध की हुकूमत द्वारा मुझे आज़मगढ़ एवं जौनपुर जनपद की नायब निजामत अता की गई है। अत: ताल्लुकेदार, चौधरी, कानूनगो एवं अन्य लोगों को मेरा हुक्म मानने पर अमल करना चाहिए और खुद को मेरे दरबार में हाजिर करना चाहिए। इसके बाद नाजिम राजा बेनीमाधव इलाकाई दौरा करेंगे। जो शख्स हाजिर नहीं होंगे उन्हें बेदीन-बेईमान समझा जाएगा। अत: उन्हें हुक्म मानने के लिए तैयार होना चाहिए और हाजिर होना चाहिए। वरना उनकी भलाई नहीं होगी।"

कर्नल राटन की कमान में 26 अगस्त, 1857 को गोरखों ने शहर में प्रवेश किया तो पलवारों ने शहर छोड़ दिया। इसी बीच पता चला कि कुर्मी राजा बेनीमाधव ने पलवारों के साथ मिलकर संयुक्त मोर्चा बनाया और एकजुट होकर आज़मगढ़ की ओर बढ़ने लगे। अतरौलिया से चलकर 15 सितम्बर, 1857 को मन्दुरी की बाग में शिविर किया गया। जनश्रुति[9] है कि मन्दुरी बाग में शिविर का ऐलान बन्दूकें

दागकर किया गया। 18 सितम्बर, 1857 को जौनपुर से कैप्टन बाइलू के नेतृत्व में 1200 गोरखा वापस आ गए। गोरखा फौज को साथ लेकर 20 सितम्बर को आज़मगढ़ से नौ मील दूर स्थित मन्दुरी की बाग में वेनीबुल्स ने बागियों की सोती हुई सेना पर रात्रि 3-4 बजे के बीच ही अचानक हमला किया। अचानक आक्रमण से फौज में भगदड़ मच गई। भयंकर संग्राम हुआ। हजारों शहीद हुए। इस लड़ाई में प्रसिद्ध गोलन्दाज मर्दन सिंह, भोला सिंह, हरिनाम सिंह तथा मेघई अहीर वीरगति को प्राप्त हुए। आधी रात से अगले दिन दोपहर तक युद्ध चला।'' गजट[10] के अनुसार इस युद्ध में बागी सेना के 300 आदमी मारे गए तथा 3 बन्दूकें पकड़ी गईं। उल्लेखनीय है कि मन्दुरी के युद्ध में शहीद होनेवालों में 6 रणबांकुरे क्रमशः हरिनाम सिंह, हरिपाल सिंह, हरिदत्त सिंह, भोला सिंह, मर्दन सिंह तथा शीलवन्त सिंह एक ही गाँव भीलमपुर छपरा के निवासी थे। इन शहीदों की याद में गाँववालों ने स्मारक बना रखा है तथा प्रतिवर्ष 20 सितम्बर को यहाँ मेला लगता है।

20 सितम्बर, 1857 के युद्ध में विप्लवी सेना के पाँव उखड़ गए। गजट[11] के अनुसार बेनीमाधव मन्दुरी से भागकर अतरौलिया के किले में रुके किन्तु गोरखा फौज की बढ़त के कारण वहाँ से निकल गए। देशी अफसरों ने इस किले पर कब्जा कर लिया। बेनीमाधव सिंह, फतेहबहादुर सिंह और पृथ्वीपाल सिंह के साथ कुछ अन्य विश्वस्त सैनिकों को लेकर केशवपुर के पुल को तोड़ते हुए कप्तानगंज, अहरौला, अतरौलिया, फैज़ाबाद होते हुए लखनऊ अपने भाई राजा जयलाल सिंह के यहाँ चले गए। विप्लवी सेना उत्तर-पश्चिम देहातों से होते हुए अवध लौट गई। 29 सितम्बर, 1857 को अतरौलिया गढ़ में ब्रिटिश सेनाएँ प्रविष्ट हुईं। गढ़ लूट लिया गया। अंग्रेजी शासन द्वारा उनके पूरे परिवार को बागी करार देकर 14 अक्टूबर, 1857 को उनकी सारी सम्पत्ति की जब्ती का आदेश पारित कर दिया गया। बेनीमाधव लखनऊ चले आए और नवाब बिरजिस कद्र के दरबार में उपस्थित हुए। उक्त घटना का विवरण कैप्टन ब्रूस ने टेलीग्राफ[12] द्वारा 20 अक्टूबर, 1857 को मेजर जनरल आउट्रम के पास भेजा—''आज़मगढ़ एवं जौनपुर के नाजिम बेनीमाधव लखनऊ वापस आ गए हैं। उन्होंने नवाब को सूचित किया है कि उनकी सेनाएँ पूर्णतः पराजित हो चुकी हैं। उनका निवास-स्थान लूट लिया गया है। बेनीमाधव को कुछ सैनिक टुकड़ियाँ प्रदान की गईं है और आदेश किया गया है कि वे अन्य व्यक्तियों की भी सहायता लें।'' 3 नवम्बर, 1857 को भी ऐसी ही सूचना[13] भेजी गई—''बेनीमाधव जो आज़मगढ़ के नाजिम के तौर पर गया था लौट आया और सूचना दी कि सेना परास्त हो गई और उसका घर लूट लिया गया। बेनीमाधव को कुछ सेना मुहैया कराई गई तथा ज्यादा आदमियों पर

विचार करने का निर्देश दिया गया। वह चला गया।'' (पृ. 248)

मन्दुरी के इस युद्ध में विप्लवी सेना को काफी क्षति[14] उठानी पड़ी और लड़ने-मरने के अतिरिक्त अधिकांश सैनिक दुश्मनों द्वारा पकड़े भी गए, जिन्हें बाद में उसी मन्दुरी की बाग में दिन-दहाड़े कोड़े लगा-लगाकर आम की डालों में फाँसियों पर लटका दिया गया। कहा जाता है कि उन अभागों की पचासों लाशें डालियों में कई दिन तक उसी प्रकार से लटकती हुई देखी गई थीं। ग्राम की तलाशी लेते समय शिवदीहल राय, मितई कहार और एक जुलाहे को भुजाली से मार दिया गया। मन्दिल राय के घर की महिलाओं को भी मकान के अन्दर किवाड़ बन्द दशा में गोली का शिकार बनाया गया। इस भीषण संग्राम में भी जहरीली गैसों का तोप के गोलों के द्वारा दोनों ओर से प्रयोग किया गया था, जिसके कारण यहाँ भी आज़मगढ़ के पिछले युद्ध की भाँति बेतरह खाँसियाँ उत्पन्न हुईं, जिनसे और भी परेशानी बढ़ गई। यह मानना पड़ेगा कि यदि गोरखा पल्टन आज़मगढ़ में न आती तो आज़मगढ़ तथा मन्दुरी के संग्रामों में भी अंग्रेजों को विजय प्राप्त कर सकना सम्भव नहीं हुआ होता। सम्भवत: इसी को लक्ष्य करके कश्फूल बगावत लेखक ने राजा जयलाल सिंह पर लिखा है—"हुआ राजा जयलाल आमादा जंग, किया काफिया उसका गोरखा ने तंग, गिरा उनपे छापा लिया तोप दो, बस अब से जव्वाल उसके आफाल को।" उस अमर ऐतिहासिक मन्दुरी ग्रामवाली बाग के अनेकों रक्त-रंजित वृक्ष खूनी छीटों के दाग-धब्बों सहित सन् 1857 की अमर क्रान्ति की शहादत में जर्जर उसाँसें ले-लेकर अमर शहीदों की विपुल गाथाएँ सुनाने को वहाँ खड़े थे जो लगभग 10 वर्ष पूर्व (1966-67) कट गए हैं। अब तक आज़मगढ़ अतरौलिया और कोइल्सा आदि की मुठभेड़ें होने के परिणामस्वरूप अंग्रेजों की जो बार-बार हार होती रही, उसके बाद मन्दुरी में उनकी यह प्रथम विजय थी, जिसने उनके हौसले बढ़ा दिए। इस विजय में अंग्रेजों को विप्लवी सेना की तोपें, हाथी, ऊँट और बहुत-सी युद्ध सामग्री तथा रसद आदि भी हाथ लगी। मन्दुरी के इस भीषण संग्राम में विजई होकर अंग्रेजी फौज पश्चिम की ओर आगे बढ़ी। रास्ते में जाते समय सड़क के किनारे के पासीपुर, कौड़िया, बूढ़नपुर और कोइल्सा आदि ग्रामों के देहातों में लूट-मार करके मकानों को फूँकती हुई वह दूसरे दिन दोपहर बाद अतरौलिया पहुँच गई। तब तक अतरौलिया के किले की संरक्षक विप्लवी टुकड़ी भी वहाँ की रसद सामग्री में आग लगाकर किला छोड़ चुकी थी। अंग्रेजी सेना ने अतरौलिया पहुँचकर उसे अच्छी तरह से लूटा-फूँका और उस पर तोप के गोले बरसाकर दीवालों को तोड़वा दिया। इधर-उधर की छोटी-मोटी दीवालें तथा बरामदों के खम्भे आदि हाथियों से धक्के दिलवाकर पस्त करवा

दिए गए और शेष छोटी-मोटी वस्तुएँ भी नष्ट कर दी गईं। अतरौलिया बाजार में निरीह जनता को भी अत्याचार का शिकार बनाया गया और अनेक व्यापारियों को फाँसी दी गई। इसके बाद अतरौलिया से तीन मील पश्चिम पलवारों के प्रसिद्ध ग्राम लोहरा (पहले का लौहगढ़) इत्यादि को भी लूट-फूँक कर बर्बाद कर दिया गया और उस ग्राम के अनेक निरपराध पलवार ठाकुरों को भी जबर्दस्ती पकड़-पकड़कर गाँव के ही एक प्राचीन पीपल के वृक्ष में फाँसी दे दी गई। पीपल का वह वृक्ष लोहरा ग्राम के दक्षिण और आज़मगढ़-फैज़ाबाद रोड के उत्तरवाले स्थान पर अभी पन्द्रह-बीस वर्ष पूर्व तक खड़े-खड़े उस स्थान की रक्त-रंजित कहानियाँ सुनाया करता था। वहाँ पर अभी भी आम और बबूल के बहुत-से नए वृक्ष मौजूद हैं जिससे उस स्थान का चिह्न ज्ञात होता है।

नवाब बिजरिस कद्र के आदेशों का पालन करते हुए बेनीमाधव ने डेरा नरेश रुस्तम शाह को अपने पत्र[15] में लिखा कि—"नवाब अपने द्वारा प्रेषित सेना के द्वारा आज़मगढ़ एवं जौनपुर प्रकरण का निस्तारण करने हेतु मुझे आदेश देते हैं कि मैं फिरंगी सेनाओं को नष्ट करने के लिए इस क्षेत्र के राजा एवं सैनिकों के साथ इस क्षेत्र के राजाओं का सहयोग प्राप्त करूँगा। यदि आप तैयार हों तो अपनी सेना और शस्त्रों के साथ सहायता करने आ सकते हैं।" क्षेत्रीय ताल्लुकेदारों का सहयोग प्राप्त कर राजा बेनीमाधव अतरौलिया दुर्ग पर अधिकार करने के लिए आज़मगढ़ वापस लौटे। 3 नवम्बर, 1857 को अतरौलिया, कोयल्सा और माहुल के गद्दार तहसीलदारों ने अंग्रेजों को लोहरा एवं शहजादपुर में स्थित बेनीमाधव की गतिविधि से अवगत कराया। 5 नवम्बर, 1857 को माहुल के थानेदार हैदर ने भी अंग्रेजों को सतर्क किया। परन्तु राजा बेनीमाधव ने अपनी अद्वितीय वीरता से अतरौलिया दुर्ग पर पुनः अधिकार कर लिया। 9,10,11,12 नवम्बर, 1857 को कर्नल लांगडेन[16] के नेतृत्व में फिरंगी सेनाओं ने अतरौलिया पर आक्रमण कर दुर्ग को पूर्णतः ध्वस्त कर दिया। राजा बेनीमाधव हताश हो पुनः लखनऊ लौट आए। जनवरी, 1858 में राजा बेनीमाधव अंग्रेजों से लखनऊ में लड़े।[17] सम्भवतः यह छापामार युद्धों में से एक था। इसके बाद अतरौलिया नरेश राजा बेनीमाधव के विषय में कोई प्रामाणिक विवरण प्राप्त नहीं होता है। कहते हैं कि वे बेगम हज़रत महल के साथ नेपाल चले गए थे। नेपाल में उनकी उपस्थिति की सूचना सन्दिग्ध है क्योंकि मेंगर सिंह[18] के बयानों में आनेवाले बेनीमाधव वस्तुतः राना बेनीमाधव बख्श सिंह थे। अधिक सम्भावना है कि राजा बेनीमाधव ने फरारी के सोलह वर्ष बौड़रा लछिरामपुर के आसपास के जंगलों में साधु बनकर काटे थे। उनके ऊपर युद्ध में नेतृत्व करने का आरोप था किन्तु किसी ब्रिटिश नागरिक के रक्तपात का आरोप न होने के कारण

आम माफी के तहत शायद सजाए मौत न दी जाती किन्तु इस राष्ट्रभक्त ने अंग्रेजों के समक्ष समर्पण नहीं किया। अपनी बौड़रावाली प्राचीन पैतृक जन्म-भूमि पर ही छिपे रहकर गुजर-बसर करने लगे। लगातार सोलह-सत्रह वर्ष बिताने के बाद वहीं पर दिनांक 10.10.1874 को पेशाब बन्द होने और दर्द-शिकम (पेट में दर्द) की बीमारी से इनका स्वर्गवास[19] हो गया, दाह-संस्कार उनके पुत्र श्री तेजप्रताप सिंह ने चांडीपुर (जिला फैज़ाबाद) में सरयू नदी के तट पर रामघाट पर किया। यह स्थान अतरौलिया से लगभग 10 मील की दूरी पर उत्तर की तरफ स्थित है।

अतरौलिया के 12 सौ बीघे के रकबे का पूर्ण इलाका[20] अंग्रेजों द्वारा ऊँचेगाँव (तहसील सदर थाना कोतवाली) के गुलजार सिंह, संग्राम सिंह, हनुमान सिंह और शिवदत्त सिंह आदि लोगों को ऊँची के गोदाम में छिपनेवाले अंग्रेजों को सहायता और पनाह देने के पुरस्कार स्वरूप दिया गया था, जो जमींदारी टूटने के पूर्व उन्हीं के अधिकार में था। अब इस समय ऊँचेगाँव के लोगों के हाथ में अतरौलिया की लगभग 10-12 बीघा सीर की भूमि मात्र रह गई है, शेष सभी दूसरे शिकमीदारों के हाथ में जाकर भूमिधरी बन चुकी है। राजा बेनीमाधव सिंह की कोट के भग्नावशेषवाली भूमि भी उक्त जमींदारों के ही हाथ पड़ी थी, जिसके पर्याप्त अंश अभी 15-16 वर्ष पूर्व तक वहाँ पर मौजूद थे। किन्तु अब सिवाय कोट के बीच के एक पक्के कुएँ, कोट के सामनेवाले छोटे शिवाले और उसके उत्तर के पक्के तालाब के दूसरा कुछ भी वहाँ पर मौजूद नहीं है। कोट की बाहरी चहारदीवारियाँ और कई सुन्दर बुर्जियाँ जो अभी कुछ दिनों पूर्व तक मौजूद रहीं, सभी पस्त करके खेत बना ली गई हैं। बौड़रा राजा बेनीमाधव प्रसाद के पूर्वजों के पैतृक निवास का छोटा-सा प्राचीन भाग है, जो आज़मगढ़ नगर से 26 मील पश्चिम, आज़मगढ़-फैजाबाद रोड से उत्तर की तरफ अतरौलिया बाजार से लगभग एक मील पर स्थित है। यहाँ पर अब भी राजा बेनीमाधव सिंह के परिवार के लोग रहते हैं। इस गाँव के चारों ओर कोसों दूर तक घने पलास का जंगल था, जिसका सहस्रांश अब भी वहाँ पर मौजूद है।

अतरौलिया के किले के ध्वस्त हो जाने के कारण इनके परिवार के लोग भी बाद में अपनी पुरानी घरोही को आबाद करके बौड़रा में ही रहने लगे, वहाँ पर आज भी परिवार के लोग मौजूद हैं। इन्हीं के पुराने पारिवारिक कागजों, कुर्सीनामों, फ़ौतनामों और 14 अक्टूबर, 1857 में कमिश्नर तथा कोइल्सा के तहसीलदार के जिन आदेशों के आधार पर इनकी आज़मगढ़ जिले की समस्त जायदादें जब्त की गई हैं, उनकी 1866 ई. की ली गई सरकारी नकलों और सप्तम एडवर्ड की राजगद्दी के समय (जबकि बहुत-से लोगों को अपनी जब्त जायदादें वापस मिलीं

थीं) की अपने पूर्वज राजा बेनीमाधव सिंह की जायदाद वापसीवाले आवेदन-पत्र की प्रतिलिपि, जिन पर दि. 10.06.1903 का लंदन का यह लिखित आदेश मौजूद है कि इस आवेदन पत्र को सीधे वहाँ न भेजकर यू.पी. सरकार के द्वारा भेजना चाहिए था, अस्तु नामंजूर किया जाता है। उनके किले का वृहद् पक्का आँगन, उसके उत्तर-पूर्व कोण में स्थित पक्का कुआँ, किले के सामने उत्तर-दिशा का शिव-मन्दिर और उसी से मिला हुआ उत्तर ओर का तालाब आज भी 'सन् सत्तावन जिन्दाबाद' के नारे के साथ राजा बेनीमाधव की स्मृति में अपनी गर्म साँसें ले रहे हैं। बुर्जियों आदि को पस्त करके इस समय खेत बना लिया गया है। आज़मगढ़ जिले के राजा साहब के मुसल्लम 41 गाँव के इलाके जब्त किए गए थे। उनमें से कुछ का उल्लेख परिशिष्ट में संलग्न जायदाद जब्तीवाली तालिका में दिया गया है। इनमें से कुछ को कुँवर के पूर्वजों ने खरीदा था, किन्तु कुछ आज़मगढ़ की कोठी अठवरिया आदि ने भी लिया था। केवल मौजा बौड़रा तथा अतरैठ के पास चार गाँवों को राजा साहब की ससुराल ग्राम डंडचा के सम्बन्धियों ने खरीद लिया था, जिन्हें बाद में उन्हीं के पुत्र तेजप्रताप सिंह को सुपुर्द कर दिया। इन्हीं जायदादों के सहारे राजा साहब के परिवार का गुजर-बसर होता चला आ रहा था, वह भी जमींदारी टूटने के बाद समाप्त हो गया। रोशन लाल पटेल के अनुसार (पृ. 83) परिवार के बर्बादी के बाद सब-कुछ बिखर गया। जब्तियों से बची सम्पत्ति जो भले लोगों ने बच्चों को बताई या दी उससे वे लोग अपना गुजारा करते रहे। बेनीमाधव सिंह के पुत्र तेजप्रताप सिंह ने बौड़रा का जंगल साफ कराकर फिर अच्छा मकान बनवाया। कुछ जमींदारी खरीदी जो जमींदारी उन्मूलन के समय तक उनके वंशजों के पास रही।

(1) 1857 में आज़मगढ़ के शहीद एवं कालेपानी के विप्लवी[21]

क्र. सं.	नाम तथा वल्दियत	पूरा पता	तारीख सजा	किस्म सजा
1.	राजा जयलाल पेसर दर्शन सिंह	ग्राम-बौड़रा, था. अतरौलिया, त.-फूलपुर	01.10.1859 को	फाँसी, जायदाद जब्ती
2.	मेघई प्रसाद अहीर	ग्राम-अहिरीपुर, था. निज़ामाबाद, त.-सदर	20.09.1859	मन्दुरी संग्राम में शहीद

(2) विभिन्न सजायाफ्ता एवं घोषित फरार[22]

क्र. सं.	नाम तथा वल्दियत	पूरा पता	अवधि सजा या फरार	हुलिया
1.	राजा बेनीमाधव प्रसाद पेसर दर्शन सिंह	ग्राम-अतरौलिया, त.-फूलपुर	फरार	साँवला रंग, चेचक-रू आँख, फरबाअन्दाम, फर्राखपेशानी, रीश बरूथ, उम्र 35 वर्ष

(3) जब्त किए गए इलाके व सरकारी मालगुजारी[23]

नाम व पता	जब्त इलाका	सरकारी मालगुजारी		
बेनीमाधव, जयलाल सिंह, अतरौलिया		रुपया	आना	पैसा
	गुरथानी का	61	9	6
	बेनियापार का	137	8	0
	अतरौलिया का	110	0	0

रोशन लाल पटेल[24] ने अपनी पुस्तक में राजा दर्शन सिंह, गालिबजंग के परिवार की स्मृति के रूप में मौजूद चिह्नों की एक फेहरिस्त प्रकाशित की है, जिसे पाठकों की सुविधा के लिए यहाँ यथावत् साभार प्रस्तुत किया जा रहा है—

1. राजा बेनीमाधव सिंह के किले का ध्वंसावशेष। यह अतरौलिया बाजार से पूरब में स्थित है। इसके दो तरफ गहरी खाई है। परमेश्वरपुर निवासी श्री रामबदन वर्मा रिटायर्ड प्रधानाचार्य जी ने बताया कि जब हम सन् 45 या 46 में यहीं पढ़ते थे तो किले के अवशेष स्पष्ट थे। ऊपरी भाग में टीले पर पुराने शीशम के पेड़ थे, झाड़ियाँ थीं। उन दिनों पुराने लोग कहते थे कि यह राजा बेनीमाधव सिंह का किला था जिसे अंग्रेजों ने ध्वस्त करवा दिया। लेकिन आजकल पेड़ काटकर जगह चौरस कर खेती की जा रही है। पास में ही एक

देवी का मन्दिर है जो राजा दर्शन सिंह की कुलदेवी का मन्दिर कहा जाता है। उसमें देवी की पुरानी मूर्ति लगी है। लोगों में उसकी बड़ी मान्यता है। दूर- दूर से लोग मनौतियाँ माँगने आते हैं। उनके पूरे हो जाने पर फिर वही आते हैं। खाना वहीं बनाते हैं, पहले देवी पर चढ़ाते हैं, बाद में खाते हैं। मन्दिर के बीच पुराना कुआँ है। रानी साहब के पास खजाने का जो नक्शा है उसके अनुसार इसी ऊँचे भाग के नीचे खजाना दबा है। पुरातत्त्व विभागवाले खुदाई करावें तो निश्चित ही गोरखपुर जिला के हथवापुर रियासत की तरह यहाँ भी खजाना निकल सकता है।

2. राजा साहब का नगाड़ा तथा फाटक। यह अगथरा की कुटी जिला—फैज़ाबाद में है।
3. केशवपुर का पुल। इसे राजा साहब ने छोटी सरजू नदी पारकर अवध भागते समय तोड़ दिया था।
4. कोयलसा के किले का बाग तथा जवाहर मैदान जहाँ से वेनीबुल्स हारकर भागा। यहीं गाँधी शताब्दी स्मारक स्नातकोत्तर विद्यालय बना है।
5. मन्दुरी का बाग जहाँ अन्तिम युद्ध हुआ था।
6. अहीरीपुर का ध्वंसावशेष।
7. बौड़रा कुटी जो राजा साहब की शस्त्रागार थी और पीछे मकान के रूप में परिवर्तित कर दी गई है। लगभग 5 एकड़ जगह में किले के पुराने अवशेष मिलते हैं। झाड़ जंगल साफ कर यहाँ स्मारक बनाया जा सकता है। सामने अच्छा तालाब अभी अच्छी सुन्दर स्थिति में है।
8. कोयलसा तहसील तथा निजामाबाद तहसील की जब्त जमींदारियाँ अथवा चल तथा अचल सम्पत्ति की जब्तियों का गवर्नमेंट का आदेश।
9. 'फ़ौतनामा राजगाने खानदान' पुस्तक।
10. अन्य जब्तियों के कागजात पुरानी शिकस्त भाषा में लिखे गए हैं जिनमें अरबी-फारसी के शब्द हैं।
11. मऊ-यदुवंशपुर का शिवालय।
12. फैज़ाबाद के मकानात जिनके मुक़दमे अदालतों में चले हैं।
13. दर्शन सिंह नगर जो फैज़ाबाद के पूर्व में अकबरपुर रोड पर है। कस्बा छोटा किन्तु व्यवस्थित है। चौराहे 90 अंश के कोण पर काटी गई सड़कों से सीधे

बने हैं। चारों तरफ रास्ते की सुरक्षा के लिए अच्छे दरवाजे बने हैं। जिनके बीच से सड़कें गुजरती हैं।

14. लखनऊ का राजा जयलाल सिंह कुंज जहाँ जयलाल सिंह को फाँसी लगाई गई थी। यह वही स्थान है जहाँ राजा जयलाल सिंह की सेना ने अंग्रेजों का कत्ले-आम किया था। इमली का पेड़ पुराना बताया जाता है।

15. जनश्रुतियाँ जिसमें पुराने लोग बताते हैं कि जहाँ आजकल थाना अतरौलिया है वहाँ पहले राजा बेनीमाधव सिंह की घुड़साल थी।

नोट : उपरोक्त बिन्दुओं का मिलान फूलबदन सिंह की पुस्तक 'आज़मगढ़ का स्वतन्त्रता संग्राम' खंड-1 में दिए गए विवरणों से करने पर भिन्न प्रकार के दावे प्राप्त होते हैं। लेखक के अनुसार सम्मो माता मूलत: नरियाँव के ठाकुरों की कुल देवी हैं। इसी प्रकार अगथरा की कुटी पर रखे नगाड़े के सम्बन्ध में भी लेखक का दावा है कि यह नरियाँव के ठाकुरों से सम्बन्धित है। वर्तमान जनपद अयोध्या में स्थित दर्शन नगर के सम्बन्ध में अंग्रेजी गजट व अन्य रिपोर्टों से स्पष्ट सूचना मिलती है कि इसकी स्थापना राजा दर्शन सिंह गाजिबजंग ने नहीं अपितु राजा मान सिंह के पिता अयोध्या के राजा दर्शन सिंह ने की थी।

सन्दर्भ

1. अंग्रेजों के रिकार्ड में बेनीमाधव के बारे में उनका हुलिया, खंड 1, फूलबदन सिंह, पृ. 99.
2. राना बेनीमाधव बख्श सिंह, 1857 के विस्मृत योद्धा, आचार्य रजनीकान्त वर्मा, पृ. 32-40.
3. आज़मगढ़ का स्वतन्त्रता संघर्ष, खंड 1, फूलबदन सिंह, पृ. 113.
4. रीड की बन्दोबस्त रिपोर्ट, पृ. 58-59.
5. वही, फूलबदन सिंह, पृ. 36-37
6. राजा बेनीमाधव सिंह, मुरारी सिंह(लेख)
7. राजा बेनीमाधव, एफ.एस.यू.पी., रिंजवी, पृ. 121.
8. इरादत जहाँ की जनता से अपील, 1857 के विस्मृत योद्धा, आचार्य रजनीकान्त वर्मा, पृ. 94-95.
9. वही, फूलबदन सिंह, पृ. 43-45
10. आज़मगढ़ गजेटियर, ड्रेक ब्रोकमान, 1911, पृ. 178-79.
11. वही, आज़मगढ़ गजेटियर, पृ. 178.
12. कैप्टन ब्रूस का टेलीग्राफ, एफ.एस.यू.पी., पृ. 432, आचार्य रजनीकान्त वर्मा, पृ. 95.
13. नवम्बर, 1857 की अभिसूचना,एफ.एस.यू.पी., पृ. 248.
14. वही, फूलबदन सिंह, पृ. 43-46.

15. डेरा नरेश रुस्तम शाह को पत्र, राजा बेनीमाधव, वही, आचार्य रजनीकान्त, पृ. 95.
16. कर्नल लांगडेन, आचार्य रजनीकान्त, पृ. 96; वही, फूलबदन सिंह, पृ. 113.
17 . वही, आचार्य रजनीकान्त, पृ. 96.
18. मेंगर सिंह का बयान, वही, एफ.एस.यू.पी.,वाल्यूम-4, पृ. 283-289.
19. बेनीमाधव का स्वर्गवास, वही, फूलबदन सिंह, पृ. 112.
20. वही, फूलबदन सिंह, पृ. 113.
21. 1857 में आज़मगढ़ के शहीद एवं कालेपानी के विप्लवी, वही, फूलबदन सिंह, पृ. 97-98.
22. विभिन्न सजायाफ्ता एवं घोषित फरार, वही, फूलबदन सिंह, पृ. 99-105.
23. जब्त किए गए इलाके व सरकारी मालगुजारी, वही, फूलबदन सिंह, पृ.106-107.
24. अमर शहीद राजा जयलाल सिंह, रोशनलाल पटेल, पृ. 84-86.

मऊ-शिवाला मन्दिर का द्वारलेख*

एगत अरत्याश्य संख्या मा त्वगं वेदश्चमिति प्राचीनं संवत्सरं नत नगं च नागं चन्दं मितं विक्रम आब्द म भे।।१।।
तपश्यं मासेऽसितपक्षं कं च कामं तिथिवार मंदस्य के अयोध्यापुरी दक्षिणभागमध्येन स्थाप्यं शिवं राजदर्शनेन।।२।।
नक्षत्र विश्वे सिवि नामयो गे मिथुनोदये लग्न शुभं भवन्ति तस्मिन्तमस्थपितकं शिवे न मागल्य मागल्य मागल्य केनः।।३।।
चौपाई ।। दास गरीब सदा शिव सेवक अमित जन्य पूजा महादेवक जाके सुत दरसन सिंह राजा ताके मुखिय्रा पंच से काजा।। दोहा।। देस काज द्रव्य देत है दरसन हीरा लाल। महिमा री गंगा नाम की मुसद्दी गुरु दय्राल। अधिकारी हैं भूप के करैं भूप हित काम अस्थापित काज में पंच कौ मनसा नाम।। राम राम।। संवत् १८७९ फल्गुन बदी '३' शनीचर

***भावार्थ :** वह ज्ञान (संख्या) न जानने योग्य परन्तु अनुभवपरक है। जिन पर पुरुष (चेतन), स्थावर, जंगम सभी विनम्रता से नतमस्तक होते हैं। विक्रम संवत् कालिक कृष्ण पक्षीय शनिवार के दिन अमुक के द्वारा अयोध्यापुरी के दक्षिण भाग के मध्य में राजदर्शन हेतु शिव को स्थापित करके सिवि नाम शुभ मुहूर्त में शुभ मिथुन लग्न के उदय होने के समय पर अमुक के द्वारा सर्वमंगलकारी शिवलिंग में प्राण-प्रतिष्ठा की। मंगलमय हो।

नोट : द्वार-लेख में दी गयी तिथि विक्रम संवत् (56 ईसा पूर्व) में है, अतः ग्रिगेरियन कैलेंडर में परिवर्तित करने पर यह वर्ष 1823 प्राप्त होगा। इस आधार पर हम कह सकते है कि मऊ-शिवाला मन्दिर की प्राण-प्रतिष्ठा अप्रैल-मई, 1823 में हुई थी। ध्यातव्य है कि 3 मई, 1823 को शनिवार का दिन था। वर्तमान में मऊ-शिवाला मन्दिर का यह शिलापट्ट अप्राप्त है। श्रीमती सावित्री देवी ने फैमिली एल्बम से इसकी तस्वीर लेखक को उपलब्ध करायी थी। रोशनलाल पटेल द्वारा किये पाठ की सहायता से क्षेत्रीय पुरातत्व अधिकारी सुभाष चन्द्र यादव ने इसका शुद्ध पाठ कराया तथा केन्द्रीय विश्वविद्यालय, मोतीहारी में असिस्टेंट प्रोफेसर डॉ0 बबलू पाल ने इसका हिन्दी अनुवाद कराया।

डाक टिकट राजा जयलाल सिंह

ताराकोठी

(5)

Charges on which Rajah Jy Lall was called on to plead.

1st Charge. Aiding & abetting in the murder of Mrs Green, Miss Jackson, Mrs Rodgers, Mr Carrew, Mr J Sullivan, Mrs Fealow (insane) Baptist, Jones, Barker and other Christians, and Mamood Khan Kotwal in all 22 or 23 persons on the 24th Sepr. 57.

2d Charge. Being accessary to the murder of Mr Debore of the Telegraph Depart. on the 19th Novr. 57. whose head he sent to the Durbar – and encouraging the arrest and murder of Christians generally and their followers.

3d Charge. Being a leader in rebellion; in organizing a rebel Govt.; in having placed himself at the head of the Rebel sepoys and murderers, becoming the spokesman of the rebel officers to the Begum, and medium of communication between the rebel army & Brijes Kudr; holding high office & having a jail for the confinement of Christians and other acts of leadership.

4th Charge. In having deputed his brother to meet and escort the proclaimed rebel & murderer the Nana and having himself met and escorted him to the Dowlut Khanah Palace at Lucknow on or about the 2d Sepr. 1857.

[signature] Dy

राजा जयलाल सिंह का आरोप पत्र

चाँदीवाली बारादरी

कैसरबाग महल

बेदी गारद (रेजीडेंसी)

रेजीडेंसी के ध्वंसावशेष

आलमबाग का युद्ध क्षेत्र

पैट्रिक ओर व राजा जयलाल सिंह स्मारक

No. 1245 of 1859

From

Lieut. D. F. McAndrew
Offg Secretary to the Chief Commr
Oude

To

P. Carnegy Esquire
Deputy Commissioner
Lucknow

Dated Lucknow 5th August 1859

Judicial

Sir,

I am directed to inform you that the preliminary investigation in the murder of Mrs Green, Miss Jackson and other Europeans in Lucknow in September 1857 has been conducted by Major Bruce, Chief of the Police and the prima facie evidence of Raja Jai Lal Singh's having taken a leading part in that crime being strong, the Chief Commissioner has ordered his arrest and now directs you to collect evidence and prepare the case against him, and commit him to take his trial at the Sessions Court for participation in murder.

I have the honor to be
Sir
Your most Obedient Servant
[illegible]
Offg Secy to the Chief C.

अंग्रेजों की हत्या में प्रारम्भिक जाँच आदेश

मऊ—शिवाला मन्दिर

व्याघ्र से लड़ते राजा दर्शन

अध्याय-5

वंश-वृक्ष

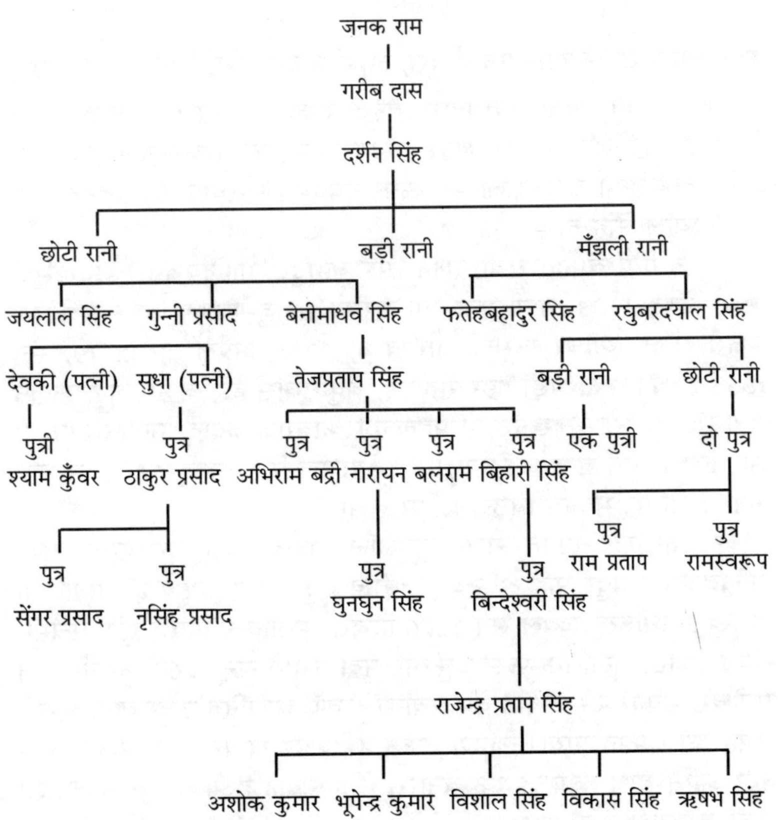
जनक राम
गरीब दास
दर्शन सिंह
छोटी रानी
बड़ी रानी
मँझली रानी
जयलाल सिंह
गुन्नी प्रसाद
बेनीमाधव सिंह
फतेहबहादुर सिंह
रघुबरदयाल सिंह
देवकी (पत्नी)
सुधा (पत्नी)
तेजप्रताप सिंह
बड़ी रानी
छोटी रानी
पुत्री
पुत्र
पुत्र
पुत्र
पुत्र
पुत्र
एक पुत्री
दो पुत्र
श्याम कुँवर
ठाकुर प्रसाद
अभिराम बद्री नारायन बलराम बिहारी सिंह
पुत्र
पुत्र
राम प्रताप
रामस्वरूप
पुत्र
पुत्र
पुत्र
पुत्र
सेंगर प्रसाद
नृसिंह प्रसाद
घुनघुन सिंह
बिन्देश्वरी सिंह
राजेन्द्र प्रताप सिंह
अशोक कुमार
भूपेन्द्र कुमार
विशाल सिंह
विकास सिंह
ऋषभ सिंह

अध्याय-6

फ़ौतनामा

फ़ौतनामा राजगाने खानदान बौड़रा, तहसील कोइल्सा, जिला आज़मगढ़

1. वफात बाबा गरीबदास वल्द राजा गालिबजंग बहादुर की। बैकुंठवास हुई मकान खास शहर लखनऊ, मुहल्ला रिकाबगंज जदीद में, अग्नि-दग्ध हुआ कनका जी पर, ऊपर मुकाम बिठूरघाट पर, बदस्त राजा रघुबरदयाल सिंह के।

2. तारीख़ वफात राजा दर्शन सिंह बहादुर 'गालिबजंग' बैसाखसुदी चौथ, संवत् 1908, यानी मुताबिक तारीख 16 जुमावाला दिन सन् 1267 हिजरी, रोज़ सनीचर फसली तारीख 4, 1258 अप्रैल तारीख 19, सन् 1855 ई. की वक्त घड़ी पहर रात गई, बैकुंठवास हुई, बआरज़ा निकलने दाना मुँह पर शहर लखनऊ में मुहल्ला रिकाबगंज जदीद, मकान खास में और क्रिया-कर्म व दग्ध किया राजा जयलाल सिंह बहादुर ने। ऊपर घाट कनका जी पर मुकाम बिठूरघाट पर हुआ।

3. तारीख वफात राजा जयलाल बहादुर की पेसरकलाँ राजा गालिबजंग बहादुर माह अक्टूबर, तारीख एकुम सन् 1859 ई., मुताबिक तारीख 3 रबीउलअव्वल सन् 1276 हिजरी, मुताबिक कुवार सुदी पंचमी, संवत् 1916, मुताबिक फस्ली कुवार सुदी पंचमी सन् 1267 फस्ली, रोज सनीचर, मकान दरे-दौलत के दरवाजा कलाँ, बजानिब उत्तर वक्त 6 बजे सुबह को वफात पाया। लहाश दफन हुई शहर लखनऊ में और क्रिया-कर्म अग्नि-दग्ध हुआ जायके बनारस में लिंगदाह हुआ बदस्त जौजकलाँ राजा जयलाल सिंह बहादुर।

4. वफ़ात राजा फतेहबहादुर नुसरतजंग पेसर राजा गालिबजंग बहादुर; बिरादर खुर्द राजा रघुबरदयाल सिंह, माह मलमास 6 सही मायने संवत्

1910 ई., यानी मुताबिक फसली माह जेठ दोयम, तारीख 27 फसली सन् 1960, मुताबिक तारीख 10 जबकाद: सन् 1284 हिजरी, मुताबिक माह जून 23, सन् 1858 ई. रबीदा की बवक्त बाकी रहे पहर भर दिन बैकुंठवास हुई, बमुकाम सहीपुर खास कोट पर, तहसील फैज़ाबाद, क्रिया-कर्म अग्नि-दग्ध हुआ अयोध्याजी, वाका बेल्हौर घाट में, बदस्त राजा रघुबरदयाल सिंह।

5. वफात राजा बेनीमाधव सिंह पेसर राजा गालिबजंग बहादुर की बिरादर खुर्द राजा जयलाल सिंह बहादुर की; मिती कुवार बदी अमावस संवत् 1931, मुताबिक महा सआवान, तारीख 28 सन् 1291 हिजरी, मुताबिक माह अक्टूबर तारीख 10, सन् 1874 ई., मुताबिक फस्ली माह क्वार तारीख 10 फस्ली सन् 1282, रोज सनीचर, बवक्त दो घड़ी रात गई, यानी 7 बजे बआरजा बन्द होने पेशाब व बुखार व दर्द-शिकम की, बैकुंठवास हुई दर-गाँव बवंडरा में जिला आज़मगढ़, तहसील कोइल्सा, और क्रिया-कर्म व अग्नि-दग्ध हुआ रामघाट पर, गाँव चाँडीपुर, तहसील (टाँडा) जिला फैज़ाबाद हल्का बिड़हर, बदस्त बाबू तेजप्रताप सिंह।

नोट : इस प्रकार खानदानी फ़ौतनामे तथा अन्य स्रोतों से प्राप्त सूचनाओं का यदि विश्लेषण किया जाए तो गालिबजंग के परिवार की स्थिति पर प्रकाश डाला जा सकता है। राजा दर्शन सिंह के पिता गरीबदास की मृत्यु कब हुई यह खानदानी फ़ौतनामे में दर्ज नहीं मिलता है, किन्तु विलियम नाइटन तथा अन्य के विवरणों से स्पष्ट है कि 1837 में गालिबजंग की गिरफ्तारी के समय वे जीवित थे और शैय्या पर पड़े थे। सम्भवत: 1838-39 में किसी समय उनकी मृत्यु लखनऊवाले मकान पर हुई। उनका क्रिया-कर्म रघुबरदयाल ने किया। उनके पश्चात् सन् 1851 में राजा दर्शन सिंह गालिबजंग की मृत्यु भी रिकाबगंजवाली कोठी पर हुई। उनका दाह संस्कार राजा जयलाल सिंह ने किया। गालिबजंग के पुत्रों में पहली मौत फतेह बहादुर नुसरतजंग की 23 जून, 1858 में फैज़ाबाद की सहीपुर कोट में दर्ज मिलती है। परिवारवालों का मानना है कि वे किसी युद्ध में घायल हो गए थे और चिकित्सा के दौरान उनकी शहादत हुई। फ़ौतनामे में मृत्यु का कारण दर्ज नहीं है। उनका दाह-संस्कार उनके सहोदर रघुबरदयाल ने अयोध्या के बेल्हौर घाट में किया। फतेहबहादुर की किसी सन्तान के सम्बन्ध में पता नहीं चलता। परिवारवालों को भी इस सम्बन्ध में कोई जानकारी नहीं है। सम्भव है कि भाइयों में सबसे

छोटे फतेहबहादुर मृत्यु के समय अविवाहित अथवा निःसन्तान रहे हों। उनके भाई रघुबरदयाल की मृत्यु कब हुई यह फ़ौतनामे या किसी अन्य स्रोत से स्पष्ट नहीं हो पाता। अवध गजट में उनका जिक्र हुआ है। जिसके अनुसार वे आज़मगढ़ में रह रहे थे। चूँकि रिकाबगंजवाली कोठी को अंग्रेजों ने नीलाम कर राजा मान सिंह को दे दिया था, अतः सम्भव है कि बेदखल होकर रघुबरदयाल भी आज़मगढ़ आ गए हों। अवध गजट 1877 में लिखा गया था। इससे स्पष्ट है कि रघुबरदयाल की मृत्यु उसके बाद किसी समय हुई। उनके दो पुत्र रामप्रताप और राम स्वरूप हुए। राम प्रताप सिंह की मृत्यु 13 सितम्बर, 1869 (6 जमादअल थानी, 1286) को लखनऊ के मुहल्ला कन्दहारी बाजार स्थित मकान पर बुखार और पित्त बढ़ने के कारण एक घड़ी दिन चढ़ने पर हुई। फ़ौतनामे में उनका अग्नि-दग्ध पिता रघुबरदयाल के हाथों गंगा जी के तट पर नई बसवारी बरघाट पर हुआ दर्ज मिलता है। खानदानी सेजरे के अनुसार राम प्रताप सिंह के दो पुत्र थे। लेकिन न तो उनका नाम मिलता और न उनके परिवारों की वर्तमान स्थिति के सम्बन्ध में पता चल पाता है। उनके दूसरे पुत्र राम स्वरूप के सम्बन्ध में भी कोई जानकारी नहीं मिल पाती।

राजा जयलाल सिंह को 1 अक्टूबर, 1859 को फाँसी दी गई। इसके पूर्व 21 मार्च, 1858 को उनकी इकलौती पुत्री श्याम कुँवर के पति व राजा साहब के दामाद बाबू जयराम को ब्रिगेडियर एडवर्ड ने गोली मार दी थी। जयलाल सिंह के इकलौते पुत्र ठाकुर प्रसाद के सम्बन्ध में अवध गजट में दर्ज मिलता है कि उस समय (1877-78) वह लखनऊ विश्वविद्यालय के पूर्ववर्ती कैंनिग कॉलेज के छात्र थे। ठाकुर प्रसाद की मृत्यु के सम्बन्ध में फ़ौतनामे अथवा किसी अन्य स्रोत से स्पष्ट सूचना नहीं मिलती। खानदानी सेजरे में ठाकुर प्रसाद के दो पुत्र सेंगर प्रसाद और नृसिंह प्रसाद का नाम दर्ज मिलता है। नवीन वंश-वृक्ष में ये नाम क्रमशः नर सिंह और सतगुरु सिंह दिया गया है। इसके बाद सेजरा और फ़ौतनामा दोनों मौन हैं। सेंगर प्रसाद अथवा नृसिंह प्रसाद के परिवारों का क्या हुआ, अथवा वे वर्तमान में कहाँ हैं, यह स्पष्ट नहीं होता। इस सम्बन्ध में राजा बेनीमाधव के वर्तमान वंशजों को भी कोई जानकारी नहीं है।

राजा बेनीमाधव की मृत्यु बौड़रा में 10 अक्टूबर, 1874 को शनीचर के दिन पेशाब बन्द होने तथा पेट दर्द होने के कारण हुई। रामघाट चाँड़ीपुर में उनका दाह-संस्कार उनके इकलौते पुत्र तेजप्रताप सिंह ने

किया था। तेजप्रताप सिंह की मृत्यु 23 मई, 1904 को बौड़रा में ही हुई थी। उनका दाह संस्कार रामबाग में सरयू जी के किनारे किया गया था। तेजप्रताप के चार पुत्र अभिराम, बद्रीनारायण, बलराम और बिहारी सिंह हुए। बद्रीनारायण की मृत्यु पिता के जीवनकाल में ही 29 मई, 1899 को फैज़ाबाद में हो गई थी। तेजप्रताप सिंह ने सरयू जी में उनका जलप्रवाह किया था। बद्रीनारायण के पुत्र घुनघुन सिंह हुए। अभिराम व बलराम के परिवारों के सम्बन्ध में सूचना नहीं मिलती। बिहारी सिंह से एक पुत्र बिन्देश्वरी प्रसाद हुए। उनका विवाह आज़मगढ़ शहर के अनन्तपुरा मुहल्ले में सावित्री देवी से हुआ था। बिन्देश्वरी सिंह की मृत्यु 1952 मे हुई। उनसे एक पुत्र राजेन्द्र प्रताप सिंह हुए, जो वर्तमान में अपने परिवार के साथ बौड़रा तथा अतरौलिया में बनवाए गए नए मकानों में रहते हैं उनसे पाँच पुत्र तथा पाँच पुत्रियाँ हैं। सावित्री देवी की मृत्यु 28 नवम्बर, 2017 को हुई। राजा बेनीमाधव के परिवार के सम्बन्ध में सन् 2016 में वर्तमान पंक्तियों के लेखक को श्रीमती सावित्री देवी ने अतरौलिया स्थित आवास पर अनेक सूचनाएँ उपलब्ध कराई थीं।

सावित्री देवी ने रोशन लाल पटेल को दिए साक्षात्कार में अपनी व्यथा व्यक्त करते हुए बताया था कि—"जमींदारी उन्मूलन के समय हमारे परिवार पर फिर मुसीबत का पहाड़ टूटा। 18-20 साल की आयु में मैं और मेरी जेठानी विधवा हो गई। घर में विधवा सास के अलावा किसी को सम्पत्ति का हवाला मालूम नहीं था। सन् 1952 में मेरे पति दो बच्चों को छोड़कर मर गए थे। उनके पालन-पोषण की समस्या थी। जो भी व्यक्ति मददगार बना, वह किसी-न-किसी तरह से सम्पत्ति से लाभ उठाना चाहता था। हमारी सम्पत्ति फैज़ाबाद, लखनऊ व बाराबंकी आदि में दूसरों के कब्जे में चली गई। अपनी जमीनों का पूरा विवरण हमारे पास नहीं है। मऊ यदुवंशपुर का शिवाला राजा दर्शन सिंह ने बनवाया था। उस पर आज भी दूसरों का कब्जा है। इसके अलावा फैज़ाबाद के मकानात दूसरे के कब्जे में हैं। कोर्ट से किरायेदारों को रहने का आदेश मिल चुका है। लेकिन कोई किराया नहीं देता। मेरे घर का हाल पूछने केन्द्रीय व प्रान्तीय कई नेता आए, कागज भी ले गए, पर अभी तक हमें स्वतन्त्रता-संग्राम-सेनानी का आश्रित तक नहीं घोषित किया गया है।" (पृ. संख्या 83-84)

उल्लेखनीय है कि 27 सितम्बर, 2021 (सोमवार) को अमृत महोत्सव योजना के अन्तर्गत केन्द्र सरकार ने राजा जयलाल सिंह पर 500 रु. का

डाक टिकट जारी किया है। डाक विभाग के अधिकारियों ने बौड़रा गाँव में एक सादे समारोह में 11:30 बजे प्रथम डाक टिकट का शुभारम्भ किया। कार्यक्रम के दौरान राजा जयलाल सिंह के भाई राजा बेनीमाधव की पाँचवीं पीढ़ी के वंशज राजेन्द्र प्रताप सिंह को डाक टिकट के साथ अंग-वस्त्र देकर सम्मानित किया गया।

परिशिष्ट

1.राजा दर्शन सिंह (महदौना)

नवाबी काल में एक ही समय में दो दर्शन सिंह हुए हैं इसका पता एच.सी. इरविन की रचना से चलता है। पहले दर्शन सिंह कुर्मी जाति के मऊ यदुवंशपुर के जमींदार थे जिनका वर्णन प्रस्तुत पुस्तक में किया गया है। जबकि दूसरे दर्शन सिंह मूलतः ब्राह्मण जाति के महदौना के जमींदार थे। उन्हें अयोध्या का राजा भी कहा जाता था। इनके सम्बन्ध में इरविन लिखता है—''महदौना का दर्शन सिंह शाकलद्वीपी ब्राह्मण था और उसे इसी नाम के एक अन्य कुख्यात कुर्मी राजा के नाम से नहीं मिलाना चाहिए, जो बख्तावर सिंह की तरह ही सादात अली का एहसान प्राप्त कर गालिबजंग की उपाधि से ऊपर उठा था और बाद के नवाबों के समय सम्मान व अपमान के अनेक उतार-चढ़ाव का अनुभव किया।'' इरविन महदौना के दर्शन सिंह के बारे में लिखता है—''दर्शन सिंह पुरन्दर राम नामक एक पाठक ब्राह्मण का चौथा पुत्र था जो पिछली सदी (18वीं सदी) के अन्त में गोरखपुर से आकर फैज़ाबाद के दक्षिण-पश्चिम में स्थित पलिया नामक गाँव में बसा जो शाहगंज के निकट स्थित है तथा वर्तमान में इस परिवार का निवास-स्थान है। पुरन्दर राम का सबसे बड़ा पुत्र बख्तावर सिंह बंगाल घुड़सेना में सिपाही था। जब वह लखनऊ में था तो उसकी मोहक काया ने सादात अली का ध्यानाकर्षण क़िया जिसने उसे कम्पनी की सेवा से निकालकर अपना रिसालेदार बना लिया। गाजीउद्दीन के समय वह राजा बना दिया गया। मुहम्मद अली शाह ने उसे अवध के प्रमुख राजा के खिताब से नवाजा और 42 गाँवों की महदौना रियासत सौंपी। दरबार में उसके प्रभाव के चलते उसके छोटे भाई दर्शन सिंह को 1822 में सलोन और बैसवाड़ा का चकलेदार तथा 1827 में सुल्तानपुर का नाजिम और 1836 में गोंडा-बहराइच का ठेका दिया गया जिसे उसने थोड़े ही समय सम्हाला। इस दौरान वह सूचना भर एकत्र कर सका। लेकिन 1842 में उसे पुनः उसी जिले में नियुक्त कर दिया गया। इस बार उसने खुद को बड़े

ताल्लुकेदारों में स्थापित किया। उसकी निज़ामत भर में उसका बड़ा नाम था और आज भी देहातों में लोग उसे 'राजा बहादुर' कहकर बुलाते हैं। दर्शन सिंह को 1844 में सभी कामों से अवमुक्त कर दिया गया और राज्य का लोप हो गया। यह निर्णय अमजद अली शाह की तीन पत्नियों द्वारा किए गए षड्यन्त्र के बाद आया था। उन औरतों में से एक का बाप हुसैन अली अपमानित नाजिम की रियासत खुद पाना चाहता था। दर्शन सिंह और उसके भाई बख्तावर सिंह जिसके नाम पर ठेका था पर भारी जुर्माना किया गया और उनकी रियासत हुसैन अली को सौंप दी गई, जिसने बदले में रु. 4.40 लाख अथवा जितना दर्शन सिंह ने दिया उससे एक लाख ज्यादा देने का वायदा किया। लेकिन जल्द ही यह पता चल गया कि निर्वासित दर्शन सिंह के बिना काम नहीं चलनेवाला। जमींदारों ने सर्वत्र लगान देने से मना कर दिया। वसूली थम-सी गई और निर्वासन के मात्र दो माह बाद दर्शन सिंह को मई, 1844 में गोरखपुर, जहाँ वह रह रहा था, से बुलाया गया। उसे सारी रियासत वापस की गई, अतिरिक्त सम्मान व खिताब देते हुए उसे अवध का इन्स्पेक्टर जनरल बना दिया गया। उसे लखनऊ दरबार के आदेश व सबमिशन को छोड़कर किसी भी चीफ या किसी को भी अधीन करने की अपार शक्ति दी गई। लोग आज भी दर्शन सिंह की भृकुटि टेढ़ी कर 'दस्तखत कर। कलम छू' के बारे में बताते हैं। वह अगस्त, 1844 में अयोध्या में मरा। उसके तीन पुत्र—रामाधीन सिंह, रघुबरदयाल और मान सिंह हुए। रामाधीन को कोई जानता नहीं था। रघुबरदयाल ने गोंडा-बहराइच में अपने अत्याचारों के कारण कुख्याति प्राप्त की जबकि मान सिंह की कहानी अधिकांश को पता है। मान सिंह 1845 में दरियाबाद और रुदौली का नाजिम था और जल्दी ही उसके क्षेत्र में सुल्तानपुर को जोड़ दिया गया, जो 1847 तक बना रहा। फिर उसे आगा अली उर्फ अघई साहब ने ले लिया था। मान सिंह का सबसे प्रसिद्ध युद्ध खपड़ाडीह का माना जाता है जिसमें उसने गर्गवंशी सरदार हरपाल सिंह को मारा था। उसने सबसे भारी कसम देकर यह कहकर बाहर बुलाया कि वह उसे खिलअत भेंट करना चाहता है जो लखनऊ दरबार से लेकर आया है। हरपाल सिंह बीमार था अतः उसे शय्या पर ही बाहर लाया गया। मान सिंह से लम्बी और सहृदय वार्ता के बाद मान सिंह घोड़े पर चढ़कर ज्यों ही गया उसके अनुचरों ने हरपाल सिंह के टुकड़े-टुकड़े कर डाले।

दर्शन सिंह और उसके बाद मान सिंह ने जिस साधन से भारी-भरकम रियासत खड़ी की उससे सभी जमींदारों के मन में उनके प्रति कटु वैमनस्यता पैदा हो गई। लगभग 40 साल तक यह परिवार अवध में सर्वशक्तिमान् रहा और बतौर

नाजिम आधा राज्य इस परिवार के इस या उस सदस्य के पास रहा। दरबार में उनका प्रभाव बहुत ज्यादा था और बिना इसके जिलों में उनके प्रभाव को बनाए रखना सम्भव नहीं था। गाजीउद्दीन हैदर ने दर्शन सिंह की एक पुत्री से विवाह किया था और दूसरी को हरम में रख लिया था। दर्शन नगर की नींव दर्शन सिंह ने ही रखी थी तथा वहाँ पक्का सूरजकुंड बनवाया था। उसके भाई बख्तावर सिंह ने भदरसा में भरतकुंड बनवाया था। दर्शन सिंह कई साल तक सुल्तानपुर, आल्देमऊ, प्रतापगढ़ और पश्चिम राढ़ चकलों का नाजिम (चकलेदार) रहा। सन् 1846-47 में गोंडा-बहराइच का ठेका रघुबरदयाल को मिला। उसने लगान वसूली के नाम पर भयानक अत्याचार कर पूरे क्षेत्र को तबाह कर डाला। उसने तथा उसके एजेंटों—करम हुसैन, गौरीशंकर, महराज सिंह और बिहारीलाल के बारे में कहा जाता है कि अकेले बौंड़ी रियासत में मवेशियों के 25 हजार तथा पुरुष, महिला व बच्चों के 2000 सिर जब्त कर लिए। मनुष्यों में जिसने भी फिरौती नहीं दी उन्हें बेच दिया गया। भारी संख्या में किसान तराई भाग गए। बाद में रघुबरदयाल और मान सिंह में दर्शन सिंह द्वारा सुल्तानपुर तथा फैज़ाबाद में जमा की गई सम्पत्ति को लेकर लम्बा विवाद छिड़ा। लेकिन मान सिंह इतना मजबूत साबित हुआ कि रघुबरदयाल उसे बाहर नहीं निकाल सका। दरियाबाद और रुदौली पूरे अवध का दो-तिहाई भाग था जिसे 1847 के पूर्व पहले दर्शन सिंह फिर मान सिंह ने सँभाला। जब दर्शन सिंह की रियासत अघई खाँ को दी गई तो अवध फ्रंटियर पुलिस के कैप्टन 'ओर' ने फैज़ाबाद कैम्प से 9 जनवरी, 1855 को भेजे पत्र में दोनों के कार्यकालों की तुलना की। दर्शन सिंह और मान सिंह के संरक्षण में शाहगंज में बड़ी संख्या में व्यापारी और कारीगर रहते थे। कहा जाता है कि वे अवध में कहीं से भी ज्यादा सुरक्षित थे। उनकी रियासत में अच्छी कृषि होती रहे इसलिए भी वे अपने निम्नजातीय खेतिहरों को सुरक्षा देते थे।

इस परिवार के सम्बन्ध में सन् 1932 में राय बहादुर लाल सीताराम के द्वारा लिखित 'अयोध्या का इतिहास' नामक पुस्तक से काफी जानकारी प्राप्त होती है। लाला सीताराम के अनुसार—"अयोध्या के शाकद्वीपी राजवंश के पहले प्रसिद्ध राजा मान सिंह हुए। महाराजा साहब गर्ग गोत्र के थे और उनके पूर्व पुरुष बिलासू गाँव में रहते थे। यह गाँव गंगा तट पर अब तक बसा हुआ है। यहाँ गर्ग गोत्र के बिलासिया ब्राह्मण रहते हैं। बिलासू गाँव के एक बड़े प्रसिद्ध पंडित दिल्ली पहुँचे और गुणज्ञ अकबर बादशाह ने उनको मझवारी गाँव की जमींदारी दी। अकबर के मरने पर मझवारी के पुराने जमींदारों ने डाका डालकर सारे पाठकों

को मार डाला। केवल एक स्त्री भागकर एक चमार के घर में छिप गई। वह स्त्री गर्भवती थी। चमार उसे दूलापुर ले गया, दूलापुर के जमींदार की स्त्री का मैका उसी गाँव में था जहाँ कि वह ब्राह्मणी थी, इस कारण जमींदार ने उसको मैके पहुँचा दिया। मैके में ब्राह्मणी के जुड़वाँ लड़के पैदा हुए। एक का नाम मधुसूदन और दूसरे का टिकमन पाठक था। जब दोनों भाई सयाने हुए तो पुरानी जमींदारी लेने की उनको चिन्ता हुई और दूलापुर आए। दूलापुर के जमींदार ने उनसे सारा ब्योरा कहा और रात को उन्हें मझवारी ले जाकर सारा गाँव दिखाया। यहाँ उनको वह चमार भी मिला जिसके घर में उनकी माता ने शरण ली थी। तब दोनों भाई दिल्ली पहुँचे और बादशाह औरंगजेब से फरियाद की, बादशाह ने उन्हें मझवारी गाँव के अतिरिक्त 99 गाँव और दिए और चौधरी की उपाधि देकर अपने देश को लौटा दिया। जब मुर्शिदाबाद के हाकिम नवाब कासिम अली खाँ ने शाहाबाद जिले को अपने शासन में कर लिया, उस समय उनके अत्याचार से मझवारी की जमींदारी नष्ट हो गई और महाराजा मान सिंह के प्रपितामह अपना देश छोड़कर गोरखपुर जिले में बिडहल के पास नरहर गाँव में जाकर बसे। उनके बेटे गोपाल पाठक ने अपने बेटे पुरन्दर राम पाठक का विवाह पलिया गाँव के गंगाराम मिश्र की बेटी के साथ कर दिया और पलिया में आकर बस गए। पुरन्दर राम के पाँच बेटे थे—ओरी, शिवदीन, दर्शन, इन्छा और देवीप्रसाद। ओरी ने चौदह वर्ष की अवस्था में ईस्ट इंडिया कम्पनी के रिसाले में नौकरी कर ली और लॉर्ड कार्नवालिस के साथ कई लड़ाइयों में वीरता दिखाई। एक बार छुट्टी लेकर लखनऊ की सैर को आए और बेलीगारद के सामने एक मित्र से बातचीत कर रहे थे कि उधर से अवध के नवाब सआदत खाँ की सवारी निकली। ओरी बहुत अच्छे डील-डौल के थे अतः नवाब ने उन्हें अपना अर्दली बना लिया। बाद में उन्हें रिसालेदार बना दिया गया और उनका नाम ओरी से बदलकर बख्तावर सिंह कर दिया गया। कुछ समय बाद उन्होंने अपने भाई दर्शन सिंह को चकलेदारी दिलाई। राजा दर्शन सिंह ने शाहगंज में सुदृढ़ कोट, बाजार व महल बनवाए। श्री अयोध्या में दर्शनेश्वरनाथ का पत्थर का शिवाला बनवाया जो अवध प्रान्त में अद्वितीय है। सूर्य कुंड का पक्का तालाब और उसी के पास दर्शन नगर बाजार में उनके कीर्ति-स्तम्भ अब तक विद्यमान हैं। इस अन्तिम काम के लिए उनको बादशाही से 'सरकोबे सरकशां सल्तनत बहादुर' की उपाधि मिली थी। बख्तावर सिंह सन् 1846 में मरे।'' इन राजा दर्शन सिंह के सम्बन्ध में खदंग-ए-गदर तथा फ्रीडम स्ट्रगल इन उत्तर प्रदेश से भी काफी सूचना मिलती है।

2. राजा मान सिंह, शाहगंज

नक्की मिले, मान सिंह मिलिगे, मिले सुदर्शन काना।
क्षत्री बंस एकु न मिलिहै, जानै सकल जहाना।।

'दोमुँहा' राजनीति अपनानेवाले ताल्लुकेदारों में सबसे आगे अयोध्या के राजा मान सिंह थे, जो अयोध्या राजवंश के सूर्यवंशी क्षत्रिय नहीं थे, बल्कि बाहर से आए ब्राह्मण थे। इनके पूर्वज सदासुख पाठक बिहार के जिला आरा के भोजपुर से आकर बस्ती जनपद में रहने लगे, जिनके पौत्र पुरन्दर राम का विवाह शाहगंज के निकट पलिया गाँव के जमींदार गंगाराम मिश्र की पुत्री से हुआ। वे वहीं अपनी ससुराल में रहने लगे। उनके पाँच पुत्र हुए, जिनमें बड़े बख्तावर सिंह और छोटे दर्शन सिंह थे। बख्तावर सिंह नवाब सआदत अली की सेना में भर्ती हो गए। एक बार उन्होंने नवाब की जान बचाई, जिसके पुरस्कार में नवाब ने उन्हें पलिया की जागीर देकर सौ सवारों का सरदार बना दिया। बाद में नवाब गाजीउद्दीन ने 'राजा' की पदवी देकर उनके निवास-स्थान महदौना के आसपास के 54 गाँवों की जागीर दे दी। सन् 1838 में इन्होंने अपने भाई दर्शन सिंह को सलोन और बैसवाड़े का चकलेदार बनवा दिया, जो बाद में गोंडा, बहराइच के नाजिम बनाए गए। इन्होंने अयोध्या में अपना निवास बनाकर, वहाँ से दक्षिण-पूर्व में 12 मील पर शाहगंज में किला बनवाया। इन्हीं के तीन पुत्रों में से छोटे पुत्र मान सिंह थे जिनको अपने नि:सन्तान ताऊ बख्तावर सिंह की महदौना जागीर प्राप्त हुई। वे शाहगंज के किले में रहने लगे। इन्हीं की पुत्री के पुत्र प्रताप नारायण सिंह उर्फ 'ददुआ साहब' ने महदौना राज्य का नाम बदलकर अयोध्या राज्य कर दिया और वहीं अपना निवास बनाकर रहने लगे। राजा मान सिंह अपनी पहुँच लखनऊ के दरबार में बनाकर अधिकतर वहीं रहने लगे। उनका सम्पर्क बदनाम वज़ीर अली नकी खाँ से हो गया, जिसका लाभ उठाकर उन्होंने काफी सुविधाएँ और बड़ी सम्पत्तियाँ अर्जित कर लीं। उनको दरियाबाद और रुदौली का नाजिम बना दिया गया। अवध अधिग्रहण के समय ये बहुत बड़े आर्थिक संकट में थे। अनेक साहूकारों से लिया कर्ज वापस नहीं कर पा रहे थे और न सरकारी खजाने में राजस्व जमा कर पा रहे थे। इस कारण वे अपना राज्य छोड़कर भाग गए और 6 माह गायब रहे। समझा जाता है कि वज़ीर नकी की शरण में कोलकाता चले गए थे। जब वापस आए तब इनका चरित्र अंग्रेजी सत्ता के प्रति सन्दिग्ध पाया गया, इसलिए "मई, 1857 में गवर्नर-जनरल ने अवध के चीफ कमिश्नर को इन पर विशेष नजर रखने को लिखा।"

जून, 1857 के प्रथम सप्ताह में फैज़ाबाद में बगावत की बू आने पर इनको जेल में डाल दिया गया, मगर अंग्रेजों ने अपने परिवारों को बचाने के लिए इन्हें जेल से निकाल कर इनकी देखरेख में अपने परिवारों को शाहगंज के किले में भेज दिया, जहाँ उनको सुरक्षित रखकर उनकी जानें बचाईं। इसके बदले में अंग्रेजों ने इनको धन दिया। इसके बाद चिनहट की लड़ाई और रेजीडेन्सी के घेराव में क्रान्तिकारियों की ओर से इन्होंने भाग नहीं लिया। यह बात 23 जुलाई, 1857 को कोलकाता से प्रकाशित 'दि इंगलिश मैन' में छपी थी। इन्होंने 20 जुलाई,1857 को अपने पड़ोसी ताल्लुकेदारों को अंग्रेजों का साथ देने के लिए पत्र लिखा। अवध के चीफ कमिश्नर हेनरी लॉरेन्स ने मान सिंह को क्रान्ति से अलग रहने और अंग्रेजों का साथ देने के लिए दो लाख रुपए लागत की जागीर देने का लालच दिया। 18 अगस्त को कमांडर-इन-चीफ को बताया गया कि मान सिंह की सहायता लिए बिना घाघरा नदी पार करके लखनऊ पहुँचना सम्भव नहीं है। 25 अगस्त, 1857 को इनके लखनऊ पहुँचने पर, गवर्नर जनरल ने चीफ कमिश्नर आउट्रम को उनके प्रभाव का इस्तेमाल कराके रेजीडेन्सी घेरनेवालों को पटाकर फँसे हुए अंग्रेजों को सुरक्षित निकालने का कोई रास्ता तलाशने का निर्देश दिया, इसके लिए उन्हें पुरस्कार देने का लालच भी दिया गया।

इससे पहले जुलाई में क्रान्तिकारी सरकार बनने पर उसकी मदद करने अपनी सेना के साथ लखनऊ आए थे और मितौली के राजा लोने सिंह अपने यहाँ छिपे अंग्रेजों को लखनऊ नहीं भेज रहे थे, तब बिजरिस कद्र ने उसका इलाका इनको दिए जाने की धमकी दी थी। सितम्बर, 1857 में जनरल हैवलॉक द्वारा बहुत बड़ी फौज लेकर कानपुर से लखनऊ कूच करने पर राजा मान सिंह शाहगंज से लखनऊ पहुँचे और क्रान्तिकारियों के साथ मिलकर अंग्रेजों से लड़े, जिसमें दो बार वे घायल भी हो गए। नवम्बर, 1857 में बेगम हज़रत महल की गुप्त बैठक में सम्मिलित होकर उन्होंने अंग्रेजों को रेजीडेन्सी और आलमबाग से भगाने की कसम खाई और अपने दो हजार सैनिकों के साथ आलमबाग का मोर्चा सँभाला। फरवरी, 1858 में बिहार के आरा के क्रान्तिकारी कुँवर सिंह का अपने अयोध्या महल में स्वागत किया। परन्तु फरवरी, 1858 में फिर पलटा खाकर क्रान्तिकारियों से अलग शाहगंज चले गए। इस बात से नाराज होकर क्रान्तिकारी सैनिक इनको गाली देने लगे और इनके किले को जला दिया। इसके बाद मार्च, 1858 में इन्होंने अंग्रेजों के समक्ष आत्मसमर्पण करके पूरी तरह से उनके साथ हो गए। उन्होंने गोरखपुर से आनेवाले क्रान्तिकारियों को घाघरा पार होने से और गोंडा के राजा देवीबख्श सिंह की सेना को बेलवा की लड़ाई के बाद बस्ती

की ओर जाने से रोका तथा अंग्रेजों के लिए दो सौ नावों और उनकी रसद की व्यवस्था की। इससे नाराज होकर मई, 1858 में बेगम हज़रत महल ने इनको बरबाद करने का हुक्म दिया, तब गोंडा-बहराइच के राजाओं ने अपने 30-40 हजार सैनिकों को लेकर उनके किला शाहगंज पर चढ़ाई करके घेर लिया, इससे भयभीत होकर और घबराकर इन्होंने अपने परिवार को सुरक्षा के लिए अमेठी के राजा के पास भेज दिया तथा अंग्रेजों से अपनी जान बचाने की गुहार लगाई। ब्रिगेडियर होपग्रांट ने फैज़ाबाद पहुँचकर उनको क्रान्तिकारियों से मुक्ति दिलाई। इसके बाद वे जून, 1858 से पूरी तरह खुलकर अंग्रेजों के साथ हो गए और 16 सितम्बर, 1859 को राजा जयलाल सिंह के मुकदमें में उनके विरुद्ध गवाही दी, जिसके कारण उन्हें फाँसी की सजा मिली।

इनके चरित्र की समीक्षा करते हुए गबिन्स ने बताया है कि ''इनका चरित्र सामान्यत: अवसरवादी रहा है। उनकी इच्छा हमसे तथा दुश्मनों दोनों से बहुत अच्छे सम्बन्ध बनाए रखने की रही है, जिससे जो पक्ष विजई हो उसी की ओर वह हो जाएँ, इसको ध्यान में रखकर ही उन्होंने एक ओर हमारे अधिकारियों और उनके परिवारों को सुरक्षा प्रदान की, तो दूसरी ओर नाना साहब से सम्पर्क साधने के लिए अपने भाई को कानपुर भेजा। जनरल हैवलॉक के कानपुर से लखनऊ को कूच करने पर वे क्रान्तिकारियों से जा मिले, मगर जब क्रान्तिकारी कमजोर पड़ने लगे तब पुन: हमारे साथ आने में ही अपनी भलाई समझी।'' सन् 1859 के लखनऊ दरबार में इनकी वफादारी के बदले में 'महाराजा' की पदवी और सात हजार की खिलअत देकर गोंडा ताल्लुके का बिशम्भरपुर का इलाका और तुलसीपुर तालुके का तुलसीपुर परगना पुरस्कार में दिया गया। इनका जन्म 10 दिसम्बर, 1820 को और निधन 10 अक्टूबर, 1870 को 50 वर्ष की आयु में हुआ। क्रान्ति के बाद ये अवध के ताल्लुकेदारों में अग्रणी रहे। इन्हें सितारे-हिन्द (के.सी.एस.आई.) की उपाधि से विभूषित किया गया। अवध के दरबार में इनके ताल्लुके का नम्बर 74 था और भेंट करने के लिए 35 अशरफियाँ निर्धारित की गई थीं।

3. अली नकी खाँ (मछरेहटा, सीतापुर)

वजीर अली नकी खाँ सबसे बड़े गद्दार होने के साथ ही आस्तीन के साँप थे। वे बादशाह वाजिद अली शाह के ससुर और उनके वजीर थे। अली नकी खाँ जिला सीतापुर के मछरेहटा कस्बा के निवासी थे, जो सीतापुर मुख्यालय से दक्षिण में 16 मील दूर खैराबाद से नीमसार जानेवाली सड़क पर मिश्रिख तहसील

में है। वजीर नकी खाँ ने अपने दामाद बादशाह और अपनी बेटी का नमक खाया, परन्तु नमकहरामी करके आस्तीन का साँप बन गए और गद्दार हो गए। अंग्रेजों से मिलकर बादशाह को गुमराह करके लखनऊ की नवाबी सल्तनत छोड़ने के राजीनामे पर उनकी मुहर लगवा दी, जिसका जिक्र स्वयं बादशाह वाजिद अली शाह ने अपनी आत्मकथा 'हुज्ने अख्तर' में इस प्रकार किया है कि—

अली नकी खाँ मेरे थे वजीर, वही मेरे हर हाल में थे मुशीर। करो मुहर तुम राजीनामे पे अब, गई सल्तनत तो कोई बेसबब।

बादशाह के लखनऊ छोड़कर कोलकाता जाने पर उनके साथ नकी खाँ भी चले गए थे। जब 1857 में बिजरिस कद्र के नेतृत्व में लखनऊ में क्रान्तिकारी सरकार बनी, तब इनके घर से खुदाई करके तेरह लाख रुपए निकाले गए। इस प्रकार उन्होंने शाही खजाने की केवल दौलत ही साफ नहीं की, बल्कि अंग्रेजों से मिलकर गुप्त सूचनाएँ पहुँचाकर गद्दारी का भी काम किया। इसलिए उनको सबसे बड़ा गद्दार माना गया। 1857 क्रान्ति के शताब्दी-वर्ष 1957 में इतिहासकार एवं उपन्यासकार अमृतलाल नागर, जब सत्तावनी क्रान्ति का इतिहास खोजने सीतापुर गए, तब अली नकी खाँ के पैदाइशी कस्बा मछरेहटा में क्रान्ति के सौ वर्ष बाद भी गद्दारी करनेवाले को कहा जाता था कि ''वह शख्स तो नक्की निकल गया।''

4. राना बेनीमाधव बख्श सिंह

फूलबदन सिंह ने अपनी पुस्तक 'आज़मगढ़ का स्वतन्त्रता संग्राम' खंड प्रथम के पृष्ठ 78 पर टिप्पणी दर्ज की है—''राजा बेनीमाधव प्रसाद के विषय में इतिहास की पुस्तकों में एकाध स्थान पर पढ़ने से यह भ्रम पैदा होता है कि उनकी राजधानी अतरौलिया (जिला आज़मगढ़) में थी अथवा शंकरपुर जो इस समय शंकरगढ़ (जिला रायबरेली) के नाम से प्रसिद्ध है। इसके विषय में छानबीन करने से जहाँ तक पता चला है कि हो सकता है शंकरगढ़ की रियासत में उस राजा बेनीमाधव नाम के कोई दूसरे सज्जन भी रहे हों, जिन्होंने विप्लव में भाग लिया हों, जिसका कोई स्पष्टीकरण नहीं पाया जाता, क्योंकि उस समय तो अवध की प्राय: समस्त बड़ी रियासतें विप्लव में अपना सहयोग दे रही थीं। यह भी सम्भव है कि इन्हीं अतरौलियावाले राजा बेनीमाधव प्रसाद के पूर्वज पहले शंकरगढ़ के निवासी रहे हों और बाद में अतरौलिया का इलाका हाथ में आने के बाद इनके पिता राजा दर्शन सिंह ने अतरौलिया में भी अपना किला बनवाया हो। इस पर विशद् शोध भविष्य पर निर्भर है।'' स्मरणीय है कि अंग्रेजों की रिपोर्ट में अनेक

स्थानों पर बेनीमाधव शब्द का प्रयोग हुआ है। अधिकांश लेखक एक ही समय में हुए कई अलग-अलग बेनीमाधव नामक शख्सियतों के सन्दर्भ में प्रायः भ्रमित देखे गए हैं। पुस्तक के मूल खंड में राजा बेनीमाधव सिंह वल्द राजा दर्शन सिंह गालिबजंग का विवरण प्रस्तुत किया जा चुका है जहाँ आचार्य रजनीकान्त वर्मा की रचना '1857 के विस्मृत योद्धा' (पृ. 32-40) से राना बेनीमाधव बख्श सिंह के सम्बन्ध में विस्तृत सूचना दी जा रही है—

''उन्नीसवीं शताब्दी में अवध के शिया शासक दिल्ली की मुगल सल्तनत से पूर्णतः स्वतन्त्र हो अपने को नवाब के स्थान पर अवध का बादशाह घोषित कर चुके थे। शिया शासकों की राजधानी फैज़ाबाद से स्थानान्तरित होकर लखनऊ आ गई थी। इन्हीं शिया शासकों के अधीन अवध के अन्तर्गत वर्तमान रायबरेली जिले में शंकरपुर नामक दो सौ उन्तीस गाँवों की एक रियासत थी। इसका विस्तार उत्तर में सतांव से लेकर दक्षिण में मल्के गाँव तक था। शंकरपुर के शासक राना शिवप्रसाद सिंह थे। राना शिवप्रसाद सिंह शंकरपुर दुर्ग में निवास करते थे। इस गढ़ के चतुर्दिक् सघन और कँटीला वन था। इस जंगल को पारकर किसी शत्रु का किले में प्रवेश करना अत्यन्त दुष्कर कार्य था। दुर्ग के परकोटे के चारों ओर गहरी खाईं थी। उसका सिंह द्वार अत्यन्त सुदृढ़ था। गढ़ के अन्दर सभा भवन दीवानखाना एवं अन्तःपुर का भव्य-भवन बहुमूल्य साज-सामानों से सम्पन्न था। राना शिवप्रसाद सिंह के दो छोटे भाई थे। एक का नाम रामनारायण सिंह एवं दूसरे का शिवगोपाल सिंह था। राना शिवप्रसाद सिंह के एकमात्र पुत्र फतेहबहादुर एवं एक कन्या थी। रामनारायण के तीन पुत्र थे—बेनीमाधव बाबू नरपत सिंह एवं बाबू जुगराज सिंह। रामनारायण सिंह जगतपुर में निवास करते थे। उनके निवास-स्थान के खंडहर जगतपुर थाने के पृष्ठ भाग में उत्तर दिशा की ओर अब भी उपेक्षित पड़े किसी जीर्णोद्धार कर्ता की प्रतीक्षा कर रहे हैं। राना शिवप्रसाद सिंह के पुत्र फतेहबहादुर की मृत्यु अल्प आयु में ही हो गई। तब उन्होंने अपने छोटे भाई के पुत्र बेनीमाधव सिंह को अपना दत्तक पुत्र घोषित किया। बेनीमाधव का विवाह कमियार राज्य की राजकुमारी चन्द्रलेखा से हुआ था। उनका एक पुत्र रघुराज सिंह था। रघुराज सिंह का विवाह शाहाबाद के बाबू कुँवर सिंह की बेटी से हुआ था। राना शिवप्रसाद सिंह की मृत्यु के बाद युवराज बेनीमाधव बख्श सिंह शंकरपुर के राना हुए। इन्हें अवध के शासक बादशाह वाजिद अली शाह एवं बेगम हज़रत महल का विशेष स्नेह प्राप्त था। गाँजर में विशेष वीरता के प्रदर्शन के कारण वाजिद अली शाह ने राना बेनीमाधव को दिलावर जंगबहादुर एवं दिलेरजंग की उपाधि प्रदान की थी।

जनवरी, 1856 ई. में कर्नल स्लीमैन ने जैसे ही अवध शासन के विरुद्ध अपनी रिपोर्ट 'ए जर्नी थ्रू दि किंगडम ऑफ अवध' ईस्ट इंडिया कम्पनी की सरकार को सौंपी वैसे ही फरवरी, 1856 ई. में अवध के बादशाह वाजिद अली शाह को लखनऊ में अपदस्थ कर उनके राज्य को ईस्ट इंडिया कम्पनी के साम्राज्य में शामिल कर लिया गया। अवध के अन्तर्गत वर्तमान रायबरेली का भी क्षेत्र था। किन्तु तब यह सलोन जनपद का एक भाग था। इस क्षेत्र का प्रशासक कैप्टन बैरो को नियुक्त किया गया। मई, 1857 ई. में स्वतन्त्रता-संग्राम प्रारम्भ हुआ। तत्क्षण रायबरेली सलोन या बैसवारा के ताल्लुकेदारों ने उसमें कोई रुचि प्रदर्शित नहीं की। वरन् राजस्व के रूप में रबी की फसल का लगान भी ईस्ट इंडिया कम्पनी की सरकार को अदा कर दिया। उस समय भारतीय पैदल सैनिकों की छह कम्पनियाँ केशवापुर छावनी में तैनात थीं। यह सैनिक एक जून तक अंग्रेजी आफीसरों के प्रति वफादार रहे। 8 जून, 1857 तक डिप्टी कमिश्नर को समीपवर्ती जिले फतेहपुर से चिन्ताजनक समाचार मिलने प्रारम्भ हो गए। 10 जून को दोपहर के बाद वह भाग गया, फिर भी कोई रक्तपात नहीं हुई।

केशवापुर अंग्रेजों का जिला दफ्तर, हेड आफिस एवं छावनी थी। केशवापुर नायन राज्य के अन्तर्गत था। उसके शासक भगवान बख्श सिंह थे। यह राना बेनीमाधव के मामा थे। अंग्रेजों के भाग जाने के बाद नायन के कान्हपुरिया ठाकुरों ने छावनी पर हमला किया और बहुत-सा सामान लूट लिया तथा कचहरी एवं सरकारी रिकार्ड को जलाकर राख कर डाला। जनता बिना मतभेद के स्वतन्त्रता सेनानियों के पक्ष में हो गई। जनाक्रोश से उत्तेजित लोगों ने मेजर गाल को रायबरेली के एक चौराहे पर मार डाला क्योंकि मेजर गाल अंग्रेजी डाक एवं आदेश लखनऊ से इलाहाबाद पहुँचाने का प्रयत्न कर रहा था। राना बेनीमाधव बख्श सिंह बैसवारा के प्रमुख शासक थे। अतः बिना रक्तपात के सत्ता उनके हाथ में आ गई। अट्ठारह माह तक उनके नेतृत्व में वर्तमान रायबरेली का क्षेत्र स्वतन्त्र रहा। 5 जुलाई, 1857 को सायंकाल बिजरिस कद्र को वर्तमान लखनऊ संग्रहालय बारादरी में गद्दी पर बैठाया गया। उन्हें क्रान्ति का नेता और गद्दी का वली नियुक्त किया गया। वाजिद अली शाह के जीवित होने के कारण उन्हें बादशाह घोषित नहीं किया गया। बिजरिस कद्र को वली नियुक्त करने के बाद बेगम हज़रत महल रायबरेली के कठवारा ग्राम में अपने एक सरदार खान बहादुर के यहाँ गईं। वहाँ राना बेनीमाधव सहित अनेक जमींदार एकत्र हुए। बेगम ने जनसभा की। उनकी ओजस्वी वाणी में भाषण सुनकर राना बेनीमाधव बहुत प्रभावित हुए और उन्होंने बेगम का साथ देने की शपथ खाई।

राना बेनीमाधव ने अपने भाई जुगराज सिंह के नेतृत्व में एक सेना रेजीडेन्सी के घेरे में लड़ने के लिए भेजी। हज़रत महल ने समस्त जमींदारों को अंग्रेजों के विरुद्ध लड़ने के लिए निमंत्रित किया था। उन्होंने घोषणा की थी कि जो जमींदार राना बेनीमाधव सिंह की सहायता करेंगें तथा अपने एक हजार सिपाहियों में पचास सिपाही उनकी सहायतार्थ देंगे उनका पाँच वर्ष का आधा राजस्व माफ कर दिया जाएगा। राना बेनीमाधव बख्श सिंह का प्रभाव सम्पूर्ण अवध में शीघ्र ही फैल गया। उन्होंने शीघ्र ही जगतपुरा, भीरा, पुकूबयाँ के किलों पर अधिकार कर लिया। लखनऊ में वे पन्द्रह हजार सैनिकों के साथ गए थे। आलमबाग एवं रेजीडेन्सी में उन्होंने अंग्रेजों के साथ भयंकर युद्ध किया, जिससे प्रसन्न होकर बेगम हज़रत महल ने उन्हें दिलेरजंग उपाधि और खिलअत देकर सम्मानित किया। 17 मार्च, 1858 ई. को अंग्रेजों के लखनऊ पर अधिकार के बाद बेगम हज़रत महल ने लखनऊ त्याग दिया। परन्तु राना बेनीमाधव इससे निराश नहीं हुए। उन्होंने लखनऊ में एक पोस्टर चिपकाया था जिसमें लिखा था ''हिन्दोस्तानियों डरो मत। मैं बेनीमाधव आजादी की लड़ाई लड़ रहा हूँ। मैं फिरंगियों को भून डालूँगा।''

राना बेनीमाधव बख्श सिंह गुरिल्ला टैक्टिस में निष्णात थे। वे अपने अभियान पर चल पड़े। वह और उनके नेतृत्व में लड़ रहे पासी, अहीर, कुर्मी, लोध, सोनार इत्यादि जाति के नवोदित सैनिकों ने ब्रिटिश सेना के विरुद्ध आक्रमणों की झड़ी लगा दी। हर बार शत्रु फिरंगी के सँभलने के पूर्व ही वे छापामारी कर भाग जाते। मई, 1858 ई. में वह बंकी के समीप असन्द्रा स्थान पर अस्सी हजार सैनिकों के साथ सन्नद्ध थे। सेमरी एवं पुरवा में होपग्रांट चेम्बरलेन एवं बलवर की सेना से राना का भयंकर युद्ध हुआ। कानपुर तथा लखनऊ के मध्य स्थित ग्रांट ट्रंक रोड पर अंग्रेजों के उन्होंने अनेक बार छक्के छुड़ाए। सिसेंडी, कालाकांकर एवं गोसाईगंज इत्यादि स्थलों में राना बेनीमाधव ने फिरंगियों से कड़ा संघर्ष किया। लखनऊ से 30 किलोमीटर दूर सिरसी में सर होपग्रांट की सेना से राना के अट्ठारह हजार हरिजन सिपाहियों का युद्ध हुआ। यह लड़ाई 12 जून, 1858 ई. को शिवरतन सिंह एवं जगमोहन सिंह के नेतृत्व में लड़ी गई। प्रथम मुठभेड़ में अंग्रेजों का पलड़ा भारी रहा। शिवरतन सिंह एवं जगमोहन शहीद हो गए। स्वतन्त्रता सेनानियों को मोर्चा छोड़कर भागना पड़ा। अंग्रेज वहीं कैम्प डालकर रात्रि में विश्राम करने लगे। किन्तु अचानक रात्रि के मध्य में हीरा पासी ने ब्रिटिश शिविर पर आक्रमण कर दिया।

"ओह गॉड! भागो...भागो...बेनीमाधव आया।" कहकर अंग्रेज भाग पड़े। सिपाहियों ने उन्हें धर दबोचा। वे जान छुड़ा कर खेतों की ओर भागे। लेकिन शीघ्र ही रात के सन्नाटे में चीख-पुकार की आवाज गूँजने लगी। "ई...ई...ओह गॉड... यह क्या ? संगीनें...संगीनें...संगीनें। बेनीमाधव ने हमें मारने के लिए खेतों में संगीनें गाड़ दी हैं।" उनकी चीख पुकार सुन कर हीरा पासी हँस पड़ा। अरहर की खूँटियों को संगीनें समझ रहे अंग्रेज बेतहाशा बदहवास भागे और समीप बह रही लोन नदी में गिरकर डूबने-उतराने लगे। बाद में सर होपग्रांट ने अपनी डायरी में इस घटना के बारे में लिखा—"मैंने भारत में बहुत लड़ाइयाँ देखी हैं और विजय या मृत्यु का संकल्प लेकर लड़नेवाले बहुत से वीर पुरुष देखे हैं लेकिन इससे बढ़कर शानदार कुछ नहीं देखा। अंग्रेज कमांडर-इन-चीफ सर कोलीन कैम्पवेल ने नवम्बर, 1858 ई. को उदयपुर कैम्प से बैरों के हस्ताक्षर से ब्रिटेन की महारानी विक्टोरिया के घोषणा-पत्र की प्रतिलिपि के साथ सन्धि-पत्र राना बेनीमाधव के पास भिजवाया, जिसमें उन्हें विक्टोरिया द्वारा प्रस्तावित दया का लाभ लेने का प्रलोभन दिया गया था। पत्र भेजने के साथ ही कैम्पवेल ने जनरल होपग्रांट एवं लेफ्टीनेंट वेदर आलवी की सहायता से 15 नवम्बर, 1858 को शंकरपुर दुर्ग को तीन ओर से घेर लिया।

राना के पुत्र रघुराज सिंह ने कहा, "पिता जी लॉर्ड क्लाइड ने शंकरपुर के दक्षिण में पड़ाव डाल रखा है और होपग्रान्ट ने उत्तर-पश्चिम में मोर्चाबंदी कर रखी है।" राना बेनीमाधव बोले, "रघु बेटे इस बार मेरा कोई इरादा लड़ने का नहीं है। व्यर्थ ही हम जान क्यों गँवाएँ और अपने किले को क्यों तबाह करें?"

"तो क्या हम फिरंगियों के समक्ष हथियार डाल दें ?"

"नहीं हरगिज नहीं। लेकिन मुझे आत्मरक्षा करनी है।"

कुछ घंटों बाद लॉर्ड क्लाइड के शिविर में राना बेनीमाधव के पुत्र रघुराज सिंह का पत्र लेकर एक दूत पहुँचा। पत्र में लिखा था—"मैं राना बेनीमाधव का पुत्र अंग्रेजों से लड़ने की अपने पिता की नीति से सहमत नहीं हूँ। कृपया मुझे थोड़ा समय दें ताकि मैं अपने पिता को सहमत कर सकूँ। मेरा आप से अनुरोध है कि तब तक किले पर आप कृपया हमला न करें।" दूसरे दिन प्रातः काल ब्रिटिश कैम्प में अग्रिम दस्ते के कमांडर ने सूचित किया—"किले में कोई हलचल नहीं है। हमने कई हवाई फायर किए पर कोई जवाब नहीं मिला।" ब्रिटिश फौज का अग्रिम दस्ता किले में घुसा। परन्तु वहाँ एक पागल हाथी, एक भिखारी, कुछ खाद्य सामग्री और गोला-बारूद के अलावा और कुछ भी नहीं मिला। राना

बेनीमाधव का सन्देश अंग्रेजों को प्राप्त हुआ—"इसके बाद किले की रक्षा कर पाना मेरे लिए असम्भव है। इसलिए मैं किले का परित्याग कर रहा हूँ। किन्तु मैं आत्मसमर्पण नहीं करूँगा क्योंकि मेरा यह जिस्म मेरा नहीं अपितु मेरे बादशाह वाजिद अली शाह एवं बेगम हज़रत महल का है।" सर कोलीन कैम्पवेल ने शंकरपुर किले पर अधिकार कर लिया। शंकरपुर से निकलकर राना गढ़ी नारेपुर (नरेन्द्रपुर) गए वहाँ से भीरा। राना अंग्रेजों की आँखों में धूल झोंककर कर अपनी सेना एवं सम्पत्ति सहित पुरई के सघन जंगलों से होते हुए डौंडियाखेड़ा की ओर निकल गए। मार्ग में उन्हें भीरा, सेमरी, बिथूर, बित्थर एवं बक्सर इत्यादि स्थानों में ब्रिगेडियर हार्सफोर्ड रसेल इत्यादि अंग्रेज सेनापतियों का सामना करना पड़ा। विवरण निम्नलिखित है—

क्लाइड ने राना का पीछा करने के लिए ब्रिगेडियर ईवली को भेजा। डौंडियाखेड़ा में हीरा पासी ने उसका जमकर मुकाबला किया। ईवली वहाँ से पोराई की ओर बढ़ा। वहीं लॉर्ड क्लाइड ने सैनिकों की एक टुकड़ी और भेजी। 17 दिसम्बर, 1858 ई. के दिन राना बेनीमाधव ने भीरा गोविन्दपुर में देवी की पूजा की। युद्ध के नगाड़े बज उठे। सिख सरदार मतवाला सिंह एवं भोला सिंह, संकठा सोनार, हीरा पासी एवं चन्द्रिका सिंह के नेतृत्व में अंग्रेजों से युद्ध छिड़ गया। शीघ्र ही अचानक राना बेनीमाधव शत्रुओं से घिर गए। हीरा पासी एवं संकठा सोनार ने उन्हें शत्रुओं के घेरे से निकाला। वे सब घोड़े से बोले, "जाओ सब्जा अपने मालिक को सुरक्षित स्थान में ले जाओ।" स्वामिभक्त घोड़ा सब्जा तुरन्त भाग निकला, जंगलों में से होता हुआ महेरू गाँव पहुँचा। एक वट वृक्ष के नीचे राना बेनीमाधव मूर्च्छित होकर गिर पड़े। प्रातःकाल लाला सोनार उधर से गुजर रहा था। उसने राना को पहचान लिया। वह सब्जा एवं राना को अपनी हवेली ले आया। उसकी चिकित्सा से राना बचकर निकल गए। अंग्रेज ब्रिगेडियर ईवली ने लाला सोनार को फाँसी दे दी। महेरू से राना बेनीमाधव डौंडियाखेड़ा पहुँचे। सर होपग्रान्ट ने डौंडियाखेड़ा के किले को घेर लिया। राना नहीं पकड़े गए। लॉर्ड क्लाइड ने प्रतिशोध लेने के लिए किले को तहस-नहस कर डाला। डौंडियाखेड़ा के बाद राना बेनीमाधव गोमती पारकर नवाबगंज होते हुए सकुशल फैज़ाबाद पहुँच गए। वहाँ कर्नल हंट को बेनीमाधव ने युद्ध में मार डाला।

दिसम्बर, 1858 में राना बेनीमाधव बहराइच जनपद में बेगम हज़रत महल, नाना साहब पेशवा के साथ सक्रिय रहे। बहराइच में लगभग दो लाख सैनिकों के साथ ये लोग सक्रिय थे। क्रान्तिकारियों का यह समूह मसजिदिया नानपारा, बरोदिया, बंकी आदि स्थलों पर अंग्रेज सेना को छकाते हुए नेपाल की सीमा

पर स्थित राप्ती नदी के किनारे जा पहुँचा। लॉर्ड क्लाइड उनका पीछा करते हुए अवध की उत्तर सीमा के निकट नानपारा के जंगलों में जा पहुँचा। बहुत घमासान युद्ध हुआ किन्तु एक भी नामी विद्रोही नेता को अंग्रेज नहीं पकड़ सके। अंग्रेजी के समाचार-पत्र क्लाइड की असफलता पर उसे चुन-चुन कर विशेषण दे रहे थे। टाइम्स ने छापा—'लास्ट ब्लंडर ऑफ क्लाइड।' इसे पढ़कर लॉर्ड क्लाइड चीख पड़ा, "बेनीमाधव मैं तुझे पकड़कर ही रहूँगा।" कुछ दिनों बाद बेनीमाधव की फिर खोजबीन शुरू की गई। लॉर्ड क्लाइड को सूचना मिली—"बेनीमाधव राप्ती नदी को पार करने की तैयारी में है।" लॉर्ड क्लाइड तुरन्त उनके पीछे चल दिया। 30 दिसम्बर, 1858 को राना बेनीमाधव राप्ती नदी पार कर रहे थे। अंग्रेजी फौज ने उन पर हमला किया। क्रान्तिकारियों ने नदी में कूदकर गोलियाँ चलाना प्रारम्भ किया। मेजर हार्न घोड़े सहित पानी में कूदा परन्तु उसे गोली लगी। वह जल के तीव्र प्रवाह में बह गया। पंजाबी सेना के कमांडर फ्रेस्टर ने देखा कि वह जीत नहीं पाएगा तो उसने पीछा नहीं किया। राना सकुशल राप्ती नदी पारकर नेपाल की सीमा में प्रविष्ट हो गए। अंग्रेज हाथ मलते रह गए। इसके बाद राना बेनीमाधव के विषय में कोई प्रमाणिक विवरण उपलब्ध नहीं है। शंकरपुर के वृद्धजनों के अनुसार वह एक बार शंकरपुर पधारे थे। एक किंवदन्ती है कि ग्वालियर के सिन्धिया राजा के राज्य में एक मुस्लिम वेश में रहनेवाले फकीर ने अन्तिम दिनों में राजा को बुलवाकर बताया कि वह राना बेनीमाधव हैं। अत: उसका दाह-संस्कार हिन्दू रीति से किया जाए। आज भी बैसवारा के जन-जन एवं गाँव-गाँव में राना बेनीमाधव के शौर्य गीत गूँजते रहते हैं।

5. विक्टोरिया की घोषणा

सन् 1857 की क्रान्ति को प्रारम्भ हुए इस समय डेढ़ वर्ष के लगभग बीत चुके थे कि इसी बीच अंग्रेजी सत्ता द्वारा विशेष घटना कराई गई जो भारतीय ब्रिटिश राज्य के इतिहास में एक विशेष सीमा-चिह्न मानी जाती है। सन् 57 के विप्लव के प्रारम्भ होने के पूर्व ही यह पेशीनगोई (भविष्यवाणी) हो चुकी थी कि अंग्रेज कम्पनी का राज्य उसी समय भारत से उठ जाएगा। अस्तु, उसके अनुसार नि:सन्देह 1 नवम्बर, 1858 से कम्पनी का राज्य भारत भूमि से समाप्त कर दिया गया। किन्तु इसका अर्थ यह कदापि नहीं था कि अंग्रेजी सत्ता विलुप्त हो गई थी। इंगलिस्तान के शासकों ने उस समय कम्पनी राज्य की एक सौ वर्ष की सत्ता का अन्त कर देना अपनी कुशलता के लिए आवश्यक समझा, किन्तु 1.11.1858 के बाद ईस्ट इंडिया कम्पनी के स्थान पर इंगलिस्तान की मलिका विक्टोरिया का

राज देश में स्थापित किया गया। उसी समय लॉर्ड कैनिंग (जो उस समय तक भी इलाहाबाद में ही मौजूद थे) विक्टोरिया की ओर से दारागंज के निकट किले के नीचे सहस्त्रों मनुष्यों के बीच स्वयं पढ़कर कम्पनी का राज्य समाप्त होने का ऐलान किया था जिसका मुख्यांश इस प्रकार है—

''कम्पनी का राज्य अब से समाप्त हुआ और उसके स्थान पर भारत के शासन की बाग हमने (अर्थात् मलिका विक्टोरिया ने) अपने हाथों में ले ली है। सिवाय उन लोगों के जो हमारी अंग्रेजी प्रजा की हत्या में भाग लेने के अपराधी हैं, शेष जो लोग भी हथियार रख देंगे उन सबको क्षमा कर दिया जाएगा। किसी के धार्मिक विश्वासों या धार्मिक रस्मों-रिवाजों में किसी प्रकार का हस्तक्षेप नहीं किया जाएगा। देशी नरेशों के साथ कम्पनी ने इस समय तक जितनी सन्धियाँ की हैं उनकी सब शर्तों का आइन्दा ईमानदारी से पालन किया जाएगा। इसके बाद किसी भारतीय नरेश की रियासत या उसका कोई अधिकार नहीं छीना जाएगा। समस्त भारतीयों के साथ ठीक उसी प्रकार का व्यवहार किया जाएगा जिस प्रकार का अंग्रेजों के साथ इत्यादि।'' घोषणा लम्बी होने के कारण मुख्यांश ही यहाँ दिया गया है।

विक्टोरिया की उक्त घोषणा से यह स्पष्ट है कि 1857 में भारत की आजादी के लिए देश ने जो आहुतियाँ दीं वे बेकार नहीं गईं। कुर्बानी कभी बेकार नहीं जाती। यदि उत्तर भारत की ही भाँति समस्त देश ने इस प्रथम युद्ध में विप्लवी सरदारों का खुलकर साथ दिया होता तो निःसन्देह उसी समय भारत स्वतन्त्र हो गया होता और अंग्रेज भारत छोड़कर भाग गए होते। किन्तु दुर्भाग्यवश ऐसा नहीं हुआ। यह अवश्य हुआ कि उत्तर भारत की कुर्बानियों के बदले, चाहे जिस भाव से भी अंग्रेजों ने विक्टोरिया की घोषणा द्वारा भारतीयों के प्रायः उन समस्त अधिकारों को सुरक्षित रखने की बात स्वीकार कर ली जिनकी वजह से 1857 के विप्लव की नींव पड़ी थी। इसका लाभ समस्त देश ने उतना ही उठाया जितना विप्लव के यज्ञ में आहुति देनेवाले प्रान्तों और उसकी जनता ने। यह दूसरी बात है कि घोषणा में नेकनीयती और बदनीयती का अंश कितना था—इसका उत्तर भविष्य पर निर्भर था। उस समय तक अंग्रेजों की दोरंगी नीति से देशवासी उतने भिज्ञ नहीं थे जितना उनके द्वारा बरती जानेवाली भावी करतूतों ने कराया। परिणामतः विप्लव की धधकती ज्वाला पर एक तात्कालिक तुषारपात हुआ और अधिकांश साधारण जनता शान्ति का राग अलापने के लिए विवश हुई। किन्तु 'दूध की जली बिल्ली बाद में मट्ठा भी फूँक-फूँककर पीती है' की कहावत के अनुसार इस ऐलान के बाद तुरन्त ही बेगम हज़रत महल की ओर से विप्लवी दल

ने भी प्रजा के नाम से एक ऐलान प्रकाशित करवाया जिसमें अंग्रेजों की समस्त चालों, धोखाधड़ी की बातों और उनकी बेईमानियों की चर्चा की गई।

6. मऊ-शिवाला का मन्दिर

अवध गजेटियर के अनुसार 19वीं सदी के पहले दशक में परगना बिड़हर के पदमपुर से 'गरीबदास' नाम के एक कुर्मी ने अपने युवा पुत्र 'दर्शन' के साथ लखनऊ जाकर किसी निर्माणाधीन महल में मजूरी की। दर्शन सिंह सुदर्शन मुखमंडल का था। उसने तत्कालीन शासक नवाब सादात अली खाँ का ध्यान खींचा और उनके आदेश से 'शैतान की पल्टन' नामक रेजीमेंट में शामिल हो गया। बाद में वह क्रमशः जमादार और फिर नवाब के निजी अर्दलियों में शुमार हुआ। वह गाजीउद्दीन हैदर व नसीरूद्दीन हैदर के समय महत्त्व प्राप्त करता गया। उसे गालिबजंग की पदवी दी गई और दरबार में बैठने की अनुमति प्रदान की गई। गजेटियर के अनुसार गालिबजंग के पास अनेक ताल्लुका थे, जिसमें मऊ यदुवंशपुर एकमात्र ताल्लुका था जिसका मुख्यालय इस परगना में था। अवध के विलय के बाद यह ताल्लुका राजा दर्शन सिंह के पुत्र राजा जयलाल सिंह को विधिवत विरासत में मिला था। मऊ यदुवंशपुर ताल्लुका में कुल पाँच रियासतें और 64 गाँव थे, जो अलग-अलग वर्षों में शामिल किए गए।

इस ताल्लुका में सर्वप्रथम 1227 फस्ली के मुताबिक-1817(1227-590) में मऊ यदुवंशपुर रियासत के 8 गाँव शामिल किए। दो साल बाद यानी 1819 में पलिया शाहबदी रियासत के 3 गाँव और जनौरा रियासत के 47 गाँव शामिल किए गए। 1230 फसली यानी 1820 में रानुपाली रियासत के 4 गाँव तथा देवकली रियासत के 2 गाँव 1845 (1255 फस्ली) में शामिल किए गए। इस प्रकार हम पाते हैं कि 1817 से 1845 तक 64 गाँव ताल्लुका मऊ यदुवंशपुर से जुड़े। गरीबदास व दर्शन सिंह एक अनुमान के अनुसार 1807 में लखनऊ आए। इस आधार पर 10 साल बाद दर्शन सिंह को 1817 में सर्वप्रथम मऊ यदुवंशपुर रियासत के 8 गाँव मिले। सम्भवतः उसी समय इस शिव मन्दिर और नष्ट हो चुके कोट की नींव पड़ी। किसी समय इस मन्दिर के द्वार पर एक शिलालेख लगा हुआ था, जिस पर मन्दिर की स्थापना के सम्बन्ध में संस्कृत में तीन पंक्तियाँ और अवधी में चौपाई उत्कीर्ण हैं, जिन्हें परिशिष्ट में देखा जा सकता है। द्वार-लेख के अन्त में—'संवत् 1879 फागुन बदी, 3 शनीचर' उत्कीर्ण है। यदि इसे विक्रम संवत (56 ई. पू.) स्वीकार किया जाए तो मन्दिर की स्थापना 3 फागुन बदी दिन

शनिवार को 1823 ई. में सुनिश्चित होती है। स्पष्ट है कि यह अप्रैल, 1823 में स्थापित हुआ होगा। उक्त गणना के आधार पर निष्कर्ष निकाला जा सकता है कि सन् 1817 में 'मऊ शिवाला' मन्दिर का निर्माण प्रारम्भ होकर 1823 में पूर्ण हुआ अर्थात् पाँच वर्ष में यह विशाल शिव मन्दिर बनकर तैयार हुआ।

यह मन्दिर फैज़ाबाद-रायबरेली राजमार्ग पर जनपद मुख्यालय से 7 किमी. की दूरी पर मऊ-शिवाला नामक छोटे-से बाजार में सड़क की पश्चिमी दिशा में निर्मित है। मन्दिर के वर्तमान पुजारी अयोध्या प्रसाद शुक्ल के अनुसार मन्दिर के पास 6 बीघा, 6 बिस्वा और चार धुर जमीन थी, जिसमें बाग व गऊशाला भी शामिल थी। मन्दिर का वर्तमान परिसर एक बीघा, 13 बिस्वा, 3 फुट में स्थित है। पास का बाजार सम्भवतः मन्दिर स्थापना के समय राजा दर्शन सिंह ने बसाया होगा। मऊ-शिवाला बाजार से 800 मीटर दक्षिण दिशा में मऊ का कोट हुआ करता था जो अरसा पहले नष्ट होकर खेत बन चुका है। इसकी याद दिलानेवाली दो चीजें शेष हैं—एक विशाल बरगद का पेड़ और दो प्राचीन इन्दारा। इस जगह को अभी भी 'कोटवा' कहा जाता है। अयोध्या प्रसाद के अनुसार एक बार कुर्मी राजा दर्शन सिंह अपने कोट में सो रहे थे। अयोध्या के ब्राह्मण राजा दर्शन सिंह (राजा मान सिंह के पिता) का लश्कर डंका बजाते हुए उधर से निकला। कुर्मी दर्शन सिंह गालिबजंग की निद्रा में खलल पड़ा तो उन्होंने लश्कर को न सिर्फ रोक दिया बल्कि उस दिशा से न गुजरने की हिदायत भी दी। यह उस अदावत का आरम्भ था, जिसका खमियाजा अपने उतार-चढ़ाव भरे जीवन में राजा दर्शन सिंह 'गालिबजंग' को भुगतना पड़ा।

मऊ-शिवाला का शिव मन्दिर परिसर के मध्य में तीन फुट ऊँचे चबूतरे पर बना अष्टकोणीय नागर स्थापत्य का नायाब नमूना है। पुजारी के अनुसार जमीन से शिखर तक मन्दिर की ऊँचाई 170 फीट है। अष्टधातु का शिखर 32 फीट का बताया जाता है। मन्दिर परिसर के चारों कोनों पर चार छोटे मन्दिर बने हुए हैं जिनमें काले पत्थर के छोटे शिवलिंग स्थापित हैं, जबकि मुख्य गर्भ-गृह में विशाल श्यामवर्णी शिवलिंग स्थापित है। पुजारी के अनुसार मन्दिर में रंग-रोगन के अतिरिक्त एक सूत का भी संरचनात्मक हेर-फेर नहीं किया गया है, यहाँ तक कि शिवलिंग के ऊपर रखे कलश के लिए बना लौह स्टैंड भी उसी समय का है। परिसर के चारों तरफ बनीं सुरक्षा प्राचीर की दीवारें प्लास्टर छोड़ रही हैं, जिनसे झाँकती आसफी लखौरी ईंटें सहज दिख जाती हैं। प्राप्त सूचना के अनुसार पूरा मन्दिर सुर्खी-चूना और आसफी लखौरी ईंटों से बना है। प्लास्टर की रंगत रूमी दरवाजा और बड़ा इमामबाड़ा की रंगत से हूबहू मिलती है। परिसर में जगह-

जगह पर पेड़-पौधे उग आए हैं। आम-नीम के पेड़ लगाए जान पड़ते हैं, शेष पीपल वगैरह स्वत: उग आए हैं।

परिसर में प्रवेश करने का मुख्य द्वार पूरब की ओर से है। जो मऊ-शिवाला बाजार की सड़क पर खुलता है। द्वार की ऊँचाई 20 फुट के लगभग होगी। 10-12 फुट की गेट की मेहराबदार रचना के भीतर 7 फुट या उससे ऊँची प्रवेश द्वार की मेहराब है। वर्तमान में इसके ऊपर शिव-पार्वती की पेंटिंग बनवा दी गई है। बाहरी मेहराब के ठीक ऊपर नवाबी काल का वैशिष्ट्य 'माहे मरावीस' यानी मछलियों का जोड़ा उत्कीर्ण है। बीच में गोला बना हुआ है। सड़क से खड़े होकर देखने पर शिव मन्दिर का पूर्वी द्वार और आमलक सहित मन्दिर का शिखर दिख पड़ता है। इस द्वार से प्रवेश करते ही पूर्वी द्वार के दर्शन होते हैं। ऊपर चबूतरे पर चढ़ने के लिए तीन स्टेपवाली सीढ़ियाँ बनी हैं। पश्चिम मुख करके खड़े होने पर चबूतरे की बाईं दीवार में एक संगमरमर का पट्ट लगा दिखता है, जिस पर लिखा है—'रुद्रेश्वर महादेव श्री महादेव जी का मन्दिर (मऊ शिवाला)। यह मन्दिर श्री राज राजेश्वरी निजी ट्रस्ट का है। राजा रामानुज प्रतापशाही 'सरबराहकार' दियरा स्टेट, जिला सुल्तानपुर (उ.प्र.)।' इस शिलापट्ट पर कोई तिथि शायद जान-बूझकर अंकित नहीं की गई है।

इस सम्बन्ध में पूछे जाने पर पुजारी ने बताया कि 1857 के गदर में दियरा स्टेट के रुस्तम शाही ने अंग्रेजों का साथ दिया था, जिसके बदले यह ताल्लुका उन्हें बतौर इनाम मिला था। रुस्तम शाही पैर से लंगड़ थे। इस घटना का संक्षिप्त वृत्तान्त अमृतलाल नागर की रचना 'गदर के फूल' में (पृ. 77) दर्ज मिलता है—''जब गदर शुरू हुआ तो दियरा के ताल्लुकेदार बाबू रुस्तम शाही ने अंग्रेजों को बचाया। उन्हें पर्देदार पालकियों में जौनपुर भेज दिया। गदर के बाद बाबू साहब को राजा का टाइटल और जागीर भी मिली।''

इस सम्बन्ध में वर्तमान पुजारी अयोध्या प्रसाद शुक्ल ने जो कागजात उपलब्ध कराए उनमें 70 रुपए स्टाम्प पर लिखी 1892 की एक सनद का लिप्यान्तरण भी है। जिसके अनुसार—''मनकी राजा रुद्र प्रताप शाही सिंह वल्द राजा शंकरी बख्श सिंह ताहद कौम चौहान राजकुमार साकिन व ताल्लुकेदार दियरा जिला सुल्तानपुर का हूँ जो कि मौजा मऊ जदुवंश परगना हवेली अवध जिला फैज़ाबाद हस्ब नम्बर 348 रकबा 6 बीघा, दो बिस्वा नजदीक सेवाला और मन्दिर तैयार करा दिया। राजा दर्शन सिंह गालिबजंग बहादुर बाके हैं और उसके पर तसबन जदीद मुनमकिर ने की है और मौजा मजकूर जब्त होकर सरकार दौलतमन दारान इंग्लिशिया से मेरे मूरिस को और गवाही में अता हुआ है लिहाजा

उस सेवाला व मन्दिर के एखराजात के वास्ते जायदाद मुन्सफले जैल मालियती 566` को ममलूका व मकबूजा मुमकिर है।'' सनद में आगे अन्य महत्त्वपूर्ण सूचनाएँ दर्ज हैं। यह सनद 4 नवम्बर, 1898 को राजा रुद्र प्रताप शाही ने स्वयं लिखी है जिसके तीन गवाह बलदेव प्रसाद, शंकर दयाल तथा लेपना मल हैं। अवध गजेटियर से स्पष्ट है कि राजा दर्शन सिंह गालिबजंग की 1851 में मृत्यु हो जाने के पश्चात् यह सम्पत्ति राजा जयलाल सिंह को बख्श दी गई थी। 1855 में अवध का विलय हुआ उस समय यह ताल्लुका राजा जयलाल सिंह के पास था। सन् 1857 के गदर में राजा जयलाल सिंह ने हज़रत महल के साथ मिलकर बर्तावनी हुकूमत को कड़ी टक्कर दी। मगर क्रान्तिकारियों की हार हो जाने पर वे भूमिस्थ हो गए। बाद में उन्हें गिरफ्तार कर लिया गया और उन पर मुकदमा चला। 23 सितम्बर, 1859 को मृत्युदंड की सजा सुनाई गई। 1 अक्टूबर, 1859 को उन्हें तारोंवाली कोठी के सामने के रमना (बाग) में पूरे शहर के लोगों के सामने फाँसी दे दी गई थी। यह स्पष्ट नहीं कि उक्त जागीर किस समय दियरा के रुस्तम शाही को दी गई। सम्भव है, 1860 के आसपास यह दी गई हो, जो विक्टोरिया की घोषणा के बाद हुआ जान पड़ता है।

पुजारी ने स्मृति के आधार पर जो सेजरा बताया उसके अनुसार शंकरी वत्स सिंह से रुस्तम शाही हुए और उनसे राजा रुद्र प्रताप शाही हुए। उनसे राजा अवधेन्द्र प्रताप शाही हुए। उनसे तीन पुत्र हुए, जिनमें से एक का विवाह नहीं हुआ। उनके बड़े पुत्र राजा जगदीश प्रताप शाही हुए। उनके भी तीन पुत्र हुए। बड़े पुत्र रामानुज प्रताप शाही उत्तराधिकारी बनें, जिनकी कुछ साल पूर्व (सम्भवत: 2011 में) मृत्यु हो गई। वर्तमान में रुस्तम शाही की छठवीं पीढ़ी के लोगों का अधिकार है। पुजारी के पूर्वज ग्राम-तिवारीपुर, थाना-मोतीगरपुर, तहसील-कादीपुर, स्टेट दियरा (जिला-सुल्तानपुर) के रहनेवाले हैं। सम्भवत: राजा रुद्र प्रताप शाही ने 1901 में उनके दादा पंडित जयराम शुक्ल को पुजारी बनाया जो मृत्युपर्यन्त मन्दिर के पुजारी बने रहे। वही उनके पुत्र व पोते भी रहकर शिक्षा ग्रहण करते रहे। रुद्र प्रताप शाही द्वारा छोड़ी गई सनद के अनुसार—''वफा-3 : कुल आमदनी जायदाद महूबा व मौकफा जो इस वक्त था आइन्दा हासिल हो एखराजात जैल सालाना सर्फ हुआ करेगी। भोग ठाकुर जी 168 रु., रौशनी 17-50 रु., शिवरात्रि 14 आना, तनख्वाह पुजारी ठाकुर जी 21 रु., तनख्वाह पुजारी शिव जी 42 रु., बल्वा 21 रु., तनख्वाह कहार 36 रु. 12 आना, पोशाक 3 रु. 12 आना, जेवरात व जस्फ 2 रु. 10 आना, दरख्तान वगैरह 4 रु. 5 आना, धुलाई बारजा 1 रु. 12 आना, खर्च इन्तजामिया 6 रु. मिजान। बाद एखराजात

मजकूरुस्लसदर अगर आमदनी का कोई हिस्सा बचत अन्दाज हो तो किसी महफूज बैंक में सूद पर जमा हुआ करेगा। या हस्ब राय मुन्ताजिम वक्त के ऐसी जगह लगाया जाएगा जो महफूज और नींद मुफीद हो और उस एखराजात गैर मामूली मिस्ल मरम्मत सेवाला व मन्दिर मजकूर वा दीगर तामीरात व बाग मुतालिका व नीज तैयारी जेवर व पोशाक के हुआ करेगा।''

जयराम शुक्ल के बाद थोड़े समय के लिए उनके पुत्र केशव प्रसाद शुक्ल पुजारी बने किन्तु बीमारी के कारण वे घर चले गए। केशव प्रसाद के तीन पुत्र— यमुना प्रसाद, सरयू प्रसाद और अयोध्या प्रसाद शुक्ल हुए। तीनों का बचपन मन्दिर पर ही गुजरा और शिक्षा-दीक्षा भी यहीं हुई। यमुना प्रसाद शुक्ल डिस्ट्रिक्ट आडिट अफसर, फैज़ाबाद के पद से रिटायर हुए। सरयू प्रसाद शुक्ल सेना में थे। सबसे छोटे और मन्दिर के वर्तमान पुजारी अयोध्या प्रसाद शुक्ल का जन्म 1.1.1948 में हुआ। वे 16.5.1970 को अकबरपुर में पहले अमीन बनें, फिर फैज़ाबाद में सिंचाई विभाग में नलकूप चालक (ऑपरेटर) के पद पर रहे। 1999 में उनके पिता जी की मृत्यु हुई और उसी साल वे पंचायत सेक्रेटरी बनें। इसी पद से वे 31.7.2010 को रिटायर हुए और वर्तमान मऊ-शिवाला के पुजारी नियुक्त किए गए। तब से वे ही इस मन्दिर पर पूजा-पाठ किया करते हैं। सुबह चार बजे उठकर वे मन्दिर खोलते हैं। 10 बजे तक पूजा-पाठ चलता रहता है। परिसर के चारों कोनों पर बने छोटे मन्दिरों में भी धूप-नैवेद्य से प्रतिदिन पूजा की जाती है। मन्दिर दोपहर एक बजे शृंगार के लिए बन्द कर दिया जाता है तो साढ़े तीन पर कपाट खोले जाते हैं (वस्तुतः जाड़े में तीन व गर्मी में साढ़े तीन पर कपाट खोले जाते हैं)। सायं को रामायण पाठ चलता है। बाल-भोग के बाद रात 7-8 बजे की शयन आरती के बाद कपाट बन्द कर दिया जाता है। प्रत्येक सोमवार को मन्दिर पर भारी भीड़ जमा होती है। सावन में यह संख्या काफी बढ़ जाती है। शिवरात्रि में अपार भीड़ होती है। पुजारी का दावा है कि वे शिवरात्रि का भंडारा अकेले करते हैं। शेष भंडारे जनसहयोग से किए जाते हैं। भंडारे में पूड़ी, सब्जी, चटनी, पुलाव और सलाद परोसा जाता है। 20 सितम्बर, 2020 को लेखक ने पुजारी अयोध्या प्रसाद शुक्ल के साथ मन्दिर परिसर व मन्दिर का सूक्ष्म निरीक्षण किया। किए गए अवलोकन का विवरण यथातथ्य प्रस्तुत है—

''मुख्य द्वार से घुसने पर दीर्घा के दोनों ओर दोछत्ती रचना उत्तर से दक्षिण तक फैली है, जिनके आखिरी छोरों पर पुराने मन्दिर निर्मित हैं। ये बैरिकनुमा रचनाएँ क्यों बनी थीं, इस सम्बन्ध में पुजारी का यह मत कि इसमें राजा गालिबजंग का दरबार हुआ करता था, अतिशयोक्तिपूर्ण जान पड़ता है। सम्भवतः

ऊपर की कोठरियाँ यहाँ रहनेवाले पुजारी अथवा कर्मचारियों के वास स्थान के लिए बनी होंगी। हमने एक तरफ सीढ़ियों से चढ़कर ऊपर तक निरीक्षण किया। सुर्खी-चूने का प्लास्टर जगह-जगह से उखड़ने लगा है। ईंटें दिख रही हैं। आलों को नई ईंटों से चुन दिया गया है, ऐसा सम्भवत: जीर्णता के कारण किया गया है। छत की हालत किंचित् ठीक जान पड़ी, लेकिन हर दीवाल और बारजे पर स्वयंभू पीपल आदि के पौधे उग आए हैं। छत से सामने की सड़क दिख रही थी। ऊपर रहटा वगैरह रखा था। परिसर में प्रवेश करने पर सामने मुख्य मन्दिर है। उत्तर की तरफ कुछ घर बने हैं, जिनमें काफी समय से किरायेदार रहते हैं। पुजारी जी के अनुसार वे नरियावाँ के रहनेवाले हैं तथा मऊ-शिवाला बाजार में गुमटी में रखकर कपड़ा बेचते हैं। बातों से ऐसा जान पड़ा कि उन लोगों ने जबरिया अतिक्रमण कर रखा है। बकौल पुजारी उन्हें हटाने का कोर्ट से आदेश तो हो गया है, लेकिन उसका क्रियान्वयन नहीं हो पा रहा है। उत्तर में एक गेट अभी भी है जो बाजार के भीतर जानेवाली सड़क पर खुलता है। उत्तरी दीवार के बाहर पीपल का एक बहुत पुराना और विशाल वृक्ष हुआ करता था जो, 2014 में पुराना होकर गिर गया। लोग इस वृक्ष की पूजा किया करते थे। उत्तर की पूरी दीवार की हालात जीर्ण-शीर्ण है। बरसात के बाद का मौसम होने के कारण जगह-जगह जंगली घासें व पौधे उग आए थे। किरायेदारों का मकान सफेद चूने से पुता था। पश्चिम की दीवार की हालत भी उतनी ही खस्ता है। पूरी दीवार में नीचे मेहराब व ऊपर आयताकार आले बने हैं, जिनके प्लास्टर गिर जाने से ईंटें दिख रही हैं। उत्तर व पश्चिम के कोने में बने मन्दिर तक जाने के लिए लगे खड़ंजे पर घास उग आई थी। कोने में कनेर का बड़ा-सा पेड़ हरी गाछों के साथ मौन खड़ा था। पश्चिम की दीवार में पीछे की ओर खुलनेवाला एक पुराना किवाड़ लगा है। पुजारी के अनुसार बाहर आमजनों के लिए शौचालय बना है। दक्षिण की दीवार के साथ बैगनी रंग में रँगी नई रचनाएँ बनी हैं, जिनमें अयोध्या प्रसाद शुक्ल सपरिवार आवासित हैं। स्नानगृह में रंगीन टाइल्स लगी हैं। पूरे परिसर में आम, नीम, कनेर, इमली, बेल, लिस्टोरा के कितने ही दरख्त आबाद हैं जिन पर तरह-तरह के पंछी कलरव करते रहते हैं। सम्भवत: अर्जुन का पेड़ भी है।

पूर्वी द्वार से चबूतरे पर चढ़कर मन्दिर में प्रवेश करने पर पीतल का बड़ा घंटा टँगा मिलता है। द्वार के बाहर 'रुद्रेश्वर महादेव' का काले संगमरमर का शिलापट्ट लिखा दिखता है। उसी के ऊपर लाउडस्पीकर का हार्न व स्ट्रीट लाइट लगी है। पुजारी के अनुसार कागजों में कहीं भी इस मन्दिर का नाम 'रुद्रेश्वर महादेव' दर्ज नहीं मिलता। पुराना नाम 'मऊ-शिवाला' ही मिलता है। पुराने

समय में बाजार का नाम शिवाला तथा कोट का नाम मऊ होता था। इस बात में सत्यता है क्योंकि मन्दिर के प्राचीन द्वारलेख में भी कहीं इस नाम का उल्लेख नहीं मिलता है। ऊपर उठते हुए लगभग चालीस फीट की ऊँचाई से या और ऊपर से शिखर का हिस्सा अलग होता है। पूरब की ओर शिखर के आधार पर बने आले में बन्दरनुमा प्रतिमा है जिसे सुनहरा रंग दिया गया है। उसके ऊपर बीच में गरुड़ जैसी सुनहरी प्रतिमा के दोनों ओर दो खड़े द्वारपालों की सुनहरी मूर्तियाँ हैं। शिखरनुमा 15 रचनाएँ बनी हैं। दो पर त्रिशूल (आमलक) लगा है। पूर्वी द्वार से उत्तर और दक्षिण की ओर द्वार से थोड़ी ऊँचाई पर दीवार में प्रतिमाएँ उत्कीर्ण हैं। उत्तर दिशा में बैठी हुई मुद्रा में गरुड़ का मानव रूप उत्कीर्ण है। ऊपर छत्र है। क्रमशः अन्य प्रतिमाएँ उत्कीर्ण हैं। कमल पर खड़े छत्रधारी कृष्ण, कमल पर खड़े छत्रधारी-हँसियाधारी व मुकुट पहने द्विभुज की प्रतिमाएँ द्रष्टव्य हैं। उत्तर दिशा में चबूतरे पर स्तम्भनुमा त्रिशूल बना है। जिस पर लोग अगरबत्ती जलाते हैं। माला जपते व गदा कन्धे पर रखे गरुड़ के पश्चिम में और कमल पर खड़े दाढ़ीवाले पुरुष सम्भवतः सूप में बाल-कृष्ण को लिए वासुदेव हैं। पूर्वी द्वार से दक्षिण दिशा में चलने पर कीर्तन करते छत्रधारी हनुमान की बैठी प्रतिमा है। अगले फलक पर छत्रधारी राम-लक्ष्मण-सीता उत्कीर्ण हैं।

पश्चिमी द्वार हुबहू पूर्वी द्वार जैसा है। ऊपर शिखर पाद पर बने आले में बैठे पुरुष प्रतिमा के हाथ में वीणा है। उसके ऊपर गरुड़ व आसपास द्वारपाल बने हैं। पश्चिम से उत्तर की ओर चलने पर छत्रधारी स्त्री-पुरुष की बैठी प्रतिमा है जिसे कुछ लोग शिव-पार्वती कहते हैं। द्वार के दक्षिणवाले फलक पर कृष्ण द्वारा कालियामर्दन व उसकी स्त्री द्वारा याचना का चित्रण है। यह भी छत्रधारी उत्कीर्णन है। द्वार के ठीक ऊपर शिव, पार्वती, नंदी का मूर्तांकन है। यह शायद शिव-विवाह का एक दृश्य है। द्वार की मेहराब के ऊपर नाग के तीन फन बने हैं। पश्चिमी द्वार से उत्तर की ओर बढ़ने पर अगला फलक छत्रधारी घुटनों पर हाथ रखकर बैठे पुरुष का है। तत्पश्चात् कमल आधार पर दो हाथियों पर पाँव रखकर खड़े छत्र व मुकुटधारी महाबली बने हैं, जिनके दोनों हाथों में हाथी हैं। यह शायद बलराम का मूर्तांकन है। अगले फलक पर छत्रधारी शेषशायी विष्णु का चित्रण है। उसके आगे कमल आधार पर बैठी मुद्रा में मकरवाहिनी यमुना बनी हैं, जिनके सिर पर छत्र उत्कीर्ण है। उत्तरी द्वार के पास कौपीनधारी दाढ़ीवाले महात्मा की खड़ी प्रतिमा बनी है, जिसके हाथ में माला है। उत्तरी द्वार से आगे पूर्वी द्वार की ओर बढ़ने पर पहला फलक कन्धे पर बन्दूक रखे और सिर पर हैट लगाए, पाँव में काले बूट पहने, सावधान मुद्रा में कम्पनी के सिपाही का है। देवी-

देवताओं के फलक के मध्य कम्पनी के सिपाही की प्रतिमा रोचक है। अगला फलक कमल आधार पर गौरवर्णी ब्राह्मण के ऊपर पैर रखे चतुर्भुज, मुकुटछत्र व चक्रधारी देव का है। अगला फलक हँसियाधारी खड़े पुरुष का है, जिसका विवरण ऊपर दिया जा चुका है। उत्तरी द्वार की ओर बढ़ने पर कौपीनधारी के बादवाले फलक पर कमल दल पर खड़े पुरुष द्वारा अष्टभुजा की चोटी पकड़ी गई है। ऊपर छत्र बना है। फिर यमुना व शेषशायी विष्णु का चरण चम्पन करती लक्ष्मी बनी हैं। पूर्वी द्वार से दक्षिण की ओर बढ़ने पर राम, लक्ष्मण, सीता के बाद माता-पिता को पालकी में उठाए श्रवण कुमार की प्रतिमा है। अगला फलक दिख नहीं रहा। तत्पश्चात् सरसन्धान करते छत्रधारी राम बने हैं। अगला फलक नहीं दिख रहा। आगे छत्रधारी दाढ़ीवाले चतुर्भुज व उसके पीछे अनुचर की खड़ी प्रतिमा है। दक्षिणी द्वार के ऊपर सम्भवतः हाथी पर बैठे भैरव की मूर्ति बनी है, क्योंकि प्रतिमा के दोनों ओर कुत्ते खड़े हैं। दक्षिणी द्वार से पश्चिमी द्वार की ओर बढ़ने पर पहला फलक कौपीनधारी, माला लिए खड़े साधु का है। अगले फलक पर चतुर्भुज छत्रधारी गणेश की बैठी प्रतिमा है, अगले फलक पर नृत्यरत राधा-कृष्ण का मूर्तांकन है। अगला फलक महिषासुर-मर्दिनी अष्टभुजी देवी दुर्गा का है। ऊपर छत्र बना है। तत्पश्चात् राक्षस पर सवार, हाथ में मुगदर लिए हनुमान का मूर्तांकन है। प्रतिमा के सिर पर मुकुट व छत्र बना हुआ है। आगे छत्रधारी वीणा-पाणि का चित्र बना है। कालियामर्दन व पश्चिमी द्वार के बाद पहले फलक पर हाथ जोड़े साधारण पुरुष का चित्र खुदा है।

इस तरह यदि देखा जाए तो एक द्वार से दूसरे द्वार के मध्य आठ फलक पर आठ मूर्तियाँ उत्कीर्ण हैं, यानी कुल 32 मूर्तियाँ बनी हैं। इनमें द्वार के दोनों तरफ के फलक पर सैनिक, भक्त की मूर्तियों पर छत्र नहीं है, शेष सभी मूर्तियों का आधार कमलपत्र है, और ऊपर छत्र अवश्य बना है। पूर्वी द्वार के अलावा प्रत्येक द्वार के ऊपर मूर्तियाँ बनी हैं, अर्थात् तीन मूर्तियों का चित्रण है। प्रत्येक द्वार के ऊपर शिखरपाद के आले में एक प्रतिमा अर्थात् कुल चार प्रतिमाएँ बनी हैं। उनके ऊपर प्रत्येक दिशा में तीन-तीन प्रतिमाएँ बनी हैं, अर्थात् कुल बारह प्रतिमाएँ। यदि मऊ-शिवाला मन्दिर के बाहर उत्कीर्ण या स्थापित प्रतिमाओं की गिनती की जाए तो कुल 51 मूर्तियाँ उत्कीर्ण हैं। पूरब की ओर सम्भवतः वह द्वारपट्ट था जो बाद में हटा दिया गया, जिस पर संस्कृत में मन्दिर स्थापना की सूचना व दोहा-चौपाई दर्ज थी। मन्दिर में कुल आठ शिखर बने हैं। पुजारी के अनुसार मन्दिर पर कुल 7 बार वज्रपात हो चुका है। उत्तरी भाग ऐसे ही वज्रपात में बुरी तरह क्षतिग्रस्त हो गया था, अब उसका जीर्णोद्धार हो चुका है। किन्तु उत्तर दिशा में शिखरपाद

के आले में कोई प्रतिमा नहीं है। अयोध्या प्रसाद के अनुसार अब तक दो बार मन्दिर का जीर्णोद्धार किया जा चुका है। पहले साधारण प्लास्टर हो रखा था। मूर्तियाँ भी एक-वर्णी ईंट के रंग की थीं। सन् 1982 में जनसहयोग से पहली बार थोड़ा-सा जीर्णोद्धार कराया गया था। सन् 2017 में वकील शंभुनाथ त्रिपाठी और बिजनेसमैन अरविन्द सागर जायसवाल, निवासी फतेहगंज (निकट-चौक) के सौजन्य से पुनः व्यापक जीर्णोद्धार कराया गया। सारी सम्पत्ति शंकर जी के नाम है। सन् 2017 के जीर्णोद्धार में लगभग 15 लाख का खर्च आया था।

मन्दिर परिसर में पूरब, पश्चिम व उत्तर में तीन गेट हैं जबकि मन्दिर में चारों तरफ से घर या गेट बने हैं। कम चौड़ाई का प्रदक्षिणा पथ बना है। अर्थात् गर्भगृह और बाहरी दीवारों के बीच 5-6 फुट चौड़ाई की वीथिका बनी है। चबूतरे से लेकर गर्भगृह तक सब-कुछ अष्टकोणीय है। यहाँ तक कि गर्भ गृह में स्थापित शिवलिंग के चारों ओर का चबूतरा भी अष्टकोणीय है। वीथिका में गर्भगृह और बाहरी दीवार की भीतरी बीम पर पौराणिक कथानक चित्रित हैं, जो अत्यन्त मनोहारी और दर्शनीय हैं। जमीन से दस फुट की ऊँचाई पर बने इन चित्रों को कम्पनी शैली में बड़े जतन से उकेरा गया है। जीर्णोद्धार के समय अयोध्या और बनारस से अनेक चित्रकारों को बुलाकर दिखाया गया, किन्तु उन्होंने असमर्थता जताई। उनका मानना है कि इन चित्रों में प्रयुक्त रंग फल, सब्जियों या पीसे गए रोड़ों से बने हैं, अतः उन्हें यथारूप नहीं बनाया जा सकता। चारो द्वार के भीतर पहले जालीदार झरोखे दीवार में बने थे। इनमें से अब पश्चिम व दक्षिण की जालियाँ शेष हैं, पूरब व दक्षिण की जालियाँ बन्द करा दी गई हैं। मन्दिर के गर्भगृह में प्रवेश करने के पूर्व हम प्रदक्षिणा पथ की चित्रदीर्घा यानी वीथिका का जायजा लेंगे।

दक्षिणी द्वार से प्रवेश करने पर गर्भगृह की बाह्य दीवाल पर ऊपर राम-रावण युद्ध का चित्रांकन है। पीछे खड़े विभीषण आह्वान कर रहे हैं। उन्हें राजसी वेश में दर्शाया गया है। भालू-वानरों को भूरे रंग से रंगा गया है। सरसन्धान करते राम को कृष्णवर्णी व लक्ष्मण को गौरवर्णी दर्शाया गया है। रावण को कृष्णवर्णी, बहुभुज, बहुमुख चित्रित किया गया है। चारों तरफ उड़ते हुए बाण बनाए गए हैं। छत (सीलिंग) पर शरीफे की लताएँ फल के साथ बनी हैं। शाखों पर बैठे पँछी उन्हें खा रहे हैं। राम-रावण युद्ध फलक पर दोनों ओर खड़ी मुद्रा में वानर बने हैं। रावण के पीछे राक्षस खड़ा है। दक्षिणी द्वार से पूरब की ओर बढ़ने पर गर्भगृहवाली दीवार पर बने अगले फलक पर सम्भवतः राम, लक्ष्मण, सीता के माला धारण किए हुए चित्र बने हैं। वस्त्र नवाबी काल के घाघरे जैसे हैं। पीछे

विशाल मसनद व दोनों ओर एक पर रखे घड़ों की आकृति बनी है। पुरुष चित्र हाथ ऊपर उठाए हैं। फलक के दोनों ओर धूप दिखाते और घंटी बजाते पुजारी चित्रित हैं। पुजारी के सम्मुख केले के पत्ते बने हैं। ऊपर छत पर गुलाबबाड़ी और सेब-सन्तरों की बाग में चहकती चिड़ियों का अंकन है। केले के पत्तों के साथ लाल झंडे बने हैं।

पूर्वी द्वार के सम्मुखवाली गर्भगृह की बाह्य दीवार पर खाँटी श्यामजी जैसी कृष्ण की मूर्ति बनी है। वस्त्र नवाबी काल के घाघरे जैसे हैं। पाँव तक अक्षमाल, सिर पर मोर मुकुट। बायाँ हाथ ऊपर को उठा, दाएँ में दंड, कमल चित्रित है। प्रतिमा मन्दिर जैसे कोष्ठ में खड़ी है। ऊपर खपरैल छाजन पर ध्वजा लगी है। बाहर केले या नारिकेल (नारियल) के वृक्ष बने हैं। एक तरफ घंटी बजाते, अगरबत्ती दिखाते पुजारी व उसके पीछे मोर की झाँकी चित्रित है, तो दूसरी ओर घंट बजाते पुजारी की मूर्ति बनी है। फलक के बाहर दोनों ओर दंड लिए पंडित बने हुए हैं। ऊपर छत पर सपत्र कमल के पुष्प चित्रित हैं। आगे बढ़ने पर शेषशायी विष्णु का चरण चम्पन करती लक्ष्मी का फलक है। ऊपर छत पर तरबूज अथवा सीताफल जैसे बड़े फल का चित्रांकन है। पश्चिमी द्वार के सम्मुख गर्भगृह की बाह्य दीवार पर मदरांचल को वासुकी से मथते समुद्र मन्थन का दृश्य अंकित है। दोनों तरफ तीन-तीन पुरुष चित्रित हैं। पूँछ की ओर ब्रह्मा, विष्णु, महेश और सिर की ओर तीन राक्षस। पर्वत के ऊपर देवता बैठे हैं। दोनों तरफ चौदह रत्नों में से कुछ यथा—कामधेनु, चन्द्रमा, अमृत, ऐरावत, शंख, धनुष, हयश्रवा अंकित हैं। फलक के दोनों ओर तूर्यनाद करते द्वारपाल बने हैं। इसके अगले फलक पर दोनों ओर स्त्रियाँ खड़ी हैं। बीच में चूहा, स्त्री, केले का पौधा आदि बने हैं। उसके आगे सिंहवाहिनी दुर्गा देवी अंकित हैं।

अब हम प्रदक्षिणा पथ में बाहरी दीवार की भीतरी बीमा के अंकन पर दृष्टिपात करते हैं। दक्षिणी द्वार से पूर्वी द्वार की ओर बढ़ने पर पहला अंकन गालिबजंग का है। पहले फलक में वे सिंहासन पर बैठकर किसी भिक्षु को दान दे रहे हैं। सिर पर मुकुट बना है। अगले फलक में वे हाथ में तलवार और ढाल लेकर बाघ से लड़ते दिख रहे हैं। बाघ अपने मुख से ढाल को पकड़े हुए है। उसका दायाँ पाँव राजा के दाएँ पाँव पर है। अगले फलक पर मछली से निकलते चतुर्भुज और उड़ते यक्षों का अंकन है, जिनके हाथ में ढाल-तलवार हैं। फलक के दूसरी ओर भी बाघ से लड़ते राजा गालिबजंग का चित्र बना है। अगले फलक पर दोनों ओर बैठी मुद्रा में ढाल-तलवार लिए किसी नवाब का चित्र अंकित है।

पुजारी के अनुसार यह शुजाउद्दौला का चित्र है, जो सम्भव नहीं है। कई लोग इसे अवध के दूसरे नवाब सफदरजंग की युवावस्था का चित्र मानते हैं। पूर्वी द्वार के ऊपरवाली दीवार पर ब्रह्मा, विष्णु, महेश बने हैं, नीचे शतरंग के चेकर जैसा फर्श बना है। अगले फलक पर पुनः दोनों ओर तलवार पकड़कर बैठे राजा गालिबजंग चित्रित हैं। इस प्रकार पूरे मन्दिर में राजा दर्शन सिंह गालिबजंग के कुल पाँच चित्र अंकित किए गए हैं। एक दान देते हुए, दो बाघ से लड़ते, शेष दो बैठे हुए। राजा गालिबजंग द्वारा नसीरुद्दीन को बाघ से बचाने की घटना 1827 के बाद की है अतः जान पड़ता है कि मन्दिर पर बने चित्र प्राण प्रतिष्ठा के कुछ साल बाद बनवाए गए होंगे। अवध गजट के अनुसार गालिबजंग बहुत-सुन्दर थे। ये चित्र इसके प्रमाण हैं। फलक पर वानरों की सभा और पीठ पर राम-लखन को लादकर पर्वत चढ़ते हनुमान बने हैं। यह किष्किन्धा में सुग्रीव से मिलन का दृश्य है। अगले फलक पर दोनों ओर नारी दृश्य अंकित हैं। स्त्री की स्तुति मुद्रा दर्शाई गई है, जबकि फलक पर शिव व महिष आरूढ़ यमराज दिख रहे हैं, जो किसी शिव भक्त के प्राण हरने आए हैं, जिसने शिवलिंग पकड़ रखा है। अगले फलक पर पुनः दोनों ओर गालिबजंग बने हैं। बीच में आसन पर बैठकर किसी देवता की पूजा करता पुजारी दिख रहा है। अगले फलक पर मन्दिर के सम्मुख जप माला लिए, मृग व व्याघ्र चर्म पर बैठे तपस्वी का चित्र बना है। इसी मुद्रा में शिव को भी दर्शाया गया है। अगले फलक पर बंशी बजाते कृष्ण व साथ खड़ी राधा के चित्र हैं। बादलों से गुजरते रथ पर चतुर्भुज देवता सम्भवतः सूर्य हैं। उसके ठीक सामने गर्भगृहवाली दीवार पर भैरव व कुत्ता बना है। सूर्य के सम्मुख हिरण या बकरे पर मारीच आ रहे हैं। फलक के दूसरी ओर अकेले बंशी बजाते कृष्ण अंकित हैं। अगले फलक पर गज-वाराह का दृश्य अंकित है। ऊपर छत पर छोटे वृक्षों के मध्य घूमते हाथी का अंकन है। आठ-आठ फलकों पर कुल 16 दृश्य अंकित हैं और प्रत्येक फलक के दोनों छोरों पर दो समतुल्य पुरुष अथवा नारी बने हैं अर्थात् 16 फलकों पर कुल 32 चित्र बने हैं।

अब हम मन्दिर के गर्भगृह में प्रवेश करेंगे। उल्लेखनीय है कि बिजली ले जाने के क्रम में इस पेंटिंग के ऊपर से तार, होल्डर ठोंके गए हैं जो कई जगहों पर उखड़ जाने के कारण बेहद भद्दे-से जान पड़ते हैं। बाह्य योजना के अनुसार भीतर का गर्भगृह भी अष्टकोणीय है। भीतर मध्य में प्राचीन शिवलिंग स्थापित है। सामने नन्दी महाराज बैठे हैं। नीचे बने आलों में गणेश, सिंहवाहिनी दुर्गा, गौरी एवं विष्णु की संगमरमर की मूर्तियाँ रखी हैं। शिखरपाद पर करीब 12-15 फीट पर बने आलों में राधा-कृष्ण, सिंहवाहिनी दुर्गा, रथारूढ़ सूर्य, अर्द्धनारीश्वर,

पार्वती जी, नन्द-यशोदा, भगवान राम, लक्ष्मण व कौशल्या। सीताराम, राम-लक्ष्मण व हनुमान आदि की चूने मिट्टी की मूर्तियाँ रखी हैं।

इस प्रकार हम देखते हैं कि सन् 1817 से 1823 के मध्य निर्मित 'मऊ-शिवाला' मन्दिर स्थापत्य एवं कला का अद्‌भुत नमूना है। खासकर दो सौ वर्ष पुराने कम्पनी शैली की चित्रकला के नायाब नमूने अन्यत्र दुर्लभ हैं जिनका तेजी से क्षरण हो रहा है। सुल्तानपुर की जिस दियरा स्टेट के कब्जे में ये स्थान है, वह मन्दिर से 70 किमी. दूर है। देवकाली मन्दिर पर भी दियरा स्टेट के वारिसान का अधिकारी है। यह स्थान भले दियरा स्टेट के कब्जे में हो किन्तु इसके निर्माता राजा गालिबजंग की कुलवधू सावित्री देवी लखनऊ जाते समय अक्सर यहाँ आया करती थीं। वे महाशिवरात्रि पर भी यहाँ आया करती थीं। उनके पुत्र राजेन्द्र प्रताप भी कभी-कभी आते रहते हैं। पुजारी अयोध्या प्रसाद के अनुसार मन्दिर परिसर का पूर्वी गेट व दक्षिणी कोने पर बना मन्दिर फैज़ाबाद बाईपास से जगदीशपुर तक के लिए प्रस्तावित फोरलेन की जद में आ जाने के कारण तोड़ दिया जाएगा। इसका मुआवजा एक करोड़ 15 लाख बना है। सम्भवत: 10-15 दिन में इस स्थान को गिरा दिया जाएगा। बाद में पीडब्लूडी नई रचना बनवाकर देगा। ज्ञातव्य है कि मन्दिर परिसर में नगर निगम की व प्राइवेट लाइटें, टुल्लू पम्प, हैंडपम्प व सीमेंट के टेबिल पहले से लगे हैं।

7. राजा जियालाल

पुराने दस्तावेजों में राजा जयलाल सिंह को कतिपय जगहों पर राजा जियालाल भी लिखा गया है। उर्दू की पुस्तकों में इस नाम के एक कवि का भी उल्लेख मिलता है। पाठक प्राय: इस नाम साम्य के कारण भ्रमित होते देखे गए हैं। यहाँ दूसरी शख्सियत शायर राजा जियालाल का उल्लेख किया जाना समीचीन होगा। ख्वाजा हैदर अली आतिश एक नामचीन शायर थे, जो गाजीउद्‌दीन हैदर के समय फैज़ाबाद से आकर लखनऊ में बस गए। आतिश के तमाम शार्गिदों में से एक गुलशन थे। यह कलम का नाम था। उनका असल नाम राजा जियालाल वल्द राय भवानी बख्श था। उनकी पैदाइश 1785 में हुई थी। राजा जियालाल कायस्थ जाति के थे। उनके पिता मुर्तुजागंज (उन्नाव) के ताल्लुकेदार थे। मुहम्मद अली शाह के अहद में राजा जियालाल मुहकम-ए-खास के प्रमुख थे। उन्होंने 80 साल की उम्र में सन् 1865 में फ़ौत पाई। उनके नाम पर सरायमाली खान में एक फाटक और अलीगंज में राजा जियालाल का बाग हुआ करता था। राजा जियालाल का फाटक लखौरी ईटों की रचना है जिस पर प्लास्टर नहीं चढ़ा है। यह

चौपटियान से सरायमाली खान को जानेवाली सड़क पर स्थित है। इसकी हालत बेहद खस्ता है लेकिन वर्तमान में राजा जियालाल के बाग का अलीगंज में कोई अता-पता नहीं चलता। इस स्थान पर ढेरों रिहाइशी कालोनियाँ खड़ी हो गई हैं। अतः कुर्मी राजा जयलाल सिंह से कायस्थ राजा जियालाल का अन्तर स्पष्ट है। राजा जयलाल सिंह का जन्म 1803 व मृत्यु 1859 में हुई थी। उन्हें फाँसी दी गई। जबकि शायर राजा जियालाल का जन्म 1785 एवं मृत्यु 1865 में हुई थी। राजा जयलाल सिंह मूलतः आज़मगढ़ के रहनेवाले थे जबकि जियालाल मूलतः उन्नाव के निवासी थे। राजा जयलाल सिंह योद्धा और कूटनीतिज्ञ के साथ लखनऊ के कलेक्टर थे जबकि राजा जियालाल मुहकम-ए-खास के प्रमुख होने के साथ-साथ कवि और शायर थे।

सन्दर्भ ग्रन्थ-सूची

प्राथमिक स्त्रोत

1. ट्रायल प्रोसीडिंग्स; गवर्नमेंट वर्सेस राजा जयलाल सिंह, लखनऊ कलेक्ट्रेट म्यूटिनी बस्ता, अभिलेखागार, प्रयागराज
2. फ़ौतनामा खानदाने राजा दर्शन सिंह, सावित्री देवी से प्राप्त
3. खानदानी सेजरा (वंश-वृक्ष), सावित्री देवी से प्राप्त
3. मऊ-शिवाला मन्दिर से सम्बन्धित मूल दस्तावेज, पुजारी अयोध्यानाथ शुक्ल से प्राप्त

द्वितीयक स्त्रोत

हिन्दी ग्रन्थ

1. फैज़ाबाद : इतिहास, कला एवं संस्कृति, डॉ. देशराज उपाध्याय
2. पुराना लखनऊ, अब्दुल हलीम 'शरर', भारत बुक सेंटर, 2012
3. लखनऊनामा, डॉ. योगेश प्रवीण, भारत बुक सेंटर, 2013
4. 1857 का स्वातन्त्र्य समर, विनायक दामोदर सावरकर, प्रभात प्रकाशन, दिल्ली, 2011
5. भारत का पहला मुक्ति संघर्ष, देवेन्द्र चौबे, बद्रीनारायण, हितेन्द्र पटेल, प्रकाशन संस्थान, 2008
6. 1857 के विस्मृत योद्धा, आचार्य रजनीकान्त वर्मा, विभा प्रकाशन, 2010
7. 1857 का विद्रोही जगत् पूरबी उत्तर प्रदेश-सैयद नजमुल रजा रिज्वी, ओरियंट ब्लैक स्वान, 2018
8. गदर के फूल, अमृतलाल नागर, राजपाल प्रकाशन, 2014
9. सन् सत्तावन के भूले-बिसरे शहीद, भाग-1, उषाचन्द्रा, प्रकाशन विभाग, 2012
10. सन् सत्तावन के भूले-बिसरे शहीद, भाग-2, डॉ. विश्वमित्र उपाध्याय, प्रकाशन विभाग, 2004

11. नाना साहब पेशवा, डॉ. सुरेश मिश्र, नेशनल बुक ट्रस्ट, 2009
12. जाने आलम और महकपरी (मटियाबुर्ज के सन्दर्भ के साथ), नुसरत नाहिद, लाइब्रेरी हेल्पेज सोसाइटी, 2010
13. बेगम हज़रत महल, रौशन तकी, हिन्दी वांङ्मय निधि, 2012
14. 1857 के अमर सेनानी, बेगम हज़रत महल, के.सी. यादव, प्रकाशन विभाग, 2013
15. 1857 का महान विद्रोह और अहमदउल्लाह शाह, रश्मि कुमारी, नेशनल बुक ट्रस्ट, इंडिया, 2011
16. लखनऊ की सत्तावनी क्रान्ति, सरनाम सिंह सूर्यवंशी, जन कल्याण समिति प्रकाशन, 2008
17. ताजदारे अवध, योगेश प्रवीण, भारत बुक सेंटर, 2012
18. 1857 के दहकते अंगारे, अवध के क्रान्तिकारी ताल्लुकेदार, सरनाम सिंह सूर्यवंशी, स्वयं, 2017
19. गदर की अनकही कहानी : अवध के अन्तिम बादशाह बिजरिस कद्र, सरनाम सिंह सूर्यवंशी, स्वयं, 2016
20. अवध-लखनऊ में 1857 की क्रान्ति-1 (पृष्ठभूमि), प्रदीप कुमार घोष, हिन्दी वाङ्मय निधि, 2011
21. लखनऊ में 1857 की क्रान्ति-2 विप्लव, डॉ. अरुण चक्रवर्ती, हिन्दी वांङ्मय निधि, 2011
22. 1857 के बाद लखनऊ की बरबादी, डॉ. रौशन तकी, हि.वा.नि., 2010
23. लखनऊ की रेजीडेन्सी भाग-1, भाग-2, डॉ. नरेश सिंह, 2011
24. लखनऊ की मड़ियाँव छावनी (1807-1857), डॉ. नरेश सिंह, 2018
25. अवध दरबार के हिन्दू ओहदेदार, हेमन्त कुमार, हि.वा.नि., 2015
26. अवध की बेगमें, डॉ. योगेश प्रवीण, हि.वा.नि., 2012
27. नवाबी की जलवे, योगेश प्रवीण, हि.वा.नि., 2014
28. लखनऊ के मोहल्ले और उनकी शान, डॉ. योगेश प्रवीण, 2013
29. मुंशी नवल किशोर और उनका प्रेस, डॉ. रणजीत भार्गव, 2008
30. लखनऊ की तवायफें, राम किशोर वाजपेयी, 2016
31. लखनऊ की छावनी, डॉ. गोपाल कृष्ण चतुर्वेदी, हि.वा.नि., 2011
32. लखनऊ एवं अन्य प्रसिद्ध धरोहरें, डॉ. योगेश प्रवीण, 2013
33. बहारे अवध, योगेश प्रवीण, भारत बुक सेंटर, 2015

34. अमर शहीद राजा जयलाल सिंह, रोशनलाल पटेल, पटेल प्रकाशन, 2014
35. आज़मगढ़ का इतिहास, दयाशंकर मिश्र, 1956
36. सरयू नीरे, तमसा तीरे, अमरनाथ तिवारी, 1989
37. विस्मृत पन्नों में बिखरा आज़मगढ़, हरिलाल शाह, 2014
38. तारीखे अवध शाहिय्य ए नेशापूरिया, कासिम अली, 2005
39. आज़मगढ़ का स्वतन्त्रता संग्राम, भाग-1, फूलबदन सिंह, 1976
40. अट्ठारह सौ सत्तावन का स्वतन्त्रता संग्राम, सुरेन्द्रनाथ सेन, प्रकाशन विभाग, 2014
41. फैज़ाबाद सांस्कृतिक गजेटियर, डॉ. नीतू सिंह, वाणी प्रकाशन, 2016
42. अयोध्या का इतिहास, राय बहादुर लाला सीताराम, सत्साहित्य प्रकाशन, 2021

अंग्रेजी ग्रन्थ

1. द गार्डन ऑफ इंडिया ऑर चैप्टर्स आन अवध हिस्ट्री एंड अफेयर्स, एच.सी. इर्विन, 1880, लन्दन
2. अवध अंडर वाजिद अली शाह, जी.डी. भटनागर, 1988, अरुण प्रेस, वाराणसी
3. 6वीं सेटिलमेंट रिपोर्ट, जे.आर. रीड, 1877
4. ट्राइब्स एंड कास्ट इन नार्थ वेस्टर्न प्रोविन्सेज एंड अवध, विलियम क्रूक, 1896
5. ट्राइब्स एंड कास्ट इन हिन्दू एज रिप्रेजेंटेड इन बनारस, एम. शेरिंग, 1872
6. फैसेट्स ऑफ द ग्रेट रिवोल्ट, शीरिन मूसवी
7. नैरेटिव ऑफ ए जर्नी थ्रू द अपर प्रोविन्सेज ऑफ इंडिया फ्रॉम कलकत्ता टू बाम्बे (1824-1825), बिशप हेबर, लंदन वाल्यूम-1
8. गजेटियर ऑफ लखनऊ, , एच.आर. नेविल, 1904, इलाहाबाद
9. गजेटियर ऑफ आज़मगढ़, ड्रेक ब्रोकमान, 1911, इलाहाबाद
10. गजेटियर ऑफ फैज़ाबाद, एच.आर. नेविल, इलाहाबाद, 1905
11. मुरक्क-ए-खुशरवी, एच.ए. कुरैशी, न्यू रॉयल बुक कम्पनी, लखनऊ, 2008
12. स्टडीज इन द एनॉटामी ऑफ ए ट्रान्सफार्मेशन अवध फ्रॉम मुगल टू कालोनियल रूल, सैन्यद जहीर हुसैन जाफरीन, ज्ञान पब्लिशिंग हाउस
13. द मुगल्स, द इंग्लिश एंड द रूलर्स ऑफ अवध, ए कैलिडोस्कोपिक स्टडी, एच.ए. कुरैशी, न्यू रॉयल बुक कम्पनी, लखनऊ, 2003

14. अवध अंडर द नवाब्स, पॉलिटिक्स, कल्चर एंड कम्यूनल रिलेशन्स (1722-1856), सुरेन्द्र मोहन, मनोहर पब्लिशर्स एंड डिस्ट्रीब्यूटर्स, 2020
15. मानूमेंट्स ऑफ लखनऊ, आर.एस. फोनिया, ए.एस.आई., 2013
16. द किंगडम ऑफ अवध, इट्स हिस्ट्री, पोलिटी एंड एडमिनिस्ट्रेशन, मित्तल पब्लिकेशन, 2003, एस.एन. सिंह
17. इंगेजिंग स्काउंड्रेल, टू टेनस ऑफ ओल्ड लखनऊ, रोजी लवेलीन जोन्स, ऑक्सफोर्ड, 2000
18. द ग्रेट अपराइजिंग ऑफ 1857, कमेंट्रीज, स्टडीज एंड डाक्यूमेंट्स, सैयद नजमुल रजा रिज्वी, सैयद जहीर हुसैन जाफरी, अनामिका पब्लिशर्स, 2009
19. द बर्थ ऑफ इंडियाज नेशनल स्ट्रगल, डॉ. नन्दलाल चटर्जी, पारुल, 2011
20. द लाइफ एंड टाइम्स ऑफ द नवाब्स ऑफ लखनऊ, रवि भट्ट, रूपा, भाव
21. कैसर-उत-तवारीख, कमालुद्दीन हैदर (एच.ए. कुरैशी), एन.आर.बी.सी., 2008
22. खदंग-ए-गदर, मुइनुद्दीन हसन (एच.ए. कुरैशी), एन.आर.बी.सी., 2007
23. ब्रिटिश एडमिनिस्ट्रेशन ड्यूरिंग द रिवोल्ट ऑफ 1857, एच. जार्ज कीन, इंटर इंडिया पब्लिकेशन्स, 1883
24. लखनऊ 1857 : द टू वार्स एट लखनऊ, द डस्क ऑफ ऐन एरा, रौशन तकी, न्यूरॉयल बुक कम्पनी, 2019
25. रिलिजन एंड आइडियोलॉजी ऑफ द रिवेल्स ऑफ 1857, इकबाल हुसैन, प्राइमस बुक्स, 2013
26. लखनऊ : वांडरिंग इन द लेन्स ऑफ हिस्ट्री 1700 एंड 1800, नसीमा अजीज, सुपरनोवा पब्लिकेशन्स, 2019
27. लखनऊ द लास्ट फेज ऑफ ऐन ओरियंटल कल्चर, अब्दुल हलीम शरर, ऑक्सफोर्ड, 1975
28. सोशियो-एकोनॉमिक कंडिशन्स ऑफ अवध (1814-1856), निखत प्रवीण, एन.आर.बी.सी., 2008
29. मेम्वायर्स आन द हिस्ट्री, फॉक लोर एंड डिस्ट्रीब्यूशन ऑफ द रेसेज ऑफ द नार्थ वेस्टर्न प्रोविन्सेज ऑफ इंडिया, सर हेनरी इलियट, एल.पी. पी., 1859

30. ए जर्नी थ्रू द किंगडम ऑफ अवध (1849-50), डब्लू.एच. स्लीमैन, एशियन एजुकेशनल सर्विसेज, 2006
31. गजेटियर ऑफ द प्रोविन्स ऑफ अवध, एल.पी.पी., 2006
32. अवध इन रिवोल्ट (1857-58), ए स्टडी ऑन पापुलर रेजीटेंस, रुद्रांशु मुखर्जी, परमानेंट ब्लैक, 2002
33. फ्रीडम स्ट्रगल इन उत्तर प्रदेश, खंड-4, 6 -अमीर अली रिज़वी, पब्लिकेशन डिपॉट
34. द फैटल फ्रेंडशिप, द नवाब्स, द ब्रिटिश एंड द सिटी ऑफ लखनऊ, रोजी लवेलीन जोन्स, द लखनऊ ओम्नीबुस, ऑक्सफोर्ड, 2001
35. द मेकिंग ऑफ कालोनियल लखनऊ : 1856-1877, बीना तलवार ओल्डेनबर्ग, आक्सफोर्ड
36. हिस्ट्री ऑफ इंडिया म्यूटिनी, काए एंड मालेसन 2
37. कश्फुल बगावत गोरखपुर, अनवेलिंग ऑफ द रिवोल्ट एट गोरखपुर, फरहत नसरीन, 2010, रूपा

●●●